AF659586

पुराण साहित्य भारतीय साहित्य और जीवन की अक्षुण्ण निधि है। इनमें मानव जीवन के उत्कर्ष और अपकर्ष की अनेक गाथाएं मिलती हैं। अठारह पुराणों में अलग-अलग देवी-देवताओं को केन्द्र में रखकर पाप और पुण्य, धर्म और अधर्म, कर्म और अकर्म की गाथाएं कही गई हैं। इस रूप में पुराणों का पठन और आधुनिक जीवन की सीमा में मूल्यों की स्थापना आज के मनुष्य को एक निश्चित दिशा दे सकता है।

निरन्तर द्वन्द्व और निरन्तर द्वन्द्व से मुक्ति का प्रयास मनुष्य की संस्कृति का मूल आधार है। पुराण हमें आधार देते हैं। इसी उद्देश्य को लेकर पाठकों की रुचि के अनुसार सरल, सहज भाषा में प्रस्तुत है पुराण-साहित्य की श्रृंखला में ***'वायु पुराण'****।*

वायु पुराण

डॉ. विनय

डायमंड बुक्स

प्रकाशक : डायमंड पॉकेट बुक्स (प्रा.) लि.
X-30 ओखला इंडस्ट्रियल एरिया, फेज-II
नई दिल्ली-110020
फोन : 011-40712200
ई-मेल : sales@dpb.in
वेबसाइट : www.diamondbook.in

Vayu Purana

By : Dr. Vinay

प्रस्तावना

भारतीय जीवन-धारा में जिन ग्रंथों का महत्त्वपूर्ण स्थान है उनमें पुराण भक्ति ग्रंथों के रूप में बहुत महत्त्वपूर्ण माने जाते हैं। पुराण-साहित्य भारतीय जीवन और साहित्य की अक्षुण्ण निधि है। इनमें मानव जीवन के उत्कर्ष और अपकर्ष की अनेक गाथाएं मिलती हैं। भारतीय चिंतन-परंपरा में कर्मकांड युग, उपनिषद् युग अर्थात् ज्ञान युग और पुराण युग अर्थात् भक्ति युग का निरंतर विकास होता हुआ दिखाई देता है। कर्मकांड से ज्ञान की ओर आते हुए भारतीय मानस चिंतन के ऊर्ध्व शिखर पर पहुंचा और ज्ञानात्मक चिंतन के बाद भक्ति की अविरल धारा प्रवाहित हुई।

विकास की इसी प्रक्रिया में बहुदेववाद और निर्गुण ब्रह्म की स्वरूपात्मक व्याख्या से धीरे-धीरे भारतीय मानस अवतारवाद या सगुण भक्ति की ओर प्रेरित हुआ। पुराण साहित्य सामान्यतया सगुण भक्ति का प्रतिपादन करता है। यहीं आकर हमें यह भी मालूम होता है कि सृष्टि के रहस्यों के विषय में भारतीय मनीषियों ने कितना चिंतन और मनन किया है। पुराण साहित्य को केवल धार्मिक और पुरा कथा साहित्य कहकर छोड़ देना उस पूरी चिंतन-धारा से अपने को अपरिचित रखना होगा जिसे जाने बिना हम वास्तविक रूप में अपनी परंपरा को नहीं जान सकते।

परंपरा का ज्ञान किसी भी स्तर पर बहुत आवश्यक होता है, क्योंकि परंपरा से अपने को संबद्ध करना और तब आधुनिक होकर उससे मुक्त होना बौद्धिक विकास की एक प्रक्रिया है। हमारे पुराण-साहित्य में सृष्टि की उत्पत्ति एवं उसका विकास, मानव उत्पत्ति और फिर उसके विविध विकासात्मक सोपान इस तरह से दिए गए हैं कि यदि उनसे चमत्कार और अतिरिक्त विश्वास के अंश ध्यान में न रखे जाएं तो अनेक बातें बहुत कुछ विज्ञान सम्मत भी हो सकती हैं क्योंकि जहां तक सृष्टि के रहस्य का प्रश्न है विकासवाद के सिद्धांत के बावजूद और वैज्ञानिक जानकारी

के होने पर भी वह अभी तक मनुष्य की बुद्धि के लिए एक चुनौती है और इसलिए जिन बातों का वर्णन सृष्टि के संदर्भ में पुराण-साहित्य में हुआ है उसे एकाएक पूरी तरह से नकारा नहीं जा सकता।

महर्षि वेदव्यास को इन 18 पुराणों की रचना का श्रेय है। महाभारत के रचयिता भी वेदव्यास ही हैं। वेदव्यास एक व्यक्ति रहे होंगे या एक पीठ, यह प्रश्न दूसरा है और यह बात भी अलग है कि सारे पुराण कथा-कथन शैली में विकासशील रचनाएं हैं। इसलिए उनके मूल रूप में परिवर्तन होता गया, लेकिन यदि ध्यानपूर्वक देखा जाए तो ये सारे पुराण विश्वास की उस भूमि पर अधिष्ठित हैं जहां ऐतिहासिकता, भूगोल का तर्क उतना महत्त्वपूर्ण नहीं रहता जितना उसमें व्यक्त जीवन-मूल्यों का स्वरूप। यह बात दूसरी है कि जिन जीवन-मूल्यों की स्थापना उस काल में पुराण-साहित्य में की गई, वे हमारे आज के संदर्भ में कितने प्रासंगिक रह गए हैं ? लेकिन साथ में यह भी कहना होगा कि धर्म और धर्म का आस्थामूलक व्यवहार किसी तर्क और मूल्यवत्ता की प्रासंगिकता की अपेक्षा नहीं करता। उससे एक ऐसा आत्मविश्वास और आत्मलोक जन्म लेता है जिससे मानव का आंतरिक उत्कर्ष होता है और हम कितनी भी भौतिक और वैज्ञानिक उन्नति कर लें अंततः आस्था की तुलना में यह उन्नति अधिक देर नहीं ठहरती। इसलिए इन पुराणों का महत्त्व तर्क पर अधिक आधारित न होकर भावना और विश्वास पर आधारित है और इन्हीं अर्थों में इसका महत्त्व है।

जैसा कि हमने कहा कि पुराण-साहित्य में अवतारवाद की प्रतिष्ठा है। निर्गुण निराकार की सत्ता को मानते हुए सगुण साकार की उपासना का प्रतिपादन इन ग्रंथों का मूल विषय है। 18 पुराणों में अलग-अलग देवी देवताओं को केन्द्र में रखकर पाप और पुण्य, धर्म और अधर्म तथा कर्म और अकर्म की गाथाएं कही गई हैं। उन सबसे एक ही निष्कर्ष निकलता है कि आखिर मनुष्य और इस सृष्टि का आधार-सौंदर्य तथा इसकी मानवीय अर्थवत्ता में कहीं-न-कहीं सद्गुणों की प्रतिष्ठा होनी ही चाहिए। आधुनिक जीवन में भी संघर्ष की अनेक भावभूमियों पर आने के बाद भी विशिष्ट मानव मूल्य अपनी अर्थवत्ता नहीं खो सकते। त्याग, प्रेम, भक्ति, सेवा, सहनशीलता आदि ऐसे मानव गुण हैं जिनके अभाव में किसी भी

बेहतर समाज की कल्पना नहीं की जा सकती। इसीलिए भिन्न-भिन्न पुराणों में देवताओं के विभिन्न स्वरूपों को लेकर मूल्य के स्तर पर एक विराट आयोजन मिलता है। एक बात और आश्चर्यजनक रूप से पुराणों में मिलती है कि सत्कर्म की प्रतिष्ठा की प्रक्रिया में अपकर्म और दुष्कर्म का व्यापक चित्रण करने में पुराणकार कभी पीछे नहीं हटा और उसने देवताओं की कुप्रवृत्तियों को भी व्यापक रूप में चित्रित किया है, लेकिन उसका मूल उद्देश्य सद्भावना का विकास और सत्य की प्रतिष्ठा ही है।

कलियुग का जैसा वर्णन पुराणों में मिलता है, आज हम लगभग वैसा ही समय देख रहे हैं। अतः यह तो निश्चित है कि पुराणकार ने समय के विकास में वृत्तियों को और वृत्तियों के विकास को बहुत ठीक तरह से पहचाना। इस रूप में पुराणों का पठन और आधुनिक जीवन की सीमा में मूल्यों का स्थापन आज के मनुष्य को एक दिशा तो दे सकता है, क्योंकि आधुनिक जीवन में अंधविश्वास का विरोध करना तो तर्कपूर्ण है, लेकिन विश्वास का विरोध करना आत्महत्या के समान है।

प्रत्येक पुराण में हजारों श्लोक हैं और उनमें कथा कहने की प्रवृत्ति तथा भक्त के गुणों की विशेषपरक अभिव्यक्ति बार-बार हुई है, लेकिन चेतन और अचेतन के तमाम रहस्यात्मक स्वरूपों का चित्रण, पुनरुक्ति भाव से होने के बाद भी बहुत प्रभावशाली हुआ है और हिन्दी में अनेक पुराण यथावत् लिखे गए। फिर यह प्रश्न उठ सकता कि हमने इस प्रकार पुराणों का लेखन और प्रकाशन क्यों प्रारंभ किया। उत्तर स्पष्ट है कि जिन पाठकों तक अपने प्रकाशन की सीमा में अन्य पुराण नहीं पहुंचे होंगे हम उन तक पहुंचाने का प्रयास करेंगे और इस पठनीय साहित्य को उनके सामने प्रस्तुत कर जीवन और जगत् की स्वतंत्र धारणा स्थापित करने का प्रयास कर सकेंगे।

हमने मूल पुराणों में कही हुई बातें और शैली यथावत् स्वीकार की है और सामान्य व्यक्ति को भी समझ में आने वाली भाषा का प्रयोग किया है। किंतु जो तत्त्वदर्शी शब्द हैं उनका वैसा ही प्रयोग करने का निश्चय इसलिए किया गया कि उनका ज्ञान हमारे पाठकों को उसी रूप में हो।

हम आज के जीवन की विडंबनापूर्ण स्थिति के बीच से गुजर रहें हैं। हमारे बहुत सारे मूल्य खंडित हो गए हैं। आधुनिक ज्ञान के नाम पर

विदेशी चिंतन का प्रभाव हमारे ऊपर अधिक हावी हो रहा है इसलिए एक संघर्ष हमें अपनी मानसिकता से ही करना होगा कि अपनी परंपरा जो ग्रहणीय है, मूल्यपरक है उस पर फिर से लौटना होगा। साथ में तार्किक विदेशी ज्ञान भंडार से भी अपरिचित रहना होगा–क्योंकि विकल्प में जो कुछ भी हमें दिया है वह आरोहण और नकल के अतिरिक्त कुछ नहीं। मनुष्य का मन बहुत विचित्र है और उस विचित्रता में विश्वास और विश्वास का द्वंद्व भी निरंतर होता रहता है। इस द्वंद्व से परे होना ही मनुष्य जीवन का ध्येय हो सकता है। निरंतर द्वंद्व और निरंतर द्वंद्व से मुक्ति का प्रयास मनुष्य की संस्कृति के विकास का यही मूल आधार है। हमारे पुराण हमें आधार देते हैं और यही ध्यान में रखकर हमने सरल, सहज भाषा में अपने पाठकों के सामने पुराण-साहित्य प्रस्तुत करने का प्रयास किया है। इसमें हम केवल प्रस्तोता हैं, लेखक नहीं। जो कुछ हमारे साहित्य में है उसे उसी रूप में चित्रित करते हुए हमें गर्व का अनुभव हो रहा है।

'डायमंड पॉकेट बुक्स' के श्री नरेन्द्र कुमार जी के प्रति हम बहुत आभारी हैं कि उन्होंने भारतीय धार्मिक जनता को अपने साहित्य से परिचित कराने का महत् अनुष्ठान किया है। देवता एक भाव संज्ञा भी है और आस्था का आधार भी। इसलिए वह हमारे लिए अनिवार्य है और यह पुराण उन्हीं के लिए हैं जिनके लिए यह अनिवार्य हैं।

–डॉ॰ विनय

श्री वायु पुराण का महत्त्व

यह पुराण अत्यन्त प्राचीन माना जाता है। साथ ही यह भौगोलिक वर्णन के लिए विशेषरूप से पठनीय है। इसमें शुरू में ऋषिपूजित पुराण का भली भांति वर्णन है। साथ ही वासवी पितरों की मानसी कन्या की कथा है जो श्राप के कारण मछली के रूप में पैदा हुई। महेश्वर योग के अनुसार पांच प्रधान धर्मों का वर्णन है। साथ ही सूतजी ने यतियों के प्रायश्चित विधान के बारे में बताया है कि धर्म को जानने वालों ने काम कृत और अकाम कृत दोनों ही पापों के लिए प्रायश्चित करने का विधान बताया है। ओंकार के लक्षण बताए हैं। इसमें शुरू में सृष्टि प्रकरण बड़े विस्तार से चित्रित है और कल्पों का निरूपण अन्य पुराणों से भिन्न है।

इस पुराण में भारतवर्ष की शोभा का वर्णन किया गया है। नदी, खण्ड, पर्वत, रमणीय स्थलों व द्वीपों का बहुत सुन्दर चित्रण हुआ है। इसमें बताया गया है कि भारतवर्ष में दस हजार योजन का एक महासागर है। साथ ही लंका महाद्वीप के बारे में भी बताया है। सुतजी ने देवों के विख्यात ग्रहों का वर्णन भी किया है।

आगे इस पुराण में वरुण वंश का वर्णन है व साथ में मर्तण्ड का परिचय दिया है। राजा सगर व उनके वंशों का परिचय व कथा कही गई है। चंद वंश का वर्णन किया गया है। उर्वशी व पुरुरवा की कथा का बहुत ही सुन्दर ढंग से वर्णन किया है। महाराज रज की कथा है जिसके सौ पुत्र थे। राजा ययाति की कथा का सविस्तार वर्णन है। साथ ही ययाति के ज्येष्ठ पुत्र यदु के वंश का वर्णन है। हिरण्यकशिपु की कथा कही गई है जिसका अंत विष्णु भगवान् ने नृसिंह के रूप में अवतार लेकर किया था। राजा पुरु के वंश का वर्णन है। धृतराष्ट्र व गान्धारी के सौ पुत्रों के उत्पन्न होने की कथा है।

यह पुराण अन्य पुराणों की तुलना में न्यून है। फिर भी इसमें युग, यज्ञ, ऋषियों व तीर्थों आदि का बहुत विस्तार से वर्णन किया है। इस तरह से यह पुराण बहुत पठनीय है।

अनुक्रमणिका

वायु पुराण 13

ऋषिपूजित पुराण का वर्णन 13

योग के ऐश्वर्य विस्तार 28

यतियों के प्रायश्चित विधान का वर्णन 32

ओंकार के लक्षण 34

भृगु वंश का परिचय 49

देव वंश का वर्णन 56

स्वायंभुव का वंश विस्तार वर्णन 60

कर्णिका का विस्तार 62

भारत वर्ष की शोभा का वर्णन 65

द्वीप का विस्तार से वर्णन 69

चन्द्रमा का वर्णन 82

देवों के विख्यात ग्रहों का वर्णन 83

चारों युगों का वर्णन 92

चाक्षुष मनु का वंश वर्णन 104

विष्णु प्रभूति देवगण तथा महातेजस्वी
आदित्य गण की उत्पत्ति 108

राक्षसों के स्वभाव और रूप का वर्णन 113

देवताओं और बुद्धिमान पितरों के सात गणों का वर्णन 115

वरुण के वंश का वर्णन 119
मनु पुत्रों का सृष्टि विस्तार वर्णन 121
राजा सगर की कथा 125
चन्द्र वंश का वर्णन 128
कंस की कथा 143
राजा पुरु के वंश का वर्णन 149
सृष्टि और उद्‌भव का विस्तार 154

वायु पुराण

बहुत प्राचीन समय की बात है, राजाओं में श्रेष्ठ राजा असीम कृष्ण पृथ्वी पर राज्य करते थे। एक बार पुण्य सलिला दृषद्वती नदी के किनारे कुरुक्षेत्र में सरल चित्त बलि सत्यव्रती ऋषियों ने यज्ञ प्रारम्भ किया। वहां उनके दर्शन करने के लिए महाबुद्धि पौराणिक प्रवर सूतजी भी पधारे। सूतजी मुनि व्यास के मेधावी छात्र थे। तीनों लोकों में उनकी ख्याति थी। सभी वेदों, पुराणों तथा महाभारत को पल्लवित करने वाली उनकी शक्ति मतिवाणी में सभी को रोमांचित करने की क्षमता थी। महामना सूतजी को यज्ञ में आया जानकर सभी ऋषियों के मन में पुराण सुनने की इच्छा हुई।

यज्ञ के ग्रहपति ने ऋषियों के मनोभाव जानकर सूतजी से निवेदन किया कि पुराण की कथा सुनाकर वे उन्हें कृतार्थ करें।

ऋषिपूजित पुराण का वर्णन

सूतजी ने कहा—हे मुनिगण! आप लोग स्वयं सत्यव्रती हैं। आप यह जानते हैं—महात्मा वेन के पुत्र (पृथु) के यज्ञ के समय सबसे पहले सुत्यों में वर्ण संकर सूती की उत्पत्ति हुई। जब आप ब्रह्मवादियों ने मुझसे धर्म की बात पूछी है तो मैं आपको ऋषिपूजित पुराण का भली-भांति वर्णन करता हूं।

वासवी पितरों की मानसी कन्या थी, जो श्राप के कारण मछली के रूप में पैदा हुई। उसी से महायोगी व्यास ने जन्म ग्रहण किया था और उन्हीं ब्रह्मरूप पुराण पुरुष व्यासजी को प्रणाम करते हुए मैं आपको वह पुराण कथा सुनाता हूं जिसे नैमिषारण्य में महात्माओं के अनुग्रह पर स्वयं वायुदेव ने कहा था। महेश्वर सत असत रूप नित्य अव्यक्त कारण हैं। अप्रमेय, अचिंत्य, स्वयंभू ईश्वर हैं। वे महतत्त्व से लेकर विशेष तत्त्व तक की रचना करते हैं। आप जानते हैं—सबसे पहले सृष्टि के नाम पर एक हिरण्य अण्ड उत्पन्न हुआ। अण्ड जल से, जल तेज से, तेज वायु से, वायु

आकाश से, आकाश भूतादि मानसिक अहंकारों से, भूतादि मानसिक अहंकार महतत्त्व से और महतत्त्व अव्यक्त से ढका था। इसके पश्चात समस्त देवता, ऋषि, नदी-पर्वत, मन्वन्तर तथा कल्प की रचना हुई है। ब्रह्मा से सृष्टि के होने तथा प्रजा सर्ग के पश्चात् अव्यक्त जन्म वाले ब्रह्म की अवस्थाएं, कल्पों के वर्ष तथा जगत् की स्थापना, भगवान् का शयन, पृथ्वी का उद्धार, वर्णाश्रम का विभाजन, पुर नगर-गृहों के वृक्ष, सिद्धियों का विनाश आदि का सभी विवरण और वर्णन इसमें किया गया है। पूर्वकाल में जो उत्तम ज्ञान ब्रह्म पुराण ने कहा था और द्विजों पर अनुग्रह करके जो रुद्र का अवतार हुआ तथा पाशुपत योग एवं स्थान और लिंग की उत्पत्ति तथा महादेव का कण्ठ जैसा नीला हुआ यह सब बताया गया है। यहां ब्रह्मवादी वायु के विप्रों से सब पापों का नाश करने वाले तथा धन, यश और आयु देने वाले इस पुराण को कहा है। इस पुराण का श्रवण-कीर्त्तन और विशेष रूप से धारण ही फलदायक है; इसी क्रम से यह पुराण कहा जाता है। जो द्विज वेद-वेदांगों को जानता है, किन्तु पुराण नहीं जानता वह चतुर नहीं हो सकता। वेद को इतिहास और पुराण द्वारा बढ़ाना चाहिए। अल्प विद्या वाले से वेद डरता है। साक्षात् स्वयंभू ने इस अध्याय को कहा है, उसकी आई हुई विपत्ति दूर हो जाती हैं। यह जान लेना चाहिए कि यह पुराण महेश्वर है।

आदि यज्ञ की स्थिति बताते हुए और वायु पुराण का विधिवत् प्रारम्भ करते हुए सूतजी ने कहा-जहां विश्व की सृष्टि की इच्छा से विश्व के सृष्टाओं ने सहस्त्रों वर्ष तक यज्ञ किया था, जिसमें तप स्वयं यजमान और ब्रह्मा स्वयं ब्रह्मा हुए थे, इला ने पत्नी तथा शोमित्र के रूप में मृत्यु ने कार्य किया, इस सत्र में जहां देवों ने सहस्त्रों वर्ष यज्ञ किया, जहां घूमते-घूमते धर्मचक्र की नेमि विशीर्षा हो गई उसी पुण्य स्थान को नेमिशारण्य कहा गया। यहीं सिद्धों एवं चरणों द्वारा सेवित गोमती प्रवाहित होती है। यहीं रोहिनी से सौम्य नाम का पुत्र उत्पन्न हुआ, वशिष्ठ मुनि के सौ तेजस्वी पुत्र उत्पन्न हुए, विश्वामित्र तथा वशिष्ठ का संग्राम हुआ। पराशर उत्पन्न हुए। यहीं उन ब्रह्मवादियों ने यज्ञ किया। यंही नैमिषारण्य ही वह तपोभूमि है। वे सभी ऋषि नैमिषेय कहलाए। वहां महा बुद्धिशाली उन मुनियों का वह सत्र बारह वर्ष चला। वहां का राजा पुरुरवा था। देवहूति

की प्रेरणा से अप्सरा उर्वशी ने राजा पुरुरवा का वरण किया। उर्वशी के साथ राजा ने उस सत्र को नष्ट करने का प्रयत्न किया, किन्तु उन मुनियों ने उसके शासन-काल में ही वह यज्ञ का सत्र सम्पन्न किया। एक दिन आखेट खेलते हुए जब राजा उस स्थली की ओर आया तो वहां सोने की बनी यज्ञशाली को देखकर उसका लोभी मन विचलित हो गया। राजा के इस व्यवहार पर नैमिषेय मुनियों ने उसे कुश वज्रों से मार डाला, बाद में उनके ज्येष्ठ पुत्र को राजा बना दिया गया। यही आगे नहुष का पिता हुआ। इस धर्म प्रेमी उदार मना राजा के राज्य काल में धर्म के लिए यज्ञ सत्र को पुनः प्रारम्भ किया। भृगु आदि धीर ऋषियों ने वहां पृथक-पृथक ज्योतिष्टोम किए। पर्याप्त दक्षिणा देकर सबको विदा किया। य़ज्ञ के समाप्त होने पर सबने महाराज वायु से वही प्रश्न किया, जो इस समय आपने मुझसे किया है। वंश वर्णन की प्रेरणा पाकर उस प्रभु ने उन ऋषियों से वे सब कथाएं कह दीं। भगवान् वायु स्वयंभू के शिष्य वशी एवं प्रत्यक्ष दृष्टा हैं, धर्मपूर्वक सारे लोकों का भरण-पोषण करते हैं। सदा ही वे सातों स्कन्धों में योजन-योजन उड़ा करते हैं। उनके राज्य में सातों गण अपने-अपने स्थान पर नियत हैं। वे महाबली तीनों भूतों को एक में एकत्र करके प्रकाशमान तेज द्वारा इस शरीर जीव का भरण-पोषण करते हैं। इस प्रकार पवनदेव ने उन सहृदय मुनियों को पौराणिक आख्यान सुना कर गद्गद् कर दिया।

ब्रह्मा ने जिस प्रजा की सृष्टि रचना की, जिससे ईश्वर का प्रमुख कर्म और प्रेरणा प्रदर्शित होती है, जिसे अप्रमेय कारण भी कहते है, उसका यहां वर्णन है और ये सभी बातें शास्त्र की युक्ति और अपनी बुद्धि के अनुसार बुद्धिमानों के लिए प्रकाशित की गई हैं, उसे मैं आपको सुनाता हूं।

आपके सम्मुख यह दिव्य, मधुर, पाप का नाश करने वाली कथा कही जा रही है। अनेक अर्थों से युक्त तथा वेद के अनुसार है, जो भी इसे सदा याद रखेगा, ब्राह्मणों, यतियों को तीर्थ स्थलों में सुनावेगा, वह दीर्घ आयु प्राप्त करेगा। आगे सूतजी ने बताया कि सृष्टि, प्रलय, वंश मन्वन्तर और वंश चरित्र ये पुराण ये पांच लक्षण है। सत् असत् रूपों में रहने वाला अव्यक्त कारण है, इसी को लोग प्रधान एवं प्रकृति तथा गद्य, वर्ण से शून्य, स्पर्श से रहित अक्षम्य, नित्य अपने में उपस्थित, जगत् का

आदि कारण, परब्रह्म, महत् भूत, सनातन और आदि तथा अन्त से मुक्त, निर्गुण, सबकी उत्पत्ति का कारण, प्रलय का स्थान, अविज्ञेय ब्रह्म है। उसी की आत्मा से यह तपोमय जगत् व्याप्त है।

सृष्टि काल में क्षेत्रज्ञ की स्थापना से गुण युक्त महान् उत्पन्न हुआ, जो महत् अव्यक्त से ढका था। सृष्टि की इच्छा से यह महान् ही सृष्टि करता है। ब्रह्मा, भू, मति, ख्याति ईश्वर, प्रज्ञा, चिति, स्मृति और संविद इसी के ही नाम हैं। संकल्प तथा अध्यवसाय इसकी दो वृत्तियां हैं। सत्, रज, तम, रूप से यह त्रिगुण है। त्रिगुण में रजोगुण की अधिकता से अहंकार उत्पन्न होता है। अहंकार से भूत तन्मात्राएं उत्पन्न हुईं। भूतादि के विकृत होने पर शब्द तन्मात्रा उत्पन्न हुई। भूतादि ने शब्द मात्र आकाश को ढक लिया, इससे स्पर्श तन्मात्रा उत्पन्न हुई। शब्द मात्र आकाश ने स्पर्श ढक लिया। वायु ने विकृत होकर रूप तन्मात्रा की सृष्टि की। वायु से ज्योति उत्पन्न हुई। रूप ज्योति का गुण है। ज्योति की विकृति से रस तन्मात्रा उत्पन्न हुई। तत्पश्चात् ताप से रसमय जल की सृष्टि होती है। जल की यह तन्मात्रा से आवृत्त रहती है। रस मात्रा की विकृति से गन्ध तन्मात्रा की उत्पत्ति हुई। रस मात्रा गन्ध मात्रा को ढके रहती है। उन भूतों में वह मात्रा रहती है इसीलिए इसका नाम तन्मात्रा पड़ा।

भूतों और तन्मात्राओं की सृष्टि पारस्परिक है। सात्विक वैकारिक अहंकार से सत्व के उद्रेक के कारण वैकारिक सृष्टि प्रवृत्त होती है। पांच ज्ञानेंद्रियां तथा पांच कर्मेन्द्रियां होती हैं। साधक या करण का नाम ही इंद्रिय है। ये दस वैकारिक देव हैं। ग्यारहवां मन भी वैकारिक देव है। श्रोत्त, त्वक, चक्षु, जिह्वा एवं नासिका शब्द आदि के बोध के निमित्त हैं। पाद, गुदा, लिंग, हस्त तथा वाणी कर्म गति हैं। शब्द मात्र आकाश ने स्पर्श मात्र में प्रवेश किया अतएव वायु शब्द एवं स्पर्श दो गुणों वाला हुआ, शब्द-स्पर्श-रूप में प्रविष्ट हुए, इससे शब्द स्पर्श रूप गुण वाली अग्नि उत्पन्न हुई। ये तीनों गुण इसमें प्रविष्ट हुए इनसे चार गुण वाला जल उत्पन्न हुआ। इनसे गन्ध संयुक्त हुआ, उससे यह पृथ्वी उत्पन्न हुई। इसीलिए स्थूल भूतों में पृथ्वी पांच गुणों वाली होती है। एक-दूसरे में प्रविष्ट होने के कारण ये एक-दूसरे को धारण करते हैं। सब इस लोकोलोक से सम्पूर्णतया आच्छन्न भूमि के भीतर है। इन्द्रिय ग्राह्य तथा नियत होने के कारण ये

विशेष कहलाती है। इस प्रकार महतत्त्व से लेकर विशेष पर्यन्त एक-दूसरे के आधार बनकर ये पुरुष के स्थापन और अव्यक्त के अनुग्रह से अण्ड की उत्पत्ति करते हैं। एक ही समय विशेषों से वह अण्ड उस विपुल जल से बुलबुले की भांति उत्पन्न हुआ। इससे ब्रह्मा का कार्य कारण सिद्ध हुआ। अण्ड के विकसित होने पर सतरूप ब्रह्मा उत्पन्न हुए। यही भूतों के आदि कर्त्ता कहलाए। यही प्रतिसर्ग में चतुर्मुख ब्रह्म नामक क्षेत्रत्यज के रूप में प्रगट हुए। सृष्टि काल में कारणों के साथ इनकी सृष्टि होती है और प्रलय काल में कर्णों का त्याग करके असमाहार सन्धियों में शरीरों को ग्रहण कर लेते हैं। जो स्वर्णमय मेरु है, वही उस महात्मा का उल्ब है। उस अण्ड के भीतर ही सारे सातों समुद्र और लोक, द्वीप, पृथ्वी, नदियां, पर्वत, समूचा जगत् चन्द्र, सूर्य, नक्षत्र, वायु, ग्रह सब उसमें समर्पित हैं। अण्ड अपने परिमाण से दस गुने आकाश में ढका हुआ है। आकाश भूतादि अहंकार से, भूतादि अहंकार-महतत्त्व से और महतत्त्व अव्यक्त से घिरा हुआ है। इस प्रकार यह अण्ड सात प्राकृतिक आवरणों से आच्छादित है। इस प्रकार एक-दूसरे से उत्पन्न और एक-दूसरे को धारण करती हुई विकृति अपनी प्रकृति में रहती है। जो हिरण्यगर्भ की उत्पत्ति को ठीक-ठीक जानता है उसकी आयु, कीर्ति, धन और प्रजा की वृद्धि होती है।

सृष्टि ही परमेश्वर का दिन और प्रलय ही रात्रि होती है। रात्रि के बीतने पर विश्व की उत्पत्ति होती है। वस्तुतः गुणों की साम्यावस्था में प्रलय और वैषम्य में सृष्टि का भाव होता है। सत्व और तम में अव्यक्त के आश्रय से रजोगुण उपस्थित रहता है। प्रकृति संभव परमेश्वर ही अपने उत्कृष्ट योग से अण्ड में प्रवेश करके प्रधान प्रकृति और पुरुष को क्षुब्ध करते हैं। इस दशा में रजोगुण उद्‌बुद्ध होता है। चेतना के अधिष्ठान से जो सृष्टि उत्पन्न होती है, उसी से गुणों में क्षोभ आने पर परम गुह्य सर्वात्मा, शरीरी, देवरूप में रजोगुणी ब्रह्मा, तमोगुणी अग्नि और सत्वगुणी विष्णु प्रगट हुए। यही तीनों लोक, तीनों गुण, तीनों वेद और तीनों अग्नियां हैं। एक-दूसरे से मिले हुए और एक-दूसरे के सहायक। ईश्वर परदेव है, विष्णु महान् से पर है और ब्रह्मा सृष्टि करते हैं। पुरुष पर और प्रकृति परा कहलाती है।

गुण की विषमता से पहले प्रकृति प्रवृत्त होती है तब उस सत्-असत् रूप से ब्रह्मा और बुद्धि उत्पन्न हुए। ऐश्वर्य और अप्रहित ज्ञान से युक्त, वैराग्य से सम्पन्न सहस्त्रों सिरों वाला यह पुरुष है। इस स्वयंभू की तीन अवस्थाएं हैं। ब्रह्मा रूप में लोकों की सृष्टि और काल रूप में संहार और पुरुष रूप में होने पर उदासीन–ये प्रजापति की तीन अवस्थाएं हैं। इसी रूप में सृष्टि, संहार और रक्षण होता है। आदि होने से आदिदेव, अजन्मा होने से अज कहलाने के कारण ही उसे प्रजापति कहते हैं। देवों में बड़ा होने के कारण महादेव, सबका ईश तथा लोकों के वश में न होने के कारण ईश्वर, वृहत् होने से ब्रह्मा, सर्वव्यापी होने से विभु पुर में वास करने से पुरुष तथा किसी ने इसे उत्पन्न नहीं किया, इसलिए स्वयंभू कहा जाता है। इज्य (पूज्य) होने से यज्ञ और क्रान्तिदर्शी होने के कारण कवि कहा जाता है। आगे उत्पन्न होने के कारण अग्नि तथा हिरण्यभय गर्भ से उत्पन्न हुआ, हिरण्यगर्भ कहा जाता है। स्वयंभू के व्यतीत वर्ष आदि काल, सैकड़ों वर्षों में भी नहीं गिनाए जा सकते। इसका जितना काल बीत चुका है उतनी ही अभी शेष है। इस समय जो वर्तमान वाराह कल्प है, उसका वर्णन करते हुए सूतजी ने बताया कि उनमें पहला यह साम्प्रत कल्प है। इसमें स्वयंभू आदि चौदह मनु हैं। पृथ्वी तल पर अग्नि के नष्ट हो जाने पर जो जल उत्पन्न हुआ उसमें समस्त पृथ्वी जल में विलीन हो गई। चारों तरफ जल ही जल दिखलाई देने लगा। उस समय ब्रह्मा वायु का रूप धारण करके रात्रि के समय इधर-उधर घूमने लगे। अनुमान के द्वारा समुद्र में डूबी हुई पृथ्वी का पता लगाकर उसके उद्धार के लिए प्रयास किया। वे सोच ही रहे थे कि उन्हें वाराह रूप का स्मरण हो आया, तब हरि ने वाराह रूप धारण किया और जल राशि में घुस गए और पृथ्वी को अपने दांतों से पकड़कर जल के ऊपर स्थापित कर दिया। इतना करने के बाद समुद्र जल को समुद्र में, नदी जल को नदियों में बांट दिया। इस समय पृथ्वी एक बहुत बड़ी नाव के समान दिखलाई देने लगी। वाराह रूप, हरि ने भूतल को समतल करके पहाड़ों को स्थापित किया, वृक्षों को अपने स्थान पर स्थापित किया और सात द्वीपों वाली, पर्वतों-नदियों से युक्त पृथ्वी की सृष्टि की। इस प्रकार ब्रह्मा ने लोक सृष्टि के अनन्तर प्रजा सृष्टि की। इस क्रम में नौ प्रकार के प्राकृत और विकृत सर्ग और इनके

भेद हुए। सबसे पहले ब्रह्मा ने अपने ही समान विद्वान सनक, सनन्दन और सनातन नाम के तीन मानस पुत्रों को जन्म दिया, ये तीनों ही ज्ञान सम्पन्न महातेजस्वी हुए। ये प्रजा की उत्पत्ति से विमुख होकर तथा वैराग्य धारण करके वन में चले गए। इसके पश्चात् ब्रह्मा ने अनेक बार प्रयास करके सृष्टि में समर्थ पुत्रों को उत्पन्न किया। ब्रह्मा ने इस प्रक्रिया में लोकों, ग्रहों के सहित भली-भांति स्थानों को विभाग करते हुए जल, अग्नि, पृथ्वी, वायु, अन्तरिक्ष, आकाश, स्वर्ग, दिशाएं, समुद्र, नदी, पर्वत, औषधियां, वृक्ष, लताएं, लव, काष्ठ, कला, मुहूर्त, सन्ध्या, दिन-रात, पक्ष-मास, अयन, युग का निर्माण करते हुए सतयुग, त्रेता, द्वापर, कलियुग आदि का निर्माण किया। पूर्व कल्प में जो जीव तपोलोक न जाकर जनलोक तक ही रह गए वे पुनः नवीन सृष्टि में प्रवृत्त हुए। सृष्टि बीज के लिए स्थित वे पुनः सृष्टि के लिए देह धारण करके सन्तान वृद्धि में सहायक हुए। वे सभी प्रजा, देवता, पितर, ऋषि, मनु आदि धर्म, अर्थ, काम, मोक्ष के साधन माने गए। ये ही तपस्या में लीन होकर अपने कार्य पूर्ण करके सिद्धात्मा ब्रह्मा के मानस पुत्र के रूप में देह धारण करते हैं। जिन्होंने पूर्व काल में शुभ और उदार कर्मों से स्वर्ग प्राप्त किया, वे फिर से प्रत्येक युग में उत्पन्न होते हैं और कर्मफल अनुसार हिंसा-अहिंसा को अपनाते हैं। प्रत्येक कल्प में वे नामरूपों के अनुसार जन्म लेते हैं। इस क्रम में ब्रह्मा ने अपने मुख से जनलोक वासी प्रजाओं का ध्यान करके एक हजार स्त्री-पुरुष उत्पन्न किए। एक हजार स्त्री-पुरुष वक्षस्थल से, एक हजार स्त्री-पुरुष अपने उस प्रदेश से तथा एक हजार जोड़े चरण प्रदेश से उत्पन्न किए। प्रथम प्रकार के बुद्धिमान और सतोगुणी थे, द्वितीय प्रकार के रजोगुणी, तेजस्वी और तेज विहीन दोनों प्रकार के थे। तीसरे रज-तमयुक्त कामुक तथा चौथे तमोगुणी, श्रीहीन तथा अल्प तेज वाले हुए। ये सभी एक-दूसरे के प्रेम से आकृष्ट होकर मैथुन कर्म में प्रवृत्त हुए। इसी कल्प में उसी समय से मैथुन सृष्टि प्रारम्भ हुई। उस समय स्त्रियों को प्रतिमास रजोदर्शन नहीं होता था, अतः मैथुन करने पर भी सन्तान नहीं होती थी। जीवन के अन्तिम भाग में वे एक बार ही एक बालिका और बालक को जन्म देती थीं।

प्रजापति की जो पहली मानसी सृष्टि हुई, उसी के वंश में मिथुन

सृष्टि हुई, जिससे यह जगत् परिपूर्ण हो गया। उस समय सतयुग के आरम्भ में वे मनुष्य नदी, पर्वत, समुद्र के समीप रहने वाले, शीत और गर्मी के प्रभाव से मुक्त पृथ्वी से उत्पन्न वनस्पतियां, आहार रूप में लेने वाले, मानसिक सिद्ध और कामाचारी थे। धर्म-अधर्म का उनके लिए कोई विचार नहीं था। कल्प के आदि में इस युग में लोग अपने-अपने कर्म के अनुसार उत्पन्न हुए।

एकान्त सुखी, शोकरहित और सतोगुणी–ये लोग स्थिर युवा थे। इनके शुद्ध संकल्प से ही मैथुनी प्रजा उत्पन्न हुई। वर्णाश्रम व्यवस्था के अभाव में संकर दोषी भी नहीं था। इस युग में ज्ञान का ही महत्त्व था। कृतयुग का परिमाण चार हजार दिव्य वर्षों का तथा आठ सौ दिव्य वर्ष सन्ध्या और सन्ध्या काल रहा। इस युग के सन्ध्यांश काल के बीत जाने पर युग की सिद्धि भी लुप्त हो गई। मानसी सिद्धि के लुप्त हो जाने पर, त्रेता और सतयुग के सन्धि काल में दूसरी सिद्धि उत्पन्न हुई। सभी मन्वन्तरों में चारों युगों के विभाग के अनुसार वर्णाश्रम धर्म के आचार पालन के द्वारा कर्मों की सिद्धियां होती हैं। किन्तु युग शेष के साथ ही सिद्धियां भी नष्ट हो जाती हैं। सतयुग के सन्ध्याकाल में युगधर्म का एक पाद, सन्ध्यांश में सन्ध्यांश कालीन धर्म का एक पाद तथा त्रेता के प्रारम्भ में, उस सन्ध्यांश कालीन धर्म का एक पाद नष्ट हो जाता है। इसी क्रम से तपस्या, शास्त्र ज्ञान, बल और आयु भी क्षीण होती है। त्रेता युग की प्रथमावस्था में वृष्टि के हो जाने से वास स्थानों में जो वृक्ष आदि उग जाते हैं, प्रजाजन उसी से जीविका निर्वाह करते हैं। इस युग में स्त्रियां प्रतिमास ऋतुमती होती हैं। सहवासकारी प्रजाओं के प्रतिमास संगम करने से अकाल में ही गर्भ उत्पत्ति और आर्तव उत्पत्ति होने लगती है। त्रेता युग में प्रजागण इसी प्रकार सुख पूर्वक जीवन व्यतीत करते हैं। कल्प वृक्षों के क्षीण होने से प्रजा में सर्दी-गर्मी अनुभव करने का भाव उत्पन्न हो जाता है, जिसके कारण वे वस्त्र आदि धारण करने लगते हैं। उसी के अनुसार गृह-निर्माण, दुर्ग-भवन आदि बनते हैं। इसी क्रम में खेट, पुर, अन्तःपुर आदि बनाए गए। यथा बुद्धि इनकी लम्बाई-चौड़ाई नियत की गई। परिमाण के लिए अंगुलि के माप का विस्तार किया गया। दस अंगुलि पर्वों का एक प्रदेश। अंगूठे से तर्जनी तक के विस्तार माप को प्रादेश मध्यमा

तक ताल, अनामिका के अन्त तक गोकर्ण, कनिष्ठान्त तक एक बित्ता कहा गया। बित्ता का परिमाण बाहर अंगुलियों को होता है। इक्कीस अंगुलियों के पर्वों को रत्नि, चौबीस को हस्त, दो रत्नियों को एक किष्कु, चार हाथ का एक धनु होता है। दो हजार धनुओं की एक गव्युत्ति और आठ हजार धनुओं का एक योजक होता है। इस योजन परिमाण के अनुसार ही उन लोगों ने अपने वास स्थान बनाए।

शुभ-अशुभ कर्म गुरुत्व और लघुत्व के अनुसार यथा क्रम से ब्राह्मण, क्षत्रिय, वैश्य और इनका द्रोहकारी शूद्र इस प्रकार चारवर्णी प्रजा उत्पन्न हुई। इनके बीच जो बलवान, सत्यवादी, अहिंसक और जितेन्द्रिय थे वे नगर, गांव आदि में रहते थे। इनकी अपेक्षा जो दुर्बल थी, वे प्रति गृह दान लिया करते थे, जो इनकी अपेक्षा भी दुर्बल थी, इनका काम किया करते थे। जो इनसे भी दुर्बल थे, वे इनकी पदचर्या किया करते थे। इस प्रकार वे परस्पर आश्रय लेकर काल यापन करते थे। उनके इस दोष से औषधियां नष्ट हो गई। पृथ्वी ने चौदहों प्रकार के जंगली और ग्रामीण सस्यों को अपने में छिपा लिया। प्रजागण इससे व्याकुल हो उठे और उन्होंने प्रजापति ब्रह्मा से इसके लिए निराकरण की दृष्टि याचना की। ब्रह्मा ने यह जानकर कि पृथ्वी ने औषधियों को अपने में छिपा लिया है, पृथ्वी को फिर से दुहा और सुमेरु पर्वत को इसके लिए बछड़ा बनाया। इस प्रकार फिर से औषधियों, वनस्पतियों से पृथ्वी लहलहा उठी। जितने समय तक वे औषधियां अच्छी तरह नहीं उठीं, तब तक के लिए उन्होंने भूमि को जोत कर अन्न उपजाया। तभी से पृथ्वी पर कर्षणज सस्योत्पत्ति आरम्भ हुई। इस क्रम में जीविका उपाय के विवाद-संवाद को देखकर ब्रह्मा ने एक मर्यादा स्थापित की। जो बलवान व भूमिपति थे, उन क्षत्रियों को दूसरों की रक्षा का भार सौंपा, जो सत्यवादी और सर्वभूतों में ज्ञानवान थे और क्षत्रियों के निकट निर्भय होकर आते थे, ब्राह्मण कहलाए। जो इनकी अपेक्षा निम्न, क्रूर कर्म करने वाले तथा यम की भांति जान-बूझकर प्रजा का नाश करते थे उन्हें वीनाश पद से बुलाकर वैश्य कहा तथा उन्हें सर्वसाधारण के वृत्ति साधन काम में लगाया। जो सोचते हुए, शोक करते हुए, निस्तेज होकर इधर-उधर भ्रमण करते थे उन्हें शूद्र कहा और सेवा काम में लगाया। इस प्रकार धर्म-कर्म का विभाजन करते हुए चार वर्णों

की व्यवस्था की। इसके पश्चात सभी जीव-क्रम, क्रम से मोह के वशीभूत निर्धारित नियमों का अनादर करते हुए परस्पर विरुद्ध आचरण में प्रवृत्त हुए। वास्तव में ब्रह्मा ने ब्राह्मणों के लिए यज्ञ-यजन अध्यापन और प्रतिगृह रूप तीन कर्म बतलाए। क्षत्रियों के लिए बल, शासन और युद्ध जीविका उपाय बताए। वैश्यों के लिए पशु-पालन, वाणिज्य और कृषि कर्म तथा शूद्रों के लिए शिल्प और दास रूप की व्यवस्था की। पूर्वोक्त तीन वर्णों के लिए यजन, अध्ययन और दान की सामान्य रूप में व्यवस्था थीं।

वर्ण धर्म की प्रतिष्ठा के बाद ब्रह्माजी ने ब्रह्मचर्य, ग्रहस्थ, वानप्रस्थ और संन्यास चार आश्रमों की भी व्यवस्था की। शिक्षा के लिए धर्म, आचार, नियम आदि का उपदेश ग्रहण करने के लिए ब्रह्मचर्य आश्रम। अन्य आश्रमों का उत्पत्ति और धनोपार्जन तथा कामतृप्ति, अतिथि सत्कार, सन्तोनोतपत्ति, यज्ञ, श्राद्ध, गृहस्थों के कर्त्तव्य धर्म हैं। इसी प्रकार चीर पत्र और अजिन धारण करना, फलमूल भक्षण, दोनों काल स्नान और होम अनुष्ठान वानप्रस्थियों का धर्म है। भिक्षा, अस्तेय, शौच, सम्भोग से निवृत्त, दया, क्षमा, अक्रोध, गुरु सुशुर्षा आदि लक्षण धर्मों को धारण करने के लिए संन्यास आश्रम कहा गया है। इसके अतिरिक्त सदाचार, विनय, शुद्धता, विलासहीनता और सम्यक् विवेचन पांच उपहूत तथा ध्यान, इन्द्रिय, मन, संयम, मृदुभाषी, भिक्षा ग्रहण आदि संन्यासियों के लिए धर्म निर्धारित किए गए। ये भी सभी आश्रम मानव कल्याण के लिए हैं तथा कलुषित हृदय वाले व्यक्ति को किसी भी रूप में फलप्रद नहीं हैं। ब्रह्मा ने लोकविस्तार को दृष्टि से ही आदि मन्वन्तर में देवयान प्राप्ति के लिए ये चार पथ निर्धारित किए। सूर्य इन पथों के द्वार रूप हैं। इसी प्रकार पितृयान के द्वार चन्द्रमा कहे जाते हैं। वर्णाश्रम विभाग करने पर भी प्रजागण जब वर्णाश्रम पालन में शिथिलता दिखाने लगे तो यह देखकर ब्रह्मा ने अपने शरीर से उसे त्रेता युग में अपनी तरह कितनी ही मानसी प्रजा की सृष्टि की। सत्य रज प्रधान देव, ऋषि, पितर और मनु नामक चार प्रकार की सन्तान उत्पन्न की। ये धर्म, अर्थ, काम और मोक्ष के साधक धर्मानुसार, युगानुरूप सन्तानोत्पादन में प्रवृत्त हुए। इनके जघन से पहले असुर नामक सन्तान हुई। विप्रगण प्राण को असुर कहते हैं। अतः उससे

जन्म ग्रहण के कारण असुर कहलाए। ब्रह्मा ने जिस शरीर से असुरों को उत्पन्न किया, उस शरीर को छोड़कर, रात्रि रूप में परिणित होकर अव्यक्त और सत्व बहुल दूसरे शरीर को धारण किया। तब ब्रह्मा के मुख से देवगण उत्पन्न हुए। देवों की सृष्टि के बाद ब्रह्मा ने वह शरीर भी छोड़ दिया जो दिन रूप में परिणित हो गया। इसके पश्चात् ब्रह्मा ने सत्व मात्रा वाले दूसरे शरीर को धारण करके दिन और रात्रि के मध्य में पितरों का सृजन किया। जिस शरीर से ब्रह्मा ने पितरों को उत्पन्न किया, उस शरीर को भी छोड़ दिया। वह छोड़ा हुआ शरीर सन्ध्या रूप में परिणित हो गया। इसीलिए दिन देवों के लिए, रात्रि असुरों के लिए और सन्ध्या पितरों के लिए सुखदाई होती है। इसके पश्चात् ब्रह्मा ने रज प्रधान शरीर धारण करके मन से मानस सन्तानों को उत्पन्न किया और फिर उस शरीर को छोड़ दिया। यह छोड़ा हुआ शरीर ज्योत्सना हो गया। ज्योत्सना, सन्ध्या तथा दिन सत्व गुणात्मक हैं और रात्रि तम प्रधान है, इसलिए त्रियामा कहलाती है।

इसके पश्चात् रज तम प्रधान दूसरे शरीर का धारण करके ब्रह्मा ने क्षुधा से व्याकुल होकर दूसरी प्रजा को उत्पन्न किया। यह प्रजा जल को ही खाने के लिए तैयार हो गई। वे यक्ष कहलाए और हम जल की रक्षा करते हैं, ऐसा कहते हुए जो उत्पन्न हुए, वे निशाचर राक्षस कहलाए। इस अप्रिय सृष्टि को देखकर ब्रह्मा के केश राशि स्खलित हो गई। वह गर्मी-सर्दी से युक्त सर्प के आकार में परिणित होकर उन्हीं के ऊपर चढ़ने लगी। ऐसा देखकर ब्रह्मा को अत्यन्त क्रोध आया और क्योंकि क्रोध भी सर्पों के साथ ही उत्पन्न हुआ था, विष रूप में परिणित होकर सर्पों में सम्मिलित हो गया। सांपों को देखकर ब्रह्मा ने भूत-पिशाचों की उत्पत्ति की। ब्रह्मा का तेज पान करने के कारण गन्धर्वों की उत्पत्ति हुई। उसके पश्चात् ब्रह्मा ने पक्षियों को बनाया। मुख से बकरे की रचना की, उदर से गौएं से अश्व, मृग आदि, रोमों से औषधि, फलफूल निर्मित किए और उनके छोटे-बड़े जीव-जन्तु उत्पन्न किए।

महेश्वर ब्रह्मा ने कल्प आदि काल में वेद-वचन द्वारा भूत समूह के नाम रूप और कर्म आदि का निर्माण किया। रात्रि की समाप्ति में और दिन के प्रारम्भ काल में ब्रह्मा पूर्व काल के वेदों का प्रकाश करते रहे। जब

ब्रह्मा ने देखा कि इस प्रकार प्रजा की वृद्धि नहीं हो रही है तब भृगु, पुलस्त्य, क्रतु, अंगिरा, मरीचि, दक्ष, अत्रि और वशिष्ठ नामक पुत्रों को उत्पन्न किया। ये नव ब्रह्माण्ड नाम से पुराणों में प्रसिद्ध हैं। इसके बाद अपने रोष से रुद्र की सृष्टि की, लेकिन कोई भी संसार में आसक्त नहीं हुआ। इसके बाद सूर्य के समान कान्ति वाली, अग्नि के समान जलती हुई अर्द्धनारीश्वर की मूर्ति उत्पन्न की। पुरुष मूर्ति का रुद्र के नाम से पुकारते हुए संसार के हित विधान के लिए तैयार हुए तथा स्त्री से देह विभाग करने के लिए कहते हुए स्वाहा, स्वधा, महाविद्या, मेधा, लक्ष्मी, सरस्वती, अपर्णा, उमा, कल्याणी, ख्याति, प्रज्ञा, महाभागा और गौरी के रूप में विभक्त किया, जिनसे सृष्टि व्याप्त हुई। इसके पश्चात् ब्रह्मा से उत्पन्न हुए रुचि, रुद्र तथा नौ ब्रह्मवादी पुत्र धर्म के प्रवर्त्तन में प्रवृत्त हुए।

तमोगुण से आच्छन्न ब्रह्मा ने जब किसी भी प्रकार सृष्टि को आगे बढ़ते न देखा तो तमोगुण से एक मिथुन की उत्पत्ति हुई। ब्रह्मा के चरण से अधर्म और शोक से हिंसा का जन्म हुआ। अपने उस मलिन शरीर की मलिनता को ब्रह्मा ने दूर कर, उस देह को दो भागों में विभक्त किया। एक भाग पुरुष और दूसरा स्त्री हो गया। उस स्त्री का नाम शतरूपा पड़ा। इसे ब्रह्मा ने सृष्टि कामना से उत्पन्न किया। इसने घोर तपस्या की तथा दीप्त यश वाले स्वायंभुव मनु को पति रूप में वरण किया। मनु उस अयोनिजा शतरूपा का पत्नी रूप में पाकर उसके साथ रमण करने लगे। कल्प के आदि में यही नर-नारी संयोग प्रथम हुआ। ब्रह्मा ने विराट का सृजन किया, विराट से वैराज मनु की उत्पत्ति हुई। वीर सम्राट मनु ने शतरूपा के गर्भ से प्रियव्रत और उत्तानपाद नाम के दो पुत्रों और आकूति और प्रसूति नाम की दो पुत्रियों को जन्म दिया। इन्हीं दो पुत्रियों से यह सारी प्रजा उत्पन्न हुई। मनु ने प्रसूति को दक्ष के हाथ में सौंप दिया और रुचि प्रजापति को आकूति कन्या सौंप दी। ब्रह्मा के मानस पुत्र रुचि ने आकूति के गर्भ से यज्ञ और दक्षणा नामक दो मिथुन सन्तानें उत्पन्न कीं। दक्षणा के बारह पुत्र उत्पन्न हुए। यज्ञ का दूसरा नाम यम था, इसीलिए दक्षणा के बारह पुत्र कहलाए।

दक्ष ने स्वायंभुव मनु की प्रसूति पुत्री के गर्भ से चौबीस पुत्रियों को जन्म दिया। इनमें श्रद्धा, लक्ष्मी, घृति, तुष्टि, पुष्टि, मेधा, क्रिया, बुद्धि,

लज्जा, वपु, शान्ति, सिद्धि और कीर्ति को धर्म ने तथा सती ख्याति, सम्भूति, स्मृति, प्रीति, क्षमा, संनति, अनुसूया, ऊर्जा, स्वाहा, स्वाधा नाम की ग्यारह कन्याओं को क्रमशः रुद्र, भृगु, मरीचि, अंगिरा, पुलह, ऋतु, पुलस्य, अत्रि, वशिष्ठ, पितृगण और अग्नि ने वरण किया...। इन्होंने आगे सृष्टि करते हुए अनेक सन्तानें उत्पन्न कीं, श्रद्धा ने काम, लक्ष्मी ने दर्प, घृति ने निर्भय, तुष्टि ने सन्तोष, पुष्टि ने लाभ, क्रिया ने नय दण्ड समय, बुद्धि ने बोध, लज्जा ने विनय, वपु ने व्यवसाय, शान्ति ने क्षोभ, सिद्धि ने सुख तथा कीर्ति ने यश को जन्म दिया। ये सभी धर्म-पुत्र हुए। काम ने रति के गर्भ से हर्ष नाम का पुत्र उत्पन्न किया।

अधर्म ने हिंसा के गर्भ से निकृति नाम की कन्या उत्पन्न की तथा अनृत नाम का पुत्र उत्पन्न किया। अनृत ने भय तथा नरक नाम के दो पुत्र उत्पन्न किये। इसके यहां दो पुत्रियां भी हुईं जिनका नाम वेदना तथा माया था। भय ने माया के साथ मृत्यु को जन्म दिया। वेदना के गर्भ से नरक ने दुःख उत्पन्न किया। मृत्यु ने वेदना के गर्भ से जरा, शोक, क्रोध, असूया नाम की चार सन्तानें पैदा कीं। वेदना की ये सन्तानें दुःखमय तथा अधर्म के लक्षणों से मुक्त है। इन्हें दूसरी भार्या तथा पुत्रादि नहीं है और ये सभी अमर हैं।

ब्रह्मा ने जब महादेव से सृष्टि के लिए कहा तो उन्होंने सती का ध्यान करके समान गुण स्वभाव वाली अनेक सन्तानें पैदा कीं। ये सभी धर्म धारण किए हुए, पिंगल वर्ण रूप, तेज और ज्ञान में पिता के समान थे। स्थिर यौवन वाले और महातेजस्वी थे। ये सभी दल बांधकर रुदन करने लगे। ब्रह्मा ने जब यह देखा तो महादेव से कहा कि आप अपनी तरह इस प्रकार की प्रजा उत्पन्न न करें। महादेव ने ब्रह्मा जी को ही सृष्टि का भार सौंपते हुए कहा कि हमने जो प्रजा उत्पन्न की है, वे तीनों लोक में रुद्र नाम से प्रसिद्ध होकर शतरुद्र कहलायेंगे और युगों तक यज्ञ भाग के अधिकारी होंगे। ब्रह्माजी ने यह सुनकर प्रसन्नता प्रगट की। तब से महादेव स्थाणु होकर रहे। देवता, असुर और ऋषियों से भी अधिक तेजस्वी होने के कारण उनका नाम महादेव पड़ा।

महेश्वर योग के अनुसार प्राणायाम, ध्यान, प्रत्याहार, धारणा और स्मरण पांच प्रधान धर्म हैं। प्राण की विस्तार गति को प्राणायाम कहते हैं।

यह उत्तम, मध्यम और मन्द तीन प्रकार का होता है। इसका प्रमाण द्वादश मात्रात्मक होता है। मध्यम प्राणायाम चौबीस मात्रात्मक, मन्द प्राणायाम, द्वादश मात्रात्मक तथा उत्तम प्राणायाम तिरेंसठ मात्रात्मक होता है। योग अनुष्ठान के द्वारा जब प्राण वायु वश में हो जाता है तो इच्छानुसार उसे जहां चाहें वहां ले जा सकते हैं। प्राणयाम से दोषों का नाश होता है, धारणा से पाप का, प्रत्याहार से विषयों का तथा ध्यान से अनीश्वर गुणों का नाश होता है, धारणा से पाप का, प्रत्याहार से विषयों का तथा ध्यान से अनीश्वर गुणों का नाश होता है। योगी को चाहिए कि वह प्राणायाम निष्ठ हो। शांति, प्रशांति, दीप्ति और प्रसाद प्राणायाम के प्रयोजन हैं। शांति से भयंकर अकल्याणकारी कर्म से उत्पन्न कुत्सित पाप का नाश होता है। प्रशांति लोक और परलोकहित के लिए, लोभ अभिमान आदि का नाश करके संयम स्थापित करती है। दीप्ति भूत, भविष्य, वर्तमान का प्रत्यक्षीकरण कराती है और अलौकिक सामर्थ्य प्रदान करती है। प्रसाद से इन्द्रिय, मन और पंच वायु प्रसन्न होते हैं। इससे काल भय का निवारण होता है। योग के लिए योग्य आसन को बताते हुए कहा कि पहले ओंकार का उच्चारण करके चन्द्र और सूर्य को प्रणाम करें, फिर दोनों चरणों को मिलाकर अथवा दोनों पैर की एड़ियों द्वारा लिंग और अण्डकोष को कुछ निपीड़ित करके गर्दन और मस्तिष्क को ऊपर उठाएं। मुंह बन्द कर आंखें मूंद लें, दिशाओं को न देखकर नासिका के अग्र भाग को देखें। तमोगुण को रजोगुण से तथा रजोगुण को सत्वगुण से आच्छादित करके सत्व मात्रा में स्थिर होकर एकाग्र मन से योगानुष्ठान करें। ऐसा करने से योगी को अपने में ही आत्मा का दर्शन हो जाता है। बाहर-भीतर से शुद्ध होकर प्राणायाम काल में वायु द्वारा नाभि से कण्ठ पर्यन्त प्रत्याहार करें। जैसा पहले बताया है, प्राणायाम के लिए बारह मात्रा का काल होता है। बारह प्राणायामों की एक धारणा तथा दो धारणाओं का एक योग होता है। इस प्रकार जो योग करता है, उसे ऐश्वर्य प्राप्त होता है और वह अपने तेज से प्रभावित होकर परामात्मा का दर्शन करता है। इन्द्रिय संयम ही और प्राणायाम ही ब्राह्मण के सभी दोष नष्ट करते हैं। सत्व गुण की वृद्धि न होने तथा देश, काल आदि के विचार से हीन होने पर परमात्मा दर्शन नहीं होते। सत्व गुण की अधिकता, अरोग्य, लोभ का अभाव, कांति, सुन्दर स्वर, उत्तम गन्ध,

सुभग मूर्ति, मूत्र पुरीष की अल्पता, जब शरीर में हो जाए—तब योग की पहली प्रकृति सिद्ध होती है।

वायु द्वारा कथित यह प्रसंग सुनाने के बाद सूतजी ने कहा कि तत्त्व दृष्टि सम्पन्न योगियों को जो उपसर्ग होता है, उसमें मनुष्योचित कामनाएं, स्त्री प्रसंग अभिलाषा, पुत्र उत्पादन की इच्छा, विद्या दान, अग्निहोत्र, हविर्यज्ञ, कपट, धनार्जन, स्वर्ग, स्पर्हा आदि आते हैं। योगी इनमें आसक्त होकर अविद्या के वशीभूत हो जाते हैं। इन्हें योग के लिए विघ्न समझना चाहिए। प्रतिदिन ब्रह्मनिष्ठ होकर योगाभ्यास करने से ये दोष नष्ट हो जाते हैं। इन उपसर्गों को तथा सांस को जीतने वाले योगी को सात्विक, राजस और तामस विघ्न उपस्थित होते हैं।

दूर की आवाज सुनने की शक्ति, देवताओं का दर्शन और भ्रान्तिहीनता, सिद्ध का लक्षण हैं तथा यक्ष, राक्षस तथा गन्धर्व आदि दिव्य दर्शन विघ्नकारी हैं। योगी जब सब दिशाओं देव, दानव, गन्धर्व, ऋषि और पितरों को देखने लगते हैं तब वे उन्मत्त हो जाते हैं। भ्रम से बुद्धि और ज्ञान नष्ट होते हैं। ऐसी दशा में उज्ज्वल वस्त्र या कम्बल से शरीर को ढांपकर मन ही मन ब्रह्मा का ध्यान करना चाहिए। इसमें योगी को चाहिए कि वह जितेन्द्रिय होकर अल्पाहारी, निद्रा संयमी हो और मूर्धा में सूक्ष्म की धारणा करे। ऐसे जितेन्द्रिय योग युक्त योगी में प्राण संज्ञक उपसर्ग होता है। ऐसा होने पर योगी को चाहिए कि वह पृथ्वी की धारणा करके अग्नि, आकाश, मन और परावृद्धि की धारणा करे। सिद्ध लक्षण को देखकर उनका फिर एक-एक करके त्याग करे।

पृथ्वी की धारणा करने से पृथ्वी तत्त्व सूक्ष्म रूप में उसमें प्रवष्टि हो जाता है। उस समय उसके शरीर से उत्तम गन्ध निकलती है। जल की धारणा करने से जल का सूक्ष्म तत्त्व प्रवेश करता है तथा अमृत के समान रस उसके शरीर से प्रवाहित होंने लगता है। तेज की धारणा करने से, सूक्ष्म तेज से वह संक्रान्त हो जाता है। वायु की धारणा से सूक्ष्म आकाश संक्रान्त होता है। मन की धारणा करने से मन सूक्ष्म होकर संक्रान्त होता है। बुद्धि द्वारा जब बुद्धि की धारणा की जाती है तब योगी समस्त तत्त्व बोध में समर्थ होता है। इन सात सूक्ष्मों को जानकर जो योगनिष्ठा मेधावी इनका परित्याग कर देते हैं, वे बुद्धिगण से परम तत्त्व को प्राप्त होते हैं।

इसलिए भाव समूह में एकान्त निष्ठावान होना चाहिए। जो योगी तत्त्वज्ञान को जानकर परब्रह्म को नित्य धन समझते हैं उनके सभी उपसर्ग शान्त हो जाते हैं। वे तीनों लोकों को कंपा सकते हैं।

योग के ऐश्वर्य विस्तार

योग के ऐश्वर्य विस्तार की चर्चा करते हुए सूतजी ने बताया कि ऐश्वर्य आठ प्रकार के होते हैं। अणिमा, लघिमा, महिमा, प्राप्ति, प्राकाम्य, वशित्व, ईशित्व तथा काम अवसाईता। ऐश्वर्यों की यह प्रवृत्ति त्रिविध प्रवृत्ति है। सभी स्थूल तथा सूक्ष्म भूतों में यह कार्य सम्पादन करते हैं। अणिम तीनों लोकों में दुष्प्राप्य ऐश्वर्य है, इसे योगबल से प्राप्त किया जाता है। लघिमा के द्वारा योगी सब जीवों के बीच में चला जाता है। आकाश में उड़ सकता है, पानी में तैर सकता है। प्राप्ति द्वारा तीनों लोकों के पदार्थ प्राप्त हो जाते हैं। महिमा द्वारा एक स्थान पर रहकर ही सभी कुछ प्राप्त हो जाता है। ईशित्व के प्रभाव से योगी त्रिलोक में विद्यमान सभी भूतों के दुःख-सुख विधान में समर्थ होते हैं। वशित्व के द्वारा सभी चर-अचर योगी के वश में हो जाते हैं। काम अवसादिता के प्रभाव से योगी की इच्छानुरूप ही सारे कार्य सिद्ध होते हैं। शब्द रूप, स्पर्श, गन्ध, रस और मन आदि योगी की इच्छानुसार ही प्रवर्तित होते हैं। इस प्रकार मानव अविनाशी उत्तम योग के प्रभाव से परम सूक्ष्म उपवर्ग नामक परम पद प्राप्त करते हैं। ब्रह्मतत्त्व ज्ञान से रहित प्राणी राग के वशीभूत रज, तम, कर्मों के आचरण से फिर उन्हीं में लिप्त हो जाते हैं। अच्छे कर्म वाले स्वर्गलाभ करते हैं। वे सभी भोगकर पुनः भ्रष्ट होकर मानव जन्म प्राप्त करते हैं। अतः अत्यन्त सूक्ष्म परमब्रह्म ही सर्वकालीन है, उसी के सेवन में सुख निहित है। अत्यन्त परिश्रम तथा बहुव्यय करने से यज्ञ सम्पन्न होता है, किन्तु मृत्यु का निराकरण नहीं होता। इसलिए मोक्ष ही परम सुख है। ध्यान संयुक्त ब्रह्मयज्ञ परायण व्यक्ति सौ मन्वन्तरों तक प्रयत्न करने पर भी किसी के द्वारा सीमित नहीं होती है। योगी गण उन प्रभु का दर्शन योगबल से करते हैं। वही एक अतीन्द्रिय सुसूक्ष्म पुरुष भावनात्मक तेज प्रभाव से दीप्तिमान है। यही सर्वगत, अति सूक्ष्म सचेतन महापुरुष परम पुरुष हैं। मुनियों ने इन्हें ही सम्पूर्ण लोकों और जीवों को प्रसव करने वाली प्रकृति

कहा है। योगी इन्हीं को ध्यान से देखते हैं। इसी के प्रभाव से योगी मोहग्रस्त नहीं होता। वायु जिस प्रकार सभी भूतों में विचरणशील है, उसको भी रूप में बांध लेते हैं। उसी प्रकार सब भूतों के हृदय आकाश रूपी पुर में शयन करने के कारण वह पुरुष कहलाता है।

धर्महीन जीव प्रारब्ध और कर्म के अनुसार ब्रह्मयोनि में रजो वीर्यमय होकर माता-पिता के मिथुन द्वारा बार-बार उत्पन्न होते हैं। गर्भकाल में पहले वे कलल रूप में रहते हैं। फिर कुछ काल बाद वह कलल बुदबुद हो जाता है। जिस प्रकार मिट्टी का लौंदा कुम्हार द्वारा चाक पर घूमकर दोनों हाथों से रूप प्राप्त करता है, उसी प्रकार आत्मा भी वायु द्वारा प्रेरित होकर मानव रूप में उत्पन्न होता है। वायु सब का आश्रय स्थान है। वायु से जल होता है जल से प्राण, प्राण से वीर्य उत्पन्न होता है। तैंतीस भाग रज तथा चौदह भाग वीर्य करीब आधे पल के परिमाण में जब गर्भाशय में जाता है तो गर्भ रूप में वह पंच वायु से आवृत्त हो जाता है। पिता के शरीर के अनुरूप उसका रूप और प्रत्येक अंग होते हैं तथा माता द्वारा खाए-पिए द्रव्य रस के द्वारा, जो नाभिरन्ध्र से उस तक पहुंचता है देहधारियों का प्राण टिका रहता है। वह नौ मास तक निःसामर्थ्य-सा पैर से लेकर सिर पर स्नायु द्वारा क्रमहीन भाव से बंधा रहता है। इस प्रकार नौ मास गर्भ में रहकर वह अद्योमुख होकर योनि छिद्र से उत्पन्न होता है, फिर पाप के कारण वह नरक प्राप्त करता है। असि पनवन तथा शाल्मली नरक में उसका छेदन होता है। वह शोणित भोजन करता है। असह्य झिड़िकियां पाता है, कुंभीपाक नरक तो उसके लिए घोर यातना दायक होता है। मृत्युपुर में जीव को अकेले ही जाना पड़ता है। कर्म फल का भोग भी अकेले ही करना पड़ता है। इसलिए अच्छा कार्य ही करना श्रेयष्कर है। यहां से प्रस्थान के बाद जीव का कोई साथ नहीं देता। केवल अपने द्वारा कर्म ही साथ जाता है। यम मन्दिर में पापियों की देह छिन्न-भिन्न हो जाती है। सब जगह घोर यातना ही मिलती है। पाप ही बलात् उसे यातना स्थान में ले जाता है। इसलिए सत्कर्म करना चाहिए। नाना प्रकार की योनियों का विधान जीव के द्वारा किए गए कर्मफल का ही रूप है। मनुष्य से स्थावर पर्यन्त सब की यही दशा होती है। यह तो पूर्व जन्म के संस्कार, धर्म की भावना से प्रेरित होकर ही जीव मनुष्य की

योनि प्राप्त करता है। अत: उसे नित्य उस ब्रह्मा का ही ध्यान करना चाहिए।

चौदह प्रकार के संसार मंडल को जानकर संसार के भय से डरते हुए ही जीव के सांसारिक कार्यों का सम्पादन करना चाहिए। बाल चक्र से ही वह संसार में लिप्त होता है। इसके लिए योग की आराधना ही युक्ति-संगत है। ऐसे योग का आरम्भ करना चाहिए, जिसमें आत्मदर्शन हो सके। यह आत्मा ही आद्य ज्योति है। संसार से पार जाने के लिए उत्तम पुल है। आत्मा के प्रकाश आवृत्त होने से ही जीव सांसारिक आवागमन से छूट पाता है। इसमें प्राण तथा अपान दोनों ही आत्मा कहे गए हैं। प्राण अन्तरात्मा तथा अपान बहिरात्मा हैं। अन्न ही प्राण और अपान है, इसके अभाव में मृत्यु है। अन्न ही ब्रह्मा तथा प्रजा का मूल है।

शौचाचार का लक्षण बताते हुए सूतजी ने कहा—इनके आचरण से जीव शुद्धात्मा होकर स्वर्ग प्राप्त करता है। इसकी अभिलाषा के लिए जल सब से उत्तम है। जो कभी शौचाचार में आलस्य नहीं दिखाते वह कभी विषादयुक्त नहीं होते। मान तथा अपमान दोनों ही विष तथा अमृत हैं। इनमें अपमान तो विष है तथा मान अमृत। जो योगी आलस्य से दूर रहते हैं उन्हें कभी दु:ख नहीं होता। जो गुरु के प्रिय कार्य करते हैं वे सदा सुखी रहते हैं। यम और नियम का पालन करते हुए, गुरु की आज्ञा से उत्तम ज्ञान का अनुगमन करते हैं, वे धर्म के अनुकूल कार्य करते हुए पृथ्वी पर वास करते हैं। आंख से देखकर राह में चलना, कपड़े से छानकर जल पीना और सत्य वचनों का उच्चारण करना ही धर्मशास्त्र की आज्ञा है। योगी को चाहिए कि वह किसी भी श्राद्ध यज्ञ का आतिथ्य स्वीकार न करे और अहिंसक होकर रहे। जब रसोई की आग ठंडी पड़ जाए और घर के सभी सदस्य भोजन कर लें तभी उस घर में भिक्षा के लिए जाना चाहिए। उसे यह भी ध्यान रखना चाहिए कि रोजाना एक घर में न जाए। योगी को चाहिए कि वह सज्जनों के धर्म की रक्षा करते हुए इस प्रकार भिक्षा करे कि उसमें अपमान का भाव न हो। आचारशील गृहस्थों के यहां से भिक्षा ग्रहण करना योगियों के लिए परम श्रेष्ठवृत्ति मानी गयी है। शालीन, श्रद्धावान, शान्त, महात्मा श्रोत्रिय गृहस्थों के यहां से भिक्षा ग्रहण करनी चाहिए। अदुष्ट और अपतित गृहस्थों के यहां से भी भिक्षा ली जा सकती है, परन्तु हीन वर्णों के यहां भिक्षा मांगना योगियों के लिए निकृष्ट है।

यवागू, तक्रदूध, अपक्व, फल-मूल, पिण्याक अथवा शक्ति के अनुसार जो कुछ भी भिक्षा में प्राप्त हो वही योगियों के लिए सिद्धिवर्धक है। भिक्षा द्वारा ग्रहण किया हुआ आहार ही योगियों के लिए श्रेष्ठ आहार है। चान्द्रायण व्रत को योगियों के लिए श्रेष्ठ माना गया है। इसलिए अपनी शक्ति के अनुसार योगी को एक, दो, तीन, चार व्रत तक करने चाहिए। चोरी नहीं करना, ब्रह्मचर्य, अलोभ और त्याग योगियों के व्रत हैं। अहिंसा, तत्त्वजिज्ञासा, अक्रोध, गुरु, सुश्रुषा, शौच, आहार में लघुता और नित्य स्वाध्याय योगियों के नियम हैं। जिस प्रकार जंगली हाथी अंकुश के आघात से शान्त होकर जल्दी ही मनुष्यों के वश में हो जाता है उसी प्रकार कर्म-बीज से उत्पन्न गुणमय देह अर्थात् कर्मबद्ध जीव शुद्ध ज्ञान योग में दग्ध बीज होकर निष्पाप और शान्त हो जाता है। कर्म बन्धन से मुक्त हो जाने के पश्चात वही जीव मुक्त पदवी को प्राप्त करता है। सम्पूर्ण यज्ञ क्रियाएं भी वेदों की तरह ही हैं और यज्ञों में जप ही ज्ञानियों के लिए श्रेष्ठ कहा गया है। ज्ञान की उपेक्षा ध्यान को श्रेष्ठ माना गया है। ध्यान को प्राप्त करने से ही नित्य वस्तु प्राप्त होती है। ज्ञानियों का कहना है कि शम, दम, सत्य, निष्पापत्व, भौन, सम्पूर्ण भूतों पर दया और असफलता ही अतीन्द्रिय ज्ञान को उत्पन्न करने वाली हैं। जो साधु समाधि तत्पर अप्रमादी, ब्रह्मनिष्ठ, शुचि, जितेन्द्रिय और आत्मरति करने वाले हैं, वे ही इस योग को प्राप्त करते हैं। अनिन्दित और निर्मल आशय वाले महामुनि महर्षियों ने ही इस योग को प्राप्त किया।

परमाश्रम की विधि बताते हुए सूतजी ने बताया कि—आयु के अन्तिम भाग में गुरु की आज्ञा से उत्तम ज्ञान को प्राप्त कर तीनों आश्रमों को त्याग करके चौथे आश्रम में प्रवेश करना चाहिए। तत्पश्चात् ब्रह्मा की प्राप्ति में सहायक सारभूत ज्ञान की उपासना करता हुआ पृथ्वी पर वास करे। जो योगी यह जानना चाहता है कि यह ज्ञान है और यह ज्ञेय है, वह कभी भी ज्ञेय की प्राप्ति नहीं कर पाता है। योगी को चाहिए कि वह संगहीन होकर, क्रोध को जीतकर, अल्प मात्रा में भोजन कर, जितेन्द्रिय बुद्धियोग में समस्त इन्द्रिय द्वार को बन्दकर, ध्यान में मन का निवेश करे। ऊपर से खुले हुए खाली स्थान, गुफा, जंगल तथा नदियों की रेत पर नियमित रूप से योग अनुष्ठान करे। वाग्दण्ड, कर्मदण्ड तथा मनोदण्ड, इन

तीन दण्डों को करने वाले योगी त्रिदण्डी कहे जाते हैं। इन्द्रियों को जीतकर नित्य ध्यान करने वाले मनुष्य, शास्त्र के अनुकूल विधि का पालन करते हुए, शुभ-अशुभ कर्मों का त्याग करके जब शरीर छोड़ते हैं, तो वे जन्म-मरण के इस बन्धन से मुक्त हो जाते हैं।

यतियों के प्रायश्चित विधान का वर्णन

इसके पश्चात् सूतजी ने यतियों के प्रायश्चित विधान के बारे में बताते हुए कहा कि धर्म को जानने वालों ने काम कृत और अकाम कृत दोनों ही पापों के लिए प्रायश्चित करने का विधान बताया है। पाप तीन प्रकार के होते हैं—मन, वचन और शरीर से उत्पन्न होने वाले इन पापों से संसार दिन-रात बंधा रहता है। उच्च श्रुति का कहना है कि कर्म से बंधा हुआ संसार सत्य नहीं है। जीवन में ये पाप कुछ समय के लिए ही आते हैं। इसलिए अपने जीवन काल में जीवों का सदा ही धीर और सावधान रहना चाहिए। योग को ही सबसे बड़ा बल माना गया है। धीर व्यक्ति विद्या के द्वारा अविद्या को पार कर सकता है और सभी ऐश्वर्यों का लाभ उठाते हुए परम पद को प्राप्त करते हैं। संन्यासियों के लिए जिन व्रतों का विधान है उनमें से एक का भी त्याग कर दिया जाए, तो फिर प्रायश्चित करना पड़ता है। संन्यासी यदि काम के वशीभूत किसी स्त्री से सम्बन्ध स्थापित कर ले तो प्रायश्चित करना पड़ता है। ऐसी स्थिति में प्राणायाम के साथ सन्तापन करे तथा कृच्छ व्रत करने के पश्चात् अपने आश्रम में प्रवेश करके सावधानी से भिक्षा प्राप्त करे। आपस में हंसी-मंजाक करते समय असत्य बोलने से कोई दोष नहीं होता है, परन्तु ऐसा करना नहीं चाहिए। देवता तथा मुनियों ने हिंसा को सबसे बड़ा पाप बताया है और वेद भी ऐसा ही कहते हैं। धन को लोगों का बर्हिगत प्राण माना जाता है अतः धन का हरण करना, प्राणों का हरण माना जाता है। इन सब नीच कर्मों को करने व'ला भिक्षुक अपने व्रत से हट जाता है। अतः ऐसे भिक्षुक को शास्त्रों के अनुसार विधिपूर्वक संवत्सर पर्यन्त चान्द्रायण व्रत का पालन करना चाहिए। ऐसा ही श्रुति कहती है। संवत्सर के अन्त में पापरहित होने के पश्चात् भी उसे दुखी मन से सावधान होकर भिक्षाचरण करनी चाहिए। मन, वचन और कर्म से सब जीवों के प्रति अहिंसा की भावना रखनी

चाहिए। बिना अपनी इच्छा के भी यदि उसे मृगादि पशुओं की हिंसा करनी पड़े तो कठिन से कठिन चान्द्रायण करना चाहिए। इन्द्रियों की दुर्बलता के कारण, यदि किसी स्त्री के दर्शन मात्र से ही यति का वीर्यपात हो जाए तो षोडश प्राणायाम करना चाहिए। ब्राह्मण को यदि दिन में वीर्यपात हो जाए तो उसे तीन रात उपवास करके सौ बार प्राणायाम करना चाहिए, तथा रात में वीर्यपात होने से स्नान के बाद बारह बार प्राणयाम का विधान है, क्योंकि इससे ब्राह्मण शुद्ध और निष्पाप हो जाता है। यतियों के लिए एक वस्तु में दूसरी को मिलाए बिना खाना तथा मधु, मांस, आम, श्राद्ध और अधिक नमक खाना वर्जित है। इनमें से एक का भी सेवन कर लेने से उसे प्रायश्चित स्वरूप कृच्छ प्राजापत्य करना होगा। मन, वचन और शरीर के द्वारा किसी भी पाप के हो जाने पर उसका प्रायश्चित करने के लिए सज्जनों से सलाह लें और जैसा वे कहें वैसा ही करें। शुद्ध बुद्धि वाला, मिट्टी के रोड़े और सोने को समान समझने वाला, सब जीवों पर दया करने वाला, व्यक्ति मुक्ति को प्राप्त होता है तथा जीवन-मरण के बन्धन से सदा के लिए छूट जाता है।

अरिष्ट की चर्चा करते हुए वायुदेव ने आगे बताया कि इसके ज्ञान के द्वारा योगी अपनी मृत्यु को भी जान जाते हैं। जो व्यक्ति अरुन्धती ध्रुव सोम-छाया और महापथ को नहीं देखता वह एक वर्ष से अधिक नहीं जी पाता, जो अग्नि को किरण सहित तथा सूर्य को बिना किरण वाला देखता है वह ग्यारह मास। स्वप्न या प्रत्यक्ष में सोना-चांदी वमन या मलमूत्र वमन करने वाला दस माह। धूल या कीचड़ में आगे या पीछे खंडित पदचिह्न वाला सात माह। जिसके सिर पर कौआ, कश्तर, गिद्ध या कोई मांस भक्षी पक्षी बैठ जाए वह छः माह। जो अपनी ही छाया को विकृत देखे, जिसके सिर पर दस-बीस कौवे मंडराएं वह चार-पांच मास। दक्षिण दिशा में बिना बादलों के ही बिजली देखने वाला या जल में इन्द्रधनुष देखने वाला दो माह। अपना बिना सिर का प्रतिबिम्ब देखने वाला एक माह। शरीर से मुर्दे की-सी गन्ध वाला पन्द्रह दिन। स्नान करते ही दोनों पैर तथा हृदय सूख जाने वाला या सिर से धुआं निकलने लगे वह दस दिन जीता है। प्रकुपित वायु जिसके गर्भ स्थान का पीड़ित करे और जल को छूने पर भी जिसे तृप्ति न हो वह मृत्यु को तत्काल ही प्राप्त कर लेता है।

बुद्धिमान मनुष्य अरिष्ट की सूचना पाकर और उस काल को उपस्थित समझकर, भय दुख छोड़कर योग अनिष्ठान करें तो श्रेयस्कर होगा। प्राण, त्वक, चक्षु, कर्ण, वाक, मन, बुद्धि, वक्षस्थल और मस्तक में योगी बारह या एक सौ आठ धारणा को मस्तक में धारण करें। इस प्रकार धारणा के द्वारा सम्पूर्ण देह को पूर्ण कर दे। ऐसा करने से योगी ओंकारमय हो जाता है। उस अविनाशी योगी के क्षर नहीं होता वह अमर हो जाता है।

ओंकार के लक्षण

ओंकार के लक्षण बताते हुए वायुदेव ने कहा—ओंकार तीन मात्राओं से युक्त है और इसका व्यंजन स्वर नियंत्रित है। इसकी पहली मात्रा विद्युती दूसरी तामसी तीसरी अक्षरगामिनी होती है। सिर से चींटी के समान स्पर्श वाली गाधार स्वर से उत्पन्न माधर्वी मात्रा भी होती है। इन मात्राओं से युक्त ओंकार जब मस्तक में लय प्राप्त करता है तब योगी ओंकारमय हो जाता है और अक्षरत्व प्राप्त करता है। ओंकार धनुष है, आत्मा बाण, ब्रह्म लक्ष्य है। सावधान होकर लक्ष्य भेद करना चाहिए। इसके लिए बाण की तन्मयता आवश्यक है।

यह ओंकार ही तीन लोक, तीन वेद तथा तीन अग्नि हैं। यह ही त्रिविकम के तीन पैर ऋक, यजुः और साम हैं। ओंकार में चार मात्राएं होती हैं। इस ओंकार में जो योगी युक्त है वही ब्रह्मा सारूप्य को प्राप्त करता है। ओंकार अक्षर है, उकार स्वर है और मकर प्लुत है। इस तरह इसके परमार्थ के लिए तीन मात्राएं होती हैं। अकार भूलोक, उकार भुवःलोक और व्यंजन सहित मकार स्वर्लोक कहा जाता है। ओंकार त्रिलोकमय है और शिरोभाग स्वर्ग है तथा सम्पूर्ण भाग भुवनमय ब्रह्मपद कहा गया है। मात्रापद रुद्रलोक है तथा अमात्रपद शिवपद है। इस प्रकार भली प्रकार ध्यान लगाकर उस पद की उपासना करनी चाहिए। इसलिए योगी को चाहिए कि वह शाश्वत की पद की इच्छा रखते हुए उस नित्य, अविनाशी और अमात्र की उपासना करे। इसकी पहली मात्रा ह्रस्व है, दूसरी दीर्घ और तीसरी प्लुत है। इन मात्राओं को यथार्थ रूप से समझकर अपनी सामर्थ्य अनुसार इनकी धारणा करनी चाहिए। इन्द्रिय, मन, बुद्धि,

का जो मनुष्य आत्मा में ध्यान करता हुआ अष्ट मात्रा विशिष्ट प्रणव की धारणा करता है, उसे विशेष फल प्राप्त होता है। प्रत्येक मास अश्वमेध से सौ वर्षों तक यजन करने के पश्चात् भी उतना फल नहीं होता जितना कि मात्रा के ज्ञान से प्राप्त होता है। कुश के अग्रभाग से प्रतिमास सौ वर्षों तक जलबिन्दु पान करने से जितना फल प्राप्त होता है, उतना ही फल मात्रा के ज्ञान से होता है। इष्टापूर्त यज्ञ का, सत्य वचन का तथा महीने भर जल पीकर रहने के फल के समान ही फल की मात्रा के ज्ञान का है। उग्र तपस्या और अधिक दक्षिणा वाले यज्ञ से भी उतना फल प्राप्त नहीं होता जितना कि मात्रा के ज्ञान से होता है। उसकी जो अर्द्धमात्रा प्लुत है, वही गृहस्थ योगियों के लिए विशेष उपयोगी है। वही ऐश्वर्य को देने वाली है। योगियों को अणिमादि आठ प्रकार के ऐश्वर्य उसी से प्राप्त होते हैं, अतः ब्राह्मण को उसी की साधना करनी चाहिए। प्लुत मात्रा से संयुक्त होकर जो शुद्ध, शान्त, जितेन्द्रिय योगी अपने को जानता है, वह सभी कुछ जान जाता है। ध्यान लगाने वाले ब्राह्मण योग ज्ञान के द्वारा तीनों वेदों, उपनिषदों को जान जाते हैं। वे सब भूतों के लयस्थान में लीन होकर लयस्थान के रूप में बदल जाते हैं और वे योगी जनोचित उत्क्रमण विधान के द्वारा अपने प्राणों को त्यागकर अविनाशी पद प्राप्त कर लेते हैं। जो दिव्य-दृष्टि से ध्यान लगाकर चतुर्मुखी, विश्वरूपाख्या प्रकृति, देवी को देखकर सोचते हैं कि यही एक प्रजा है, कृष्ण वर्ण की है और अपनी ही तरह अनेक प्रजाओं को उत्पन्न करने वाली है। जीव रूपी एक अज तो उस अजा का उपभोग करता है, परन्तु दूसरा विश्व शिव स्वरूप अज उसे उपभुक्त समझ कर छोड़ देता है। वह प्रकृति स्वरूपा आदि अजा आठ अक्षरों वाली, सोलह पैरों वाली, चतुर्मुखी, शिखविहीन, एक शृंग वाली और संसार का सृजन करने वाली है। जो पंडित इसके स्वरूप को जानते हैं, वे अमृतत्त्व को प्राप्त करते हैं तथा जो इसके प्रणव को जानते हैं वे संसार में आवागमन से मुक्त हो जाते हैं। यह ओंकार रूप अक्षर ब्रह्म है।

इस अक्षर ब्रह्म का जो ध्यान करता है तथा इसे समझता है, वह सभी बन्धनों से मुक्त हो जाता है और जन्म-मरण के बन्धन से मुक्त होकर अचल, निर्गुण शिव स्थान को प्राप्त करता। सर्व सकल्पाभिज्ञ लोकेश्वर को नमस्कार करते हुए उसी महात्मा की उपासना करनी

चाहिए। सर्वव्यापी, निर्गुण, भक्त योगियों के लिए ऐश्वर्य को देने वाले, जल से युक्त, परन्तु उससे अलिप्त कमलपत्र की तरह शुद्ध ब्रह्म की उपासना करनी चाहिए। पवित्रों के बीच पवित्र, अतिशय पवित्र, पवित्रता से पूर्ण, ह्रस्व, दीर्घ, लुप्त ·मात्रा विशिष्ट, शब्द-स्पर्श-रूप-रस-गन्ध वर्जित ओंकार की उपासना करनी चाहिए। जिसने धुलोक को उद्यत, पृथ्वी को दृढ़ स्वलोक को स्तम्भित और स्वर्ग को अन्तरिक्ष में रखा है, जो देवों के हृदय स्वरूप हैं, वही परमपुरुष विश्व रूप हैं। यह ओंकार नामक विश्वरूपी रुद्र, यज्ञ, वेद और नमस्कार आदि रूप से परिणत हुए हैं। उसी रुद्र को नमस्कार करना चाहिए। सिद्धि को देने वाले रुद्रोपस्थान का प्रातः, सायं और मध्याह्न में पाठ करने से सभी कामनाओं की पूर्ति है। जिस प्रकार वायु के हल्के से स्पर्श से पका हुआ फल गुच्छे से गिर पड़ता है, उसी प्रकार रुद्र को नमस्कार करने से सभी पाप नष्ट हो जाते हैं। रुद्र को नमस्कार करने से सभी धर्मों का फल प्राप्त होता है। इसीलिए योगी को ब्रह्मस्वरूप महेश्वर की उपासना करनी चाहिए। वह प्रभु हर समय ओंकार में निहित है। इसलिए महायशस्वी विष्णु ही नमस्कार करने योग्य हैं। नमस्कार मूर्ति विष्णु का प्रणव स्तवन करता है, यज्ञ प्रणव का, मन यज्ञ का और रुद्र मन का स्तवन करते हैं। अतः रुद्रपद ही परम मंगलकारी है। जो यति इसे भली प्रकार से जानता है उसे परमपद प्राप्त होता है।

सूतजी ने बताया कि नैमिषारण्य के उस यज्ञ में अग्नि के समान ऋषियों के बीच एक महात्मा मुनि सावर्णि भी थे। उन्होंने वायुदेव से प्रश्न किया कि भगवान् हिरण्यगर्भ ने अपने ललाट से किस प्रकार तेजस्वी नील लोहित देव को अपने पुत्र के रूप में प्राप्त किया। किस प्रकार कमलयोनि ब्रह्मा की उत्पत्ति हुई? किस प्रकार नील लोहित को रुद्रत्व प्राप्त हुआ? रुद्र के साथ विष्णु की प्रीति कैसे हुई? और जब सभी देवों में पूज्य स्वयं विष्णु हैं तो भवदेव को विष्णु क्यों प्रणाम करते हैं?

सावर्णि मुनि के प्रश्न सुनकर वायुदेव ने बताया कि छठे कल्प के बीत जाने पर मनु के अधिकार काल में सातवां पद्म नाम का कल्प था और इस समय वराह कल्प बीत रहा है। पहले मुनि ने कल्प निरूपण करते हुए कहा कि दो हजार आठ सौ करोड़ तथा बासठ करोड़ रात्तर नियुत कल्पार्द्ध की वर्ष संख्या कही गई है। इसका पूर्ण भाग वर्ष परिमाण

कहा गया है, एक सौ अठहत्तर करोड़ दो लाख नव्वे नियुत के मानुष परिणाम से वैवस्वतः मन्वन्तर होता है। सातों कल्पों का मान परिणाम ईश्वरानुमोदित है। मन्वन्तर के अन्त में मनुष्यों का भी अन्त हो जाता है। देवता और विश्व देवता जो नित्य कहे जाते हैं, वे जो कल्प तक ही जीते हैं।

जिस प्रयोजन के लिए वराह उत्पन्न हुए, उसके कारण इसका नाम वराह कल्प पड़ा। सृष्टि से पहले भव कल्प हुआ, दूसरा भू, फिर तपः, चौथा, पांचवां, छठा, सांतवा, आठवां, नवां, दसवां, ग्यारहवां, बारहवां, तेरहवां, चौदहवां, कल्प विस्तार क्रमशः भव्, रम्भा, ऋतु, वह्नि, हण्यवाहन, सावित्री, भुवः, उशिक, कुशिक, गान्धार, वृषभ और षड़ज नाम से हुए। सत्रहवां कल्प मार्जालिय, अठारहवां मध्यम, उन्नीसवां वैराजक हुआ। इसमें ब्रह्मा के पुत्र वैराज मुनि हुए। इनके दधीचि नाम का धर्मात्मा पुत्र हुआ। बीसवां कल्प निषाद कल्प हुआ। प्रजापति ने उस विषाद को देखकर सृष्टि कर्म से हाथ रोक लिया। निषाद भी तपस्या करने लगा। तब इक्कीसवें पंचम कल्प में ब्रह्मा के यहां प्राण, अपान, समान, उदान तथा व्यान नामक पांच मानस पुत्र हुए। इन पांचों के पंचम गान के कारण ही इस कल्प का नाम पंचम कल्प पड़ा। बाईसवें कल्प का नाम मेघवाहन हुआ। इसमें विष्णु ने मेघ के रूप में महेश्वर को दिव्य सहस्त्र वर्ष तक धारण किया। तेईसवां कल्प चिन्तक कल्प हुआ। इसमें प्रजापति पुत्री की चिन्तक के साथ चिति नाम की पुत्री हुई। चौबीसवां, आकूति कल्प हुआ। इसमें आकूत और आकूति मिथुन उत्पन्न हुए। पच्चीसवां विज्ञाति कल्प हुआ। इसमें विज्ञाति के साथ विज्ञात जुड़वां उत्पन्न हुए। सृष्टि की इच्छा से ब्रह्मा को शीघ्र ही सब कुछ ज्ञात हो गया। छब्बीसवें कल्प का नाम मन हुआ। इसमें शंकरी देवी ने एक मिथुन उत्पन्न किया। यह कल्प उस समय हुआ जब ब्रह्मा प्रजा की सम्भावना की कल्पना कर रहे थे। सत्ताईसवां कल्प भाव कहलाता है। परमेष्ठी ब्रह्मा परमात्मा का ध्यान कर रहे थे कि उनका ज्योति मण्डल अग्नि रूप में पृथ्वी लोक और देवलोक में व्याप्त होकर प्रदीप्त हो उठा। एक हजार वर्ष बाद यह मण्डल सूर्य मण्डल में परिणित हुआ। ब्रह्मा ने उसको देखा, उससे समस्त योग और मन्त्र उत्पन्न हुए। इसलिए उस कल्प का नाम दर्श पड़ा। अठाईसवां वृद्ध कल्प कहलाया। सृष्टि की कामना करने वाले ब्रह्मा के अन्तःकरण से साम उद्‌भूद हुए। इस प्रकार ये सभी कल्प हुए।

ब्रह्मा के युग और वर्ष के बारे में बताते हुए वायु ने कहा कि ब्रह्मा का वर्ष एक हजार युग का होता है और आठ हजार वर्षों का एक युग, एक हजार युग का एक सवन और दो हजार सवनों को ब्रह्मा का त्रिवृत्त होता है। इससे आगे के कल्पों को गिनाते हुए वायुदेव ने बताया कि उनतीसवें कल्प में श्वेतलोहित हुआ। इससे एक परम तेजस्वी कुमार उत्पन्न हुआ, ब्रह्मा ने उसे महेश्वर समझा। तीसवां रक्त कल्प हुआ, जिसमें महातेजस्वी रक्त नेरक्त वर्ण प्राप्त किया। ध्यान योग से ब्रह्मा ने जाना कि ये स्वयं विश्वेश्वर हैं। उनकी आराधना की और उस ब्रह्मस्वरूप का चिंतन करने लगे। महातपस्वी ने ब्रह्मा से कहा कि हे पितामह, जिस लिए तुमने पुत्र कामना से मेरा ध्यान किया है, तुम प्रत्येक कल्प में परम ध्यान के द्वारा मुझे भली-भांति जानोगे। इसके पश्चात उस महादेव से चार महात्मा कुमार उत्पन्न हुए। उन्होंने वामदेव सम्बन्धी ज्ञान का अभ्यास किया और पुनः उसी रुद्र महादेव में विलीन हो गए। पीतवासा इकत्तीसवां कल्प कहलाता है। इसमें जो पुत्र उत्पन्न हुआ, वह पीत चन्दन से युक्त, पीत यज्ञोपवीत धारी था। ध्यान मग्न ब्रह्मा ने उस महेश्वर के मुख से उत्पन्न एक विचित्र गाय को देखा। भविष्य में इसी का नाम रुद्राणी हुआ। पुत्र की इच्छा वाले ध्यान प्रण ब्रह्मा को वह महेश्वरी गाय प्रदान कर दी। इसके पश्चात् सित नाम का दूसरा कल्प हुआ। उस समय दिव्य सहस्त्र वर्ष तक जगत् स्कार्णवत रूप में था। ब्रह्मा दुखी होकर सृष्टि के लिए चिन्तन करने लगे, तब उनका वर्ण काला हो गया। इसी से कृष्ण वर्ण युवक उत्पन्न हुआ। ब्रह्मा ने उसका ध्यान किया, जिसके प्रभाव से महात्मा स्वरूप चार युवक उत्पन्न हुए। योग सम्पन्न उन कुमारों ने मन ही मन शिव का ध्यान करते हुए विश्वेश्वर के निर्मल और निर्गुण स्थान में प्रवेश किया। इसके पश्चात विश्व रूप नाम कल्प हुआ। इसमें महानाद करने वाली विश्व रूपा सरस्वती उत्पन्न हुई। तब ब्रह्मा ने प्रणत होकर महेश्वर की स्तुति की और कहा–आपका जो विश्वगामी, विश्वेश्वर, विश्व रूप है, उसे हम जानने की इच्छा रखते हैं। यह परमेश्वर कौन है? यह भगवती कौन है? जो चार पैर, चार मुख, चार सींग, चार दांत, चार स्तन, चार हाथ, चार आंख वाली विश्व रूपा है? इसका नाम क्या है? इसकी आत्मा और रूप कैसे हैं? इसका पराक्रम और कर्म कैसे हैं?

महेश्वर ने ब्रह्मा से यह सुनकर कहा—मन्त्रों का यह रहस्य पवित्र और पुष्टिवर्धक है। यह जो कल्प बीत रहा है, विश्व रूप कल्प है। भवआदि देवगण इस कल्प के छत्तीसवें गण हैं। जब से आपने इस ब्रह्मपद को प्राप्त किया है, तब से यह तैंतीसवां कल्प चल रहा है। हे देवेश! आपके सामने ही सामने सौ-सौ, हजार-हजार स्वयंभू बीत चुके हैं। उनकी कथा सुनाते हुए महादेव ने बताया कि आप पहले आनन्द के नाम से जाने जाते थे। तपस्या के पश्चात आप गालव्य गोत्र में उत्पन्न हुए और उत्पन्न तपस्या के बल से मेरे पुत्र हुए। बत्तीस अक्षरों के नाम वाली छब्बीस गुणों से युक्त महेश्वरी प्रकृति ही आपकी जननी है। यह चार मुख वाली गौ रूप वाली जगत् योनि प्रकृति भगवती का जन्म नहीं हुआ। यह नाम से प्रकृति है। इसी विश्वरूपा गायत्री को जानकर हम अज और बुद्धि सम्पन्न हुए। इस प्रकार महादेव के अट्टहास करने पर उनके पार्श्व से दिव्य रूप वाले कुमार गण उत्पन्न हुए। वे पराक्रमशाली हजारों वर्ष तक महेश्वर की उपासना करते हुए शिष्ट जनों के लिए धर्म के उपदेश देकर पुनः रुद्र के शरीर में प्रविष्ट हो गए।

जब ब्रह्मा ने महादेव से उनके श्वेतत्त्व के बारे में पूछा तो महादेव ने कहा कि यह श्वेत कल्प है। इसलिए हम इसके आरम्भ से ही श्वेत हो गए। हमारे प्रसाद से ही ब्रह्मा नाम की गायत्री श्वेत हुई। अपनी तपस्या के प्रभाव से ही हम तुम्हारे द्वारा जाने गए। हमारी अभिनव मूर्ति गुह्य ब्रह्म के रूप में जानी जाती है। हे देव! योग वामता आ जाने से हम वामदेव हो गए। इसके पश्चात हमारा ही शरीर कृष्णवर्णी हो गया। विश्वरूप धारी महेश्वर के इस आख्यान को सुनकर ब्रह्मा ने उनसे पूछा—हे देव! किस काल में किस युग में और कब द्विजातिगण आपको देख सकेंगे?

भगवान् महादेव ने कहा कि वह केवल ध्यान के द्वारा ही दर्शनीय हैं। त्रिभुवन पति नारायण विष्णु ही एक मात्र साधनीय हैं। वे वाराह नाम से जाने जाएंगे। चार, भुजा, पैर, नेत्र और चार मुख वाले वे संवत्सर होकर यज्ञ स्वरूप होंगे। वे षड़ंग, त्रिशीर्ष, त्रिस्थान और त्रिशरीवान होंगे। सारे यज्ञ उनके अंग चारों वेद भुजाएं, ऋतु व ऋतु संधि उनके मुख, दोनों अयन और दोनों अयन मुख उन के चार मुख फाल्गुनी कृतिका, आषाढी उनके तीन सिर, उत्पति और प्रलय उनका आश्रय कहलाता है, वही प्रभु

जब वाराह रूप में अवतरित होंगे तो हे ब्रह्मा आप भी चतुरावन होंगे। भगवान् नारायण तब ब्रह्मलोक निवासियों के लिए नमस्कारनीय होंगे और जब संसार सकार्णवीभूत हो जाएगा, तब आप उस प्रवाह के बीच पुरुषोत्तम हरि का ध्यान करते हुए देखेंगे। आपकी चेतना उस समय हमारी माया से नष्ट हो जाएगी। रात के कारण आप एक दूसरे को नहीं जान पाएंगे, अपने को मनुष्य समझने लगेंगे। उस कल्प में आप पद्मनाभि, पद्मजन्मा, आदि नामों से जाने जाएंगे। प्रभु ने उस सप्तम कल्प वाराह कल्प में प्रभु विष्णु महातेजस्वी काल होकर संसार का संहार करेंगे। वैवास्तव मनु उस समय आप के पुत्र होंगे। हम उस चतुर्युग के उप-संहारक काल में श्वेत नाम के महामुनि होंगे। हमारे चार शिष्य होंगे। वे हमारे समीप आकर फिर नहीं लौटेंगे। द्वितीय द्वापर युग में हम सुतार नाम से अवतरित होंगे। हमारे दुन्दुभि, शत रूप ऋचीक तथा केतुमान नाम के चार पुत्र होंगे। उस समय की विशोक, विशाप, विकेश और शाप नाशन हमारे चार पुत्र होंगे। वे ज्ञान, योग को प्राप्त कर सनातन ब्रह्म को जानकर चन्द्रलोक में गमन करेंगे। द्वितीय द्वापर में जब भार्गव नाम से व्यास जायेंगे, तब हम युगान्तम दमन नाम से होंगे। वे महातेजस्वी भी उसकी योग विधान से रुद्रलोक में गमन करेंगे, जहां से संसार में पुनः नहीं लौटा जाता है। चतुर्थ द्वापर में व्यास अंगिरा होंगे, हम सुहोत्री होंगे। उस समय भी सुमुख, दुर्मुख, दुर्दभ तथा दुरति क्रम हमारे पुत्र होंगे। ये चारों तपस्वी योगी दृढ़व्रती होंगे। वे यौग की सूक्ष्म गति को प्राप्त कर निष्पाप और विमल हो जाएंगे। उसी मार्ग से विरुद्ध लोक में प्रस्थान कर जाएंगे। पांचवें द्वापर में जब व्यास सविता कहलाएंगे तब हम कंक नाम से महातपस्वी मुनि होंगे। विरजस्थ, शुद्धयोनि, महाभाग, योगात्मा हमारे चार पुत्र होंगे, जिनका नाम सनक सनन्दन, ऋतु तथा सनत्कुमार होगा। ये भी हमारे पास गमन करेंगे। फिर छठे द्वापर में जब मृत्यु व्यास होंगे तब हम लोकाक्षी के नाम से प्रसिद्ध होंगे और सुधामा विरजा शंखपाल और रव नाम के हमारे चार शिष्य होंगे जो उसी प्रकार से हमारे धाम में पहुंच जाएंगे। पूर्व में जो महा तेजस्वी विभु शतऋतु थे, वही सप्तम द्वापर में में शतऋतु व्यास होंगे और हम जैगिवव्य नाम से ख्यात होंगे। उस युग में सारस्वत, सुमेघ, वसुवाह और सुवाहन नाम के चार पुत्र होंगे। वे महात्मा पुत्र भी ध्यान योग का

आश्रय प्राप्त कर उसी मार्ग से रुद्रलोक गमन करेंगे। आठवें द्वापर में वशिष्ठ व्यास होंगे और कपिल, आसुरी, पंचशिख और वागवलि नाम के चार महात्मा मुनि उनके शिष्य होंगे। ये भी योग बल से महेश्वर योग को प्राप्त कर निष्पाप हो जायेंगे और हमारे पास आ जायेंगे। नवम परिवर्तन में सारस्वत व्यास होंगे। उस समय हम वृषभ नाम से ख्यात होंगे। हमें पराशर, गार्ग्य, भार्गव और अंगिरा नाम के चार पुत्र होंगे, जो तपोबल से निग्रह, अनुग्रह का ज्ञान प्राप्त करते हुए उसी प्रकार हमारे पास पहुंचेंगे, जिस प्रकार हमारे पहले पुत्र का शिष्य आए। दसवें द्वापर में त्रिधामा व्यास होंगे। उस समय हम भृगु नाम से आर्विभूत होंगे। बलबन्धु, निरामित्र, केतुशृंग और तपोधन हमारे चार पुत्र होंगे जो हमारे ही मार्ग का अनुगमन करेंगे। ग्यारहवें द्वापर तृष्ठत व्यास होंगे और हम कलिकाल में गंगाद्वार में आर्विभूत होंगे। बारहवें द्वापर में शत तेजा मुनि, तेरहवें द्वापर में नारायण धर्म व्यास होंगे और हम बालि नामक महामुनि। चौदहवें द्वापर में सुरक्षा व्यास होंगे और हम गौतम नाम के योगी। पंद्रहवें द्वापर में अरुणि व्यास होंगे, हम वेद शिरा नाम से विख्यात होंगे। सत्रहवें द्वापर में कृतेजय व्यास होंगे और हम गुहाबासी रूप में प्रसिद्ध होंगे। अठारहवें द्वापर में ऋतंजय व्यास होंगे और हमारा नाम शिखण्डी होगा। उन्नीसवें द्वापर के आने पर भारद्वाज नाम के व्यास होंगे और हम जटा माली रूप में होंगे। जब क्रम से बीसवां द्वापर आएंगा। तब महामति वाचश्रवा व्यास होंगे और हमारा नाम अट्टहास होगा। इक्कीसवें द्वापर के आने पर ऋषि वाचस्पति व्यास होंगे और हमारा नाम दारुग्र होगा। बाईसवें परिवर्तन से शुक्लायन व्यास होंगे और हम लोगलि मुनि के रूप में वाराणसी में उत्पन्न होंगे। उसमें इन्द्र आदि देव गण हमें उस कलिकाल में हला युद्ध रूप में अवतीर्ण हुआ देखेंगे। तेईसवें द्वापर में तृण बिन्दु व्यास होगे और हम सुधार्मिक मुनि पुत्र के रूप में श्वेत नाम से होंगे। चौबीसवें द्वापर में ऋक्ष व्यास होंगे और हम योगियों द्वारा सेवित नैमिषारण्य में शूलि नामक महायोगी के रूप में उत्पन्न होंगे। पच्चीसवें क्रम में वशिष्ठ शक्ति नामक व्यास होंगे और हम दण्डी मुण्डीश्वर होकर देवों द्वारा पूजित होंगे। छब्बीसवें द्वापर में जब पराशर व्यास होंगे तब हम सहिष्णु नाम से जन्म लेंगे। उस समय हमारा निवास पवित्र रुद्र वन में होगा। जब सत्ताईसवें द्वापर का प्रारम्भ होगा तब तपोधन,

जातुकर्ण्य, व्यास होंगे और हम द्विजों में श्रेष्ठ सोम शर्मा होंगे और प्रभास तीर्थ में वास करेंगे। अट्ठाईसवें द्वापर में लोक पितामह पराशर पुत्र श्रीकृष्ण द्वैपायन व्यास होंगे और हम योगात्मा होकर योग माया द्वारा लोगों को विस्मित करने के लिए ब्रह्मचारी देह में जन्म लेंगे। उस समय स्वयं विष्णु छठे अशं से वसुदेव के यहां वसुदेव के रूप में प्रगट होंगे। हम योग माया बल से आप और विष्णु के साथ दिव्य और पवित्र मेरु गुहा में प्रविष्ट होंगे। उस समय हमारा नाम नकुलि होगा। यहां भी हमें चार पुत्र होंगे और वे भी सभी योगात्मा ऊधर्वरेता होकर महेश्वर योग को प्राप्त कर रुद्र लोक जाएंगे। इस प्रकार वायुदेव को भगवान् शंकर ने मनु से लेकर कृष्ण तक क्रमश: अट्ठाईसवें योग के अवतारियों का लक्षण कह सुनाया। वायु ने इसके पश्चात मुनियों को सम्बोधित करते हुए कहा कि भारत वर्ष में सतयुग, त्रेता, द्वापर और कलियुग नाम के चार युग होते हैं। एक हजार युगों का ब्रह्मा का एक दिन होता है। चौयुगी के नाश होने पर जब प्रलय उपस्थित होता है, तब सभी देवगण जनलोक का आश्रय प्राप्त करते हैं। भूतादि नष्ट हो जाते हैं, लोक शून्य हो जाते हैं, कल्प वासियों के साथ देवगण ऊपर चले जाते हैं, अग्नि और वर्षा से युग क्षय हो जाता है, तब ब्रह्मा सबका संहार करके देव, दानव, ऋषियों को उत्पन्न करते हैं।

वायुदेव ने कहा कि यह तो सप्तम कल्प बीत गया है यह इसी का वर्णन था। इस कल्पावशेष में सातों सागर मिलकर एक हो जाते हैं और प्रभु नागराज के हजारों फनों से युक्त आसन पर सो जाते हैं। आत्माराम विष्णु ने सोते हुए ही नाभि देश से कौतुकवश एक कमल को उत्पन्न किया। उस कमल का विस्तार सौ योजन तक है और यह सूर्य की तरह प्रकाशवान है। विष्णु को कमल से खिलते हुए देखकर चतुर्मुखी ब्रह्मा भ्रमित हो गए और उनसे बोले कि आप कौन हैं जो इस जल के बीच सो रहे हैं? विष्णु ने बताया कि मैं परम पद हूं। जब विष्णु ने ब्रह्मा का परिचय पूछा तो ब्रह्मा ने बताया कि जिस तरह आप हैं उसी तरह हम आदिकर्ता प्रजापति हैं। मेरा नाम नारायण है और मुझ में ही सब प्रतिष्ठित है। यह सुनकर विष्णु विस्मित हुए और फिर उन्हीं की आशा से उनके मुख से बैठ गए। यहां प्रविष्ट होकर विष्णु ने देखा सागर पर्वतों के साथ आठों द्वीप और ब्रह्मा से लेकर स्तम्ब पर्यन्त चतुराश्रम में विभाजित सातों

सनातन लोक यहां विद्यमान हैं, विष्णु ने यहां घूम फिर कर हजारों वर्ष बिता दिए, किन्तु उन्हें कहीं अन्त दिखलाई नहीं पड़ा। तब उन्होंने मुख से बाहर आकर ब्रह्मा से निवेदन करते हुए कहा–हे प्रभु! आपके उदर का आदि, अन्त और मध्य तथा काल दिशा का कहीं कोई सिरा नहीं, आप मेरे उदर में भ्रमण करके अनुपम लोकों को निरीक्षण करें। ब्रह्म ने भी ऐसा ही किया। वह भी विष्णु के उदर का कहीं अन्त न पा सके और विष्णु ने जब यह देख लिया। कि ब्रह्मा भीतर प्रविष्ट कर गए हैं तो उन्होंने सब ओर के निकास द्वार बन्द कर के सो जाने का उपक्रम किया। ब्रह्मा ने जब ऐसा देखा तो सूक्ष्म रूप धारण करके नाभिदेश से कमल लाल के सहरे निकलकर अपने स्वरूप का उद्धार किया और कमल के बीच आ बैठे। अभी वे आकर बैठ ही थे कि शूलापाणि महादेव उधर से आ गए और जल में उठने वाली हलचल से ब्रह्मा ने विष्णु से पूछा–प्रभु! आप यह क्या करने जा रहे हैं, कमल पुष्प हिल रहा है? इस पर विष्णु ने ब्रह्मा को सारा द्वार बन्द करने का रहस्य बता डाला और कहा–अब आप कमल से उतरिए, मैं आप का भार सहन नहीं कर पा रहा हूं। विष्णु को ब्रह्मा ने वर मांगने के लिए कहा तो विष्णु ने कहा–हे शत्रु शूदन! आप मेरे पुत्र होवें इससे आपकी भी कीर्ति बढ़ेगी, और सुखी भी होंगे।

ब्रह्मा ने यह अनुरोध स्वीकार कर लिया, तभी उधर से महादेव को आते देखकर विष्णु से पूछा–यह महामुखी कौन है? विष्णु ने बताया जिनके आगमन से आपका आश्रय कमल कांपने लगा था। ये उत्थित लिंग धारी त्रिशूल पाणि, ईश, अनादि तथा लोकनाशक हैं। यही इस जगत् के पुराण पुरुष हैं, अपने प्रकाश से प्रकाशित होने वाले यही महादेव शंकर हैं। इन महादेव ने बढ़कर रहस्यमय दूसरा कोई भूत नहीं है। इस माया विधिश अविज्ञेय गति का पूर्वकाल में एक लिंग आदि सर्ग के लिए ब्रह्मा रूपी बीज के साथ प्रगट हुआ। कालक्रम से मुझ सनातन योनि में वह बीज ब्रह्मा प्रविष्ट हुआ जो विशाल सुवर्ण मय अण्ड के रूप में परिणत हुआ। वह अण्ड एक हजार साल तक जल में स्थित रहा। इसके बाद वह वायु के प्रभाव से दो खण्डों में विभक्त हो गया। जिसके एक भाग से पृथ्वी, दूसरे भाग से स्वर्ग बना। अण्ड के कपाल को जो उन्नत भाग था, उससे कनकाचल पर्वत बना। बाद में इसमें देव, प्रभु, प्रबुद्ध आत्मा, हिरण्य

गर्भ और चतुर्भुज भगवान् विष्णु विष्णु प्रकट हुए। आप उस समय तेरा नक्षत्र सूर्य और चन्द्रमा से शून्य इस लोक को देखकर कहने लगे–यह क्या है? उस समय आपके यहां कुछ पुत्र उत्पन्न हुए। इनमें सनत्कुमार तथा ऋतु उद्धर्व रेता हो गए। सनातन सनक और सनन्दन भी आत्मज्ञ ही बने। उन्हें आगम और भविष्य का भी ज्ञान था इसीलिए वह सृष्टि कर्म से विमुख हो गए। ऐसा देखकर आप शंकर की माया से मोहित हो गए। प्रत्येक काल में आपकी शक्ति इसी प्रकार लुप्त होती रहती हैं।

कल्प के बीत जाने पर सब पार्थिव पदार्थ सूक्ष्म रूप में स्थित रहते हैं। यही इस संसार की माया कहलाती है। यह मेरु पर्वत ही देवलोक कहलाता है। यह सब कुछ आपका ही माहात्म्य है। अब आप स्वयं अपनी महत्ता को पहचानें। यह कहते हुए विष्णु ने ब्रह्मा सहित महादेव की स्तुति की।

भली-भांति इस प्रकार विष्णु तथा ब्रह्मा से स्तुत्य होने पर शंकर प्रसन्न हो गए और पूछा–कमल के समान सुन्दर नेत्रों वाले आप दोनों महात्मा कौन है, जो इस घोर प्रलय के समुद्र में भी एक-दूसरे के हित की आकांक्षा से यहां प्रकट हुए हैं? शंकर महादेव से यह सुनकर ब्रह्मा और विष्णु एक-दूसरे को देखते हुए बोले–भगवान्! आप सभी रहस्य को जानते हैं फिर भी इस प्रकार क्यों पूछ रहे हैं? हम आपके बिना सुख की आशा कैसे कर सकते हैं? इस पर शंकर ने कहा–हिरण्यगर्भ और कृष्ण! तुम दोनों की नित्य भक्ति से मैं प्रसन्न हूं। आप दोनों ही मेरे मान्य और पूज्य हैं, आप ही कहें मैं आपको कौन-सा उत्तम वरदान वरदान दूँ? यह सुनकर विष्णु के परामर्श से ब्रह्मा ने कहा–हे प्रभु! पुत्र की कामना करने वाले आप यदि मुझ पर प्रसन्न ही हैं तो हे विश्वात्मा! अपने समान धुरन्धर कार्यक्षमता वाला पुत्र दें। भगवान् महादेव ने उन्हें तथाऽस्तु कह दिया और कहा–हे सुव्रत! जब तुम किसी कार्य को आरम्भ करोगे और उस काम में बाधा आएगी और तुम क्रोध करोगे तो उस समय सब प्राणियों के जीवन के कारण जो एकादश रुद्र कहे जाएंगे वे मेरे ही रूप हैं। उनके रूप में शूलपाणि महात्मा और ऋषि एकादशात्मा मैं तुम्हारे ललाट से प्रकट होऊंगा। इसके बाद विष्णु ने शंकर कहने यह यही वरदान दें कि आप में ही मेरी भक्ति बनी रहे। शंकर ने विष्णु से यह सुना तो बोला–हे केशव! मैं अग्नि हूं तुम सोम हो, मैं दिन हूं तुम रात्रि हो। तुम ऋतु हो मैं सत्य हूं तुम यश

और मैं यश मैं फल हूं। तुम ज्ञान हो, मैं हूं। सुकृत करने वाले जन तुम्हारा जप कर मुझमें ही प्रविष्ट हो जाते हैं। युग क्षय काल में हमारे तुम्हारे अलावा किसी की कोई गति नहीं। तुम स्वयं को प्रकृति समझो और मुझे शिव। तुम जिस प्रकार मेरे अर्धांग हो उसी प्रकार मैं भी तुम्हारा अर्धांग हूं। तुम हमारे पालन समान श्री वत्सपद लक्षण वाले श्यामल वाम पार्श्व हो और हम दक्षिण पार्श्व। तुम मेरे हृदय हो और मैं तुम्हारे हृदय में स्थिर हूं। तुम सभी कार्यों के कर्त्ता और कार्याधिष्ठित देवता हो। वत्स जलदाभ तुम्हारा कल्याण हो। मैं अब जाता हूं। ऐसा कहते हुए महादेव अन्तर्ध्यान हो गए।

महादेव के जाने पर प्रसन्न होकर भगवान् विष्णु फिर शयन करने के लिए चले गए और ब्रह्मा भी पद्मासन पर जा बैठे। काफी दिन बाद मधुकैटम नाम के दो अतुलनीय बलशाली दो भाई सूर्य के समान आभा वाले उस पद्म को हिलाने लगे। उनकी आंखें अहंकार में भी चमक रही थीं और वे दोनों वीर निर्भय होकर कमल पत्रों को तोड़कर फेंकने लगे और ब्रह्मा को देखकर बोले–तुम हमारे भोजन बनो। ब्रह्मा कमल नाल के सहारे रसातल में उतर गए और वहां विष्णु जो जगाकर उन्हें मधु कैटम का व्रत सुनाया। भगवान् विष्णु ने हंसकर ब्रह्मा से कहा–आप लेशमात्र भी चिन्ता न करें। उन दैत्यों का आप ही विनाश करेंगे और ऐसा कहकर विष्णु ब्रह्मा में प्रवेश कर गए। तत्पश्चात् ब्रह्मा चले गए। भगवान् विष्णु ने विष्णु तथा विष्णु नाम के दो भाई उत्पन्न किए और उनसे कहा कि ब्रह्मा की रक्षा करो। मधु कैटम ने भी विष्णु-जिष्णु की तरह ही अपना रूप बना लिया और उसी रूप में ब्रह्मा से कहा–हम दोनों भाई लड़ते हैं, तुम हमारे निर्णायक बनों। फिर दोनों ने जल में प्रवेश कर जल को स्तब्ध कर दिया। जब दोनों में युद्ध होते सहस्त्र वर्ष हो गए तो ब्रह्मा को सन्देह हुआ उन्होंने उनका रहस्य जानकर कमल केसर के सूक्ष्म कवच से उन दोनों के नाभि से ऊपर शरीर को बांधकर पाठ करना प्रारम्भ कर दिया। तब मन्त्र जाप से एक परम सुन्दरी कन्या उत्पन्न हुई। उसे देखते ही दोनों दैत्यों के प्राण सूख गए। कन्या ने ब्रह्मा की जिज्ञासा देखते हुए कहा कि वह विष्णु की आज्ञा का अनुसरण करने वाली माया है। आपने मन्त्र के द्वारा मेरा स्मरण किया, इसलिए मैं आपकी सेवा में आ गई। ब्रह्मा ने बुलाने पर आने के कारण महाव्याहूति उच्चारित किया और यह भी बताया कि हमारे सिर को भेदकर उत्पन्न होने से तुम्हारा नाम

सावित्री होगा। इधर युद्ध करते-करते जब दोनों दैत्य थक गए तो उन्होंने विष्णु-जिष्णु से वर मांगा कि खुले स्थान में हमारी मृत्यु हो और आप दोनों हमारे पुत्र हों। ऐसा कहते हुए विष्णु ने कैटम को और जिष्णु ने मधु को मार डाला। इन दोनों की मृत्यु के बाद विष्णु से ब्रह्मा ने कहा कि अब सौ वर्ष पूरे हो चुके हैं। हम अपने स्थान को जाते हैं और विष्णु ने ब्रह्मा के कहने पर सप्लव को समेट लिया, पृथ्वी को स्थावर विहीन करके समुद्र को सीमित कर दिया। अब विष्णु ने कहा–हे ब्रह्मा! आप महादेव से प्राप्त वरदान को सफल करें और ऋण मुक्त होवें। जीवों की सृष्टि करें और उनका विनाश करें। इस पर ब्रह्मा ने सृष्टि करने के लिए उग्र तप किया। दीर्घकाल तक भी तप सफल होते न देख उन्हें दुख हुआ और उनके क्रोधित नेत्रों से अश्रु निकल पड़े।

ब्रह्मा ने इन अश्रुओं से महा विषैले सर्प उत्पन्न हुए। उन्हें देखकर ब्रह्मा को बड़ा कष्ट हुआ। वे अपनी तपस्या को ही धिक्कारने लगे और प्रारम्भ में ही लोक विनाशकारी जीवों की सृष्टि से उन्हें भयंकर मूर्च्छा हो गई। मूर्च्छा में ही उन्होंने प्राण त्याग दिए। तब ब्रह्मा की देह से करुणापूर्वक रोते हुए ग्यारह रुद्र उत्पन्न हुए और उन्होंने रुद्रत्व प्राप्त किया। जो रुद्र हैं वे ही प्राण हैं और जो प्राण हैं, वे रुद्र हैं। प्राणधारी सभी भूतों में ये रुद्र ही प्राण रूप से विकसित होते हैं। ब्रह्मा के ललाट से उत्पन्न एकादश रूप त्रिशूलधारी भगवान् महादेव ने ब्रह्मा को फिर प्राण दान दिया और कहा–हे प्रभु! अपने को स्मरण कीजिए। हमें अपना पुत्र समझिए। यह देखकर ब्रह्मा ने दोनों नेत्र कमल की तरह खिल गए। रुद्रों ने ब्रह्मा को याद दिलाया कि विष्णु के साथ जब आपने वर मांगा था उसी के अनुरूप हम आपके यहां जन्मे हैं। तब ब्रह्मा ने उन समस्त रुद्रों से सृष्टि कार्यों में सहयोग देने के लिए कहा। शंकर ने तथाऽस्तु कहकर ब्रह्मा की बात मान ली और सृष्टि में लग गए। ब्रह्मा ने पहले मन को फिर भूतों की धारणा को, फिर सरस्वती को, फिर सप्त ऋषि मानस पुत्रों को बनाया और अनेकानेक जगत् पुत्रों की रचना करने के बाद उनके मुख से गौओं की सृष्टि की। तत्पश्चात ओंकार प्रमुख वेद और उनके अनुगामी देवता बने।

इतना करने के बाद पितामह ब्रह्मा ने अपने इन मानस पुत्रों से रुद्र के साथ मिलकर प्रजा की सृष्टि करने का आदेश दिया। रुद्रों ने उन

दक्षादि मानस पुत्रों में अग्रज को प्राण देकर, ब्रह्मा से लेकर तृण पर्यन्त सात लोकों की सृष्टि की। रुद्र देव को इस प्रकार सृष्टि कार्य में तत्पर होते देखकर ब्रह्मा भी सृष्टि करने लगे। सातवें कल्प के बीत जाने पर फिर तपोलोक वासी ऋभु और सनत्कुमार उत्पन्न हुए। फिर ब्रह्मा ने अनेक ऋषि आदि मानस पुत्रों को उत्पन्न किया।

यह वृत्तान्त सुनाते हुए सूतजी ने बताया कि संसार वासियों पर कृपा करके वायुदेव ने तत्त्वतः जिन विस्मयकारी रहस्यों को उद्घाटित किया है, उसमें महादेव के अवतार के सम्बन्ध में स्पष्ट नहीं हो पाता। क्या कारण है कि महादेव कठिन कलिकाल में ही अवतार ग्रहण करते हैं। वायुदेव ने लोक-कल्याणार्थ जो कहा, उसे वर्णित करते हुए सूतजी ने कहा–कि यह एक अत्यन्त गुप्त कथा है। वायुदेव के अनुसार प्रारम्भ में जब जगत् एकार्णव आकार था तब प्रजा की सृष्टि की अभिलाषा से चिन्तित ब्रह्मा के समक्ष एक कुमार उत्पन्न हुआ। उसे ब्रह्मा ने श्रुति का उच्चारण करके प्राप्त किया। फिर वे ध्यान लगाकर भयंकर तप करने लगे और विचार करने लगे कि यह कुमार कौन है और इसके द्वारा उच्चारित यह त्रिमूर्ति क्या है? उनके चिन्तन करते ही शब्द, स्पर्श, रूप, रस, गन्ध रहित अक्षर उत्पन्न हुआ। ब्रह्मा ने देखा कि देवस्वरूप अक्षर श्वेत, कृष्ण, रक्त और पीत है। अक्षर विषयक चिन्ता करने पर एक रक्त अक्षर उत्पन्न हुआ। यही आदि देवता और ऋग्वेद का आदि मन्त्र अनिमीले पुरोहितम् है। जब ब्रह्मा फिर चिन्ता करने लगे तो प्रभुत्व सम्पन्न अक्षर रूप में महेश्वर आविर्भूत हुए। फिर वे तिमात्र अक्षर विषयक चिन्तन करने लगे तब ऋक छन्द युक्त रक्ताक्षर यजुः प्रकट हुए। इसके आदि इशेत्वोर्वे आदि मंत्र हैं। ऋग्वेद एक मात्र है, यजुर्वेद द्विमात्र। फिर उस अक्षर और वेद को देखकर स्वामी ब्रह्मा त्रिमात्राक्षर की चिंता करने लगें। तभी उनके समक्ष ओंकार समुद्भूत हुआ। तब फिर ब्रह्मा उस ओंकार की चिंता करने लगे। उस समय उनके समक्ष पीत ऋचा समुत्पन्न हुई। अग्नि आयाहिवीतसे। तब महा तेजस्वी ब्रह्मा ने वेद को देखकर त्रिवर्णात्मक ओंकार का त्रिसंध्य ध्यान किया। यह ओंकार त्रिवर्णी लक्ष्यालक्ष्य प्रदृश्य संगित त्रिदिव स्वरूप त्रिक, विभाग, त्रिपद, त्रियोग और शाश्वत है। इसीलिए प्रभु ब्रह्मा ने इस त्रिवर्णी की चिन्ता की तथा ध्यान किया।

भगवान् स्वयंभू ने उस प्रदीप्त तेजस्वी आत्म रूप ओंकार अक्षर को

चौदह मुंह वाला देखा। प्रारम्भ में उन्होंने ओंकार को बनाया, इसीलिए वह स्वयंभू कहलाए। फिर ब्रह्मा के मुख से नाना वर्णात्मक चौदह स्वर और आद्य दिव्य अक्षर प्रकट हुए। ये सभी वर्ण आकार से उत्पन्न हुए और इनकी कुल संख्या तरेसठ है।

स्वयंभू ने जिन साधारण वर्णों को देखा उनके आदि में आकार रूप में स्थित हुए और वही प्रथम स्वर हुआ। फिर उन चौदह स्वरों में मन्वतरादि अधिपति दिव्य प्रधान चौदह मनु उत्पन्न हुए। आकार ही चतुर्दशमुखी ब्रह्म, ब्रह्म कल्प, सर्ववर्ण तथा प्रजापति के रूप में ख्यात है। उनके मुख से पहले स्वायंभुव मनु उत्पन्न हुए। ये स्वयंभू के आकार स्वरूप हैं इसी प्रकार द्वितीय मुख से आकार रूप स्वारोचिष मनु उत्पन्न हुए। ये पाण्डु वर्ण हैं। फिर तीसरे मुख से 'इ' कार उत्पन्न हुआ। यह यजुः श्रेष्ठ यजुर्भय, आदित्य स्वरूप तथा यही यजुर्वेद कहलाता है। 'ई' कार प्रतापवान साक्षात् मुन रूप है। यह रक्त वर्ण है। इसी से क्षत्रकुल रक्तवर्णी हुआ। चौथे मुख से 'उ' कार ताम्रवर्णी है। इनके तामस मनु हुए। पंचम मुख से 'ऊ' कार पीतवर्णी तथा चरिष्णु मनु हुए। षष्ठ मुख से कपिल वर्ण ओंकार हुआ, यह विजय मनु के नाम से पुकारा गया। सप्तम मुख से कृष्ण वर्णी ऋक् स्वरूप वैवस्वत मनु उत्पन्न हुए। आठवें मुख से श्याम वर्ण 'ऋ' कारात्मक सावर्णि मनु उत्पन्न हुए जो श्यामाक्षर के समान है। नवम् मुख से 'लृ' कार उत्पन्न हुआ। यह भी धूम्रवर्णी है और सावर्णिक इसके मनु कहलाए। एकादशवें मुख से पिशंगवर्णी 'ए' कार के वर्णानुरूप पिशंगि मनु कहलाए। द्वादश मुख से भस्म तुल्य पिशंग वर्ण 'ऐ' कार के वर्णानुरूप मनु पिशंगि मनु हुए। तेरहवें मुख से पांच वर्ण से युक्त उत्तम वर्ण ओंकार की उत्पत्ति हुई और उत्तम नाम के मनु इसके अधिपति हुए।

चौदहवें मुख से कर्बुर वर्ण ओंकार का आविर्भाव हुआ और इसके अधिपति सावर्णि मनु हुए। कल्प-कल्प में इसी भांति मनु और स्वर वर्ण को ऐसा ही रूप रहता है। जो स्वर तथा वर्ण के अनुसार यथा तत्त्व जानने योग्य है। क्योंकि परस्पर समान वर्ण के अनुसार हैं, इसीलिए वर्ण की समानता के कारण ही इनका परस्पर अन्वय होता है तथा प्रत्येक कल्प में इनका समान आकार व वर्ष होता है इसीलिए इस प्रजा लोक में सब संधियां सवर्ण होता हैं। भविष्य में भी ये इसी प्रकार समान प्रकृति के होंगे और संधियां भी होगी।

अष्टम् कल्प के बीत जाने पर जिस कल्प में महादेव ने अपनी पत्नियों में अनेक पुत्रों को उत्पन्न किया, उसका विस्तार से वृत्तान्त सुनाते हुए सूतजी ने नैमिषारण्यक मुनियों से कहा–कल्प के आदि में प्रभु ब्रह्मा आत्म तुल्य पुत्र का ध्यान कर रहे थे कि तभी उनकी गोद में एक नील लोहित कुमार प्रकट हो गया। उन्होंने उस कुमार को अपने तेज द्वारा दग्ध करने घोर तथा सुखद रूप दे दिया। वह कुमार रोने लगा–हे पितामह! पहले आप हमारा नामकरण कीजिए। पितामह ने उसके रुदन के कारण उसका नाम रुद्र रखा। वह पुत्र फिर रोने लगा तथा पूछे जाने पर दूसरा नाम रखने के लिए कहा। यह सुनकर ब्रह्मा ने दूसरा नाम भव रखा। पुनः जब वह नहीं चुप हुआ तो तीसरा नाम शिव रखा। वह बालक इस प्रकार रोता रहा और ब्रह्मा ने क्रमशः पशुपति, ईश, भीम, उग्र, महादेव के रूप में उस कुमार के आठ नाम दिए। उस कुमार के कथनानुसार ही ब्रह्मा ने इन नामों के स्थान भी निर्दिष्ट कर दिए। सूर्य, नदी, जल, वहिन, वायु, आकाश, दीक्षित, ब्राह्मण तथा चन्द्र आदि आठ नाम के लिए आठ मूर्त्तियों की सृष्टि की। ये सभी ब्रह्मा रूप हैं। इनमें जो रुद्र की पूजा वन्दना करते हैं रुद्र उनकी हिंसा नहीं करते हैं। इसके बाद ब्रह्मा ने उस कुमार के भिन्न नाम रूप शरीरों के परिवार की रचना की, जिसमें रुद्र की पत्नी सुवर्चला, पुत्र शनिश्चर, भव की पत्नी, उमा पुत्र उल्ला, महादेव के शर्व नाम की मूर्ति भूमि है। पत्नी विकेशी तथा पुत्र अंगार के, चौथे ईशान की पत्नी शिवा मनोजव पुत्र हैं। पाशुपत की पत्नी स्वाहा तथा पुत्र स्कन्द है। छठे आकाश रूप भीम शरीर की पत्नी दिशाएं हैं और स्वर्ग पुत्र है। ब्राह्मणों द्वारा पूजित सातवां शरीर उग्र है, उसकी पत्नी दीक्षा तथा पुत्र सन्तान है। चन्द्रमा रूप शरीर के पत्नी रोहिणी तथा पुत्र बुध है। ये सभी अपने नामों के साथ नमस्कारणीय तथा वन्दनीय हैं। जो मनुष्य इनके पति भक्ति प्रदर्शित करता है वह निश्चय ही प्रजावान होता है।

भृगु वंश का परिचय

भृगु वंश का परिचय देते हुए सूतजी ने बताया कि भृगु से ख्याति के गर्भ में सुख-दुख के प्रभु–दो पुत्र उत्पन्न हुए। धाता और विधाता इनके नाम थे। इनकी भगिनी का नाम श्रीदेवी था। इन्होंने श्रीनारायण का वरण किया। इनके गर्भ से बल तथा उत्साह नाम के दो पुत्र जन्मे। आयाति **तथा**

नियति धाता तथा विधाता की पत्नियां हुई। इनके यहां पाण्डु तथा भृकण्डु पुत्र हुए भृकण्डु ने मनस्विनी के साथ मार्कण्डेय को उत्पन्न किया। मार्कण्डेय के यहां मूर्धन्य से वेद शिरा नाम का पुत्र उत्पन्न हुआ। वेद शिरा के यहां पीवरी के गर्भ से वंश बढ़ाने वाले अनेक पुत्र उत्पन्न हुए। ये सभी वेद पारग ऋषि मार्कण्डेय के नाम से प्रसिद्ध हुए।

पाण्डु के यहां पुण्ड्रीका के गर्भ से तीन पुत्र हुए द्युतिमान, द्युतिमत्त तथा सृजवान। इन्होंने भार्गवों से सम्बन्ध स्थापित किया। यहां स्वायंभुव मनु का अंत हो जाता है। मरीचिका विस्तार बताते हुए सूतजी ने कहा–मरीचि की पत्नी सम्भूति ने पूर्णमास नाम के पुत्र और पुष्टि, पृष्टि और त्विषा और अपरिचित नाम की कन्याओं को जन्म दिया।

पूर्णमास ने सरस्वती के गर्भ से विरज और परबस नाम के दो पुत्र उत्पन्न किए। विरज के यहां सुधात्रा नाम का विद्वान पुत्र उत्पन्न हुआ। सुधात्रा के पुत्र वैराज के प्राच्य देवा का आश्रय लिया तथा गौरी पुत्र परबस ने धर्म का आचरण करते हुए सर्वगण में प्रवेश किया। परवासा के गर्भ से इन्होंने यज्ञवास तथा कश्यप नाम के दो पुत्रों को उत्पन्न किया। अंगिरा ने स्मृति के गर्भ से भरताग्नि तथा कीर्तिमान नाम के दो पुत्र और सिनिवाली कुहु राका व अनुमति नाम की चार पुत्रियां उत्पन्न कीं। अग्नि के यहां पर्जन्य ने जन्म लिया। इस हिरण्य रोमा पर्जन्य ने मारिची के गर्भ से एक पुत्र को जन्म दिया। यही महा प्रलय के समय तक विद्यमान लोकपाल हुआ। कीर्तिमान के यहां धेनुका से वरिष्ठ और धृतिमान दो पुत्र हुए, इनके यहां आगे हजारों पुत्र पौत्रादि उत्पन्न हुए।

अनुसूया ने अत्रि से पांच निष्पाप पुत्र तथा एक कन्या को जन्म दिया। यह कन्या श्रुति नाम की हुई। यह शंखपद की मां और प्रजापति कर्दम ऋषि की पत्नी हुई। सत्यनेत्र, हव्य, आपोमूर्ति, शनिश्वर तथा सोम नाम के जिन पांच पुत्रों ने अनुसूया के गर्भ से जन्म लिया वे स्वंयभुव मनु के अधिकार काल में उपस्थित रहे। बाद में ये सभी विलुप्त हो गए।

प्रीति के गर्भ से पुलस्त्य के यहां दत्तालि नाम का पुत्र हुआ, यही स्वायंभुव मनु के समय पूर्व जन्म में अगस्त्य थे। उन्हें देवबाहु तथा विनीत नाम के दो भाई और हुए। सद्धति इनकी छोटी बहन थी। इसका विवाह अग्नि से हुआ था तथा पर्जन्य की मां हुई। दत्तालि ने अनेक पुत्र उत्पन्न

किए। ये सभी पौलस्य नाम से विख्यात हुए। पुलह प्रजापति की पत्नी क्षमा ने अनेक पुत्रों को जन्म दिया, ये सभी अग्नि के समान तेजवान थे। ये कर्दम, अम्बरीय तथा सहिष्णु के नाम से पुकारे गए। पीवरी इनकी बहन थी। कर्दम का विवाह अत्रिपुत्री श्रुति से हुआ। इसने शंखपाद नाम का पुत्र तथा कम्पा नाम की पुत्री को जन्म दिया। इसका विवाह राजा प्रियव्रत से सम्पन्न करा के राजा शंखपाद दक्षिण दिशा की ओर गमन कर गए।

स्वायंभुव मनु के अधिकार काल में ब्रह्मा के मानस पुत्र अभिमानी अग्नि हुए। इन्होंने स्वाहा से तीन पुत्र उत्पन्न किए। ये पावक, पवमान तथा शुचि कहलाए। शुचि सौर भी कहे जाते हैं। मंथन से निकली अग्नि पवमान है, सूर्य किरण में स्थित अग्नि शुचि है तथा वैद्युत अग्नि पावक कहलाती है। यही इनके वास स्थान भी है। इनके यहां क्रमशः कव्य वाहन, सहरक्ष तथा हव्यवाह पुत्र हुए जो पितरों, असुरों तथा देवताओं की अग्नि के रूप में जाने गए। इनके उनचास पुत्र पौत्रादि हुए। स्वारोचिष मनु के समय से सावर्णि मनु के अधिकार तक सातों मन्वन्तरों में नाना प्रयोजनश वर्तमान देवों के साथ अग्नि निवास करते हैं। पर अनागत देवों के साथ अनागत अग्नि।

यह अग्नि का वृत्तान्त सुनाकर सूतजी ने कहा—स्वायंभुव मन्वन्तर में भगवान् प्रजापति ने जब प्रजा की सृष्टि की तो इसमें जल, देव, मनुष्य और असुरों की सृष्टि हुई। अपने को पिता के समान मानने वाले ब्रह्मा से, पितरों की उत्पत्ति हुई। ब्रह्मा सभी के पिता तुल्य थे। तभी वसन्त आदि षट ऋतुओं का उदय भी हुआ। इन्हीं ऋतुओं को पितर कहा जाता है। वसन्त ऋतु पितृदेव है, यह वंदिकी श्रुति है। स्वायंभुव आदि सभी अतीत और आगत मन्वन्तरों में पितर गण उत्पन्न होते हैं। इनके नाम—अग्नि, स्वात्ता और वहित् हैं। इनमें कुछ गृह मेधि तथा कुछ यज्ञ नहीं करने वाले हैं। अग्नि स्वात्ता का अग्नि से सम्पर्क नहीं रखते हैं। पितरों के बीच में जो यष्वा और सोम पीथि हैं वे वर्हिषत् पितर अग्निहोत्री हैं। ऋतुगण ही पितरदेव हैं। चैत्र-वैशाख—रस, ज्येष्ठ-आषाढ़—ग्रीष्म, श्रावण-भाद्रपद—जीवन, आश्विन-कार्तिक—सुधा, मार्गशीर्ष-पौष—मन्यु, माघ-फाल्गुन—घोर शिशिर कहे जाते हैं। ये ऋतुगण ही चेतन एवं अचेतन कहे जाते हैं। ये ऋतुगण ही ब्रह्मा के अभिमानी पुत्रगण कहे गए हैं। भासार्द्ध काल में ये ऋतुगण ही आर्त्तव रूप में परिणत होते

हैं तथा नियत स्थान पर रहने के कारण स्थानाभिमानी भी होते हैं। अहोरात्र, मास, ऋतु, अयन, संवत्सरा आदि अभिमान काल के अवयव हैं। निमेष, काल, काष्ठा, मुहूर्त्त और दिन-रात आदि व्यवस्था में जो स्थान अभिमानी हैं, वे उसी के स्वरूप में वर्तमान रहने के कारण उन्हीं के तुल्य हैं। पर्व, तिथि, संध्या, महीने का आधा पक्ष, निमेष, कला आदि तथा दो पक्षों का एक मास, दो मास की एक ऋतु, तीन ऋतुओं का एक अयन, दो अयनों का एक संवत्सर होता है। ये सभी स्थान ग्राहियों के स्थान हैं। सुमेख के पुत्र ऋतुगण हैं। ये छः या आठ भाग में विभक्त हैं। ऋतुओं के पांच पुत्र प्रजागण के बीच आर्तव कहलाते हैं। यतः चर, अचर आर्तव से उत्पन्न हैं और इनके पितामह ऋतुगण हैं। सुमेख के वंशज मृत्यु को प्राप्त हो जाने के कारण सुमेख मृत प्रजाओं के पितामह कहलाए।

अग्नि स्वात्ता की मानस पुत्री मेना हिमालय की पत्नी हुई। इससे मैनाक नाम का पुत्र उत्पन्न हुआ। मैनाक ने नदियों में श्रेष्ठ गंगा नाम की पुत्री को उत्पन्न किया। गंगा लवण सागर की पत्नी हुई। मैनाक का क्रौंच नाम का छोटा भाई भी था। इसी के नाम पर द्वीप का नाम क्रौंच द्वीप हुआ। मेरुपत्नी धारिणी वहिंशत् की पुत्री थी, इसने दिव्य औषधि युक्त मन्दार को जन्म दिया तथा बेला, नियति और आयाति नाम की तीन पुत्रियां उत्पन्न कीं। आयाति से धाता तथा नियति से विधाता का विवाह हुआ। बेला का विवाह सागर से हुआ। इसने अपूर्व सुन्दरी कन्या को जन्म दिया। सावर्णि ने इस सामुद्रिक कन्या का विवाह अग्नि पुत्र वहिंषत् से किया। इस सामुद्री ने आगे चलकर दस पुत्रियां उत्पन्न की। चाक्षुष मनु के अधिकार काल में भगवान् त्रयम्बक के शाप से स्वायंभुव दक्ष उनके पुत्र रूप में उत्पन्न हुए।

सूतजी के द्वारा यह वृत्तान्त सुनकर नैमिषारण्यक मुनियों के मन में जिज्ञासा हुई तो शांशपायन मुनि ने सूतजी से पूछा—हे मुनि! चाक्षुष मन्वन्तर में महादेव के शाप से दक्ष किस प्रकार उत्पन्न हुए? सूतजी ने मुनि शांशपायन को दक्ष के शाप की कथा सुनाते बताया कि दक्ष के यहां आठ कन्याएं थीं जिनको दक्ष ने अपने यज्ञ में बुलाकर काफी उचित सत्कार किया। सत्कृत वे कन्याएं पिता के घर में रहने लगीं। लेकिन दक्ष ने उस यज्ञ में महादेव को विवाहित अपनी ज्येष्ठ कन्या सती की उपेक्षा की और

उसे यज्ञ में आमंत्रित नहीं किया। दक्ष का महादेव से यह मनमुटाव था कि एक बार देव सभा में महादेव दक्ष के सम्मान में खड़े नहीं हुए थे। यह दक्ष को सहन नहीं हुआ कि जामाता होकर भी महादेव ने श्वसुर का अपमान किया। सती को जब पिता के यज्ञ की सूचना मिली तो वह भी बिना बुलाए ही पिता के घर पहुंच गई। सती के पहुंचने पर भी दक्ष ने उनका वह सम्मान नहीं किया जो दूसरी पुत्रियों का किया। सती यह अपमान न सह सकी, उसे आभास हो गया कि उसके पति के लिए भी यज्ञ में कोई स्थान नहीं है। ऐसा जानकर वह क्रोध व ग्लानिवश यज्ञ कुण्ड में कूद पड़ी। उसका शरीर जलकर राख हो गया। शिव को जब यह ज्ञात हुआ तो वह दक्ष पर तथा अन्य मुनियों एवं देवों पर अत्यन्त क्रुद्ध हुए। महादेव ने कहा–तुमने जिस कारण मेरे लिए सती का तिरस्कार किया तथा दूसरी सभी बेटियों को उचित सम्मान दिया, इसलिए तुम्हारे सभी पक्षपाती ऋषिगण मृत्यु मुख में प्राप्त होंगे। एवं वैवस्वत मन्वन्तर में मेरे द्वितीय यज्ञ से उत्पन्न होकर वे अयोनिज कहलाएंगे। चाक्षुस मन के अधिकार काल में जब ब्रह्मा दक्ष का यज्ञ करा रहे थे, महादेव ने दक्ष से कहा–चाक्षुष मन्वन्तर में ही चाक्षुष नाम के राजा के यहां तुम उसकी पत्नी माषी के गर्भ से जन्म लोगे और वह तुम्हारा नाम दक्ष ही रखेगा। तब दक्ष ने कहा–हे दुर्मति महादेव! मैं उस जन्म में भी तुम्हारे कार्यों में विघ्न उपस्थित करूंगा। तुमने जिसके लिए मेरे कारण ऋषियों के प्रति क्रूरता का व्यवहार किया है, इसलिए मैं भी तुम्हें शाप देता हूं कि द्विजगण यज्ञ में देवों के साथ तुम्हारी पूजा नहीं करेंगे। वे आहूति देने के बाद कर्म में यानि यज्ञ कुण्ड में जल छोड़ दिया करेंगे और तुम युग क्षय पर्यन्त स्वर्ग को छोड़कर इसी भूलोक में वास करोगे।

दक्ष ने यह सुनकर रुद्र ने कहा–सब लोकों में भी यह भू-लोक ही श्रेष्ठ बताया गया है और मैं स्वयं ही देवों से पृथक हूं। वह कुछ तुम्हारी आज्ञा से नहीं होगा। इस तरह तेजस्वी रुद्र से शाप ग्रस्त होकर दक्ष ने जन्म ग्रहण किया। अपने को ज्ञानवान, समर्थ और गृहपति जानकर दक्ष ने देवों के साथ मिलकर एक महायज्ञ आरम्भ किया। इधर वैवस्वत मन्वन्तर के साथ रहना ही उसका व्रत था। इस प्रकार दक्ष प्रज़ापति तथा धीमान महादेव का यह द्वेष जन्मान्वतर में भी चला। अतः वैरियों से कभी विद्वेष नहीं करना चाहिए।

नैमिषारण्य के ऋषियों के द्वारा यह पूछे जाने पर कि वैवस्वत मन्वन्तर में दक्ष का महादेव से किस प्रकार वैर समाप्त हुआ? दक्ष ने महादेव को किस प्रकार प्रसन्न किया और अपने यज्ञ को किस प्रकार सम्पन्न किया? महामुनि सूतजी ने बताया कि एक बार महादेव ज्योतिष नाम के पर्वत शिखर पर विश्राम कर रहे थे, पार्वती उनकी बगल में बैठी थीं। सभी देव, वसु, देवर्षि, नारद, यक्षराज, अप्सराएं उनकी बार-बार उपासना कर रहे थे। उसी काल में हिमालय के पृष्ठ भाग में दक्ष ने अपना यज्ञ प्रारम्भ किया। सभी मुनियों देवों को बुलाया गया, तब दधीचि मुनि ने दक्ष से कहा–पूज्यों को न पूजने से मनुष्य को भारी पाप लगता है। अतः पूजनीय महादेव को आप यज्ञ में क्यों नहीं बुला रहे? दक्ष ने उन्हें यह कहकर शान्त और संतुष्ट कर दिया कि यज्ञ में ग्यारह प्रकार के कपर्दी रुद्र उपस्थित हैं और किसी महादेव को हम नहीं जानते हैं? इस पर मुनि दधीचि ने कहा कि बड़ी बात यह है कि भगवान् महादेव आमंत्रित ही नहीं किए गए हैं और महादेव देवाधिदेव हैं। उनके अभाव में यज्ञ की पूर्णता संदिग्ध है। दक्ष ने कहा–हम विधि-विधान से मंत्र पूत हवि को श्री विष्णु को समर्पित करेंगे, विष्णु ही ध्वनीय, विभु और अप्रतिम है।

कैलाश पर शिव के समीप बैठ पार्वतीजी ने जब सभी देवों को कहीं किसी बड़े अनुष्ठान में जाते देखा तो उन्होंने महादेव से कहा--भगवन्! हमारे मन में कुतुहल और शंका हो रही है, ये सभी रुद्रादि देवगण किधर के लिए गमन कर रहे हैं? तब शंकर ने उन्हें बताया कि दक्ष नाम के प्रजापति के एक बड़े यज्ञ में शामिल होने के लिए ये सभी देवगण आमंत्रित है और यह सब देवताओं का ही कर्म है कि किसी भी यज्ञ में हमारे लिए भाग शेष न रखा जाए। हे देवों के देव, आपके इस तिरस्कार से मुझे अत्यन्त कष्ट हुआ है। पार्वती के कष्ट को देखकर शंकर महादेव ने मुख से अग्नि तुल्य एक भूत को उत्पन्न किया। वह हजारों सिर पैर व आंखों वाला, हजारों मुद्गर हाथ में रखने वाला बाणों से सज्जित, शंख, चक्र, गदा युक्त, देखने में रौद्र रूप वीरभद्र महादेव के समक्ष प्रकट हुआ। महादेव ने उसे दक्ष यज्ञ विधवंस करने के लिए कहा।

महादेव की आज्ञा पाकर यह सोचता हुआ कि भगवती क्रुद्ध है, दक्ष यज्ञ को विनष्ट ही समझना चाहिए। चलने को तत्पर हुआ तभी देवी के

क्रोध से महाभयंकर भद्रकाली माहेश्वरी उत्पन्न हुई जो वीरभद्र की संगिनी की भांति यज्ञ विध्वंस में उसके साथ हो ली। वीरभद्र ने अपने रोम कूपों से रौद्र नाम के अनेक गणेश्वर उत्पन्न किए और इस प्रकार वे सभी यज्ञ के विनाश के लिए चल दिए। यज्ञ मण्डप में पहुंचकर उन्होंने क्षण भर में ही सारी व्यवस्था भंग करके चारों ओर उथल-पुथल कर दी। सभी पात्र, चीजें सजावट, व्यवस्था भंग करके विनाश का ताण्डव प्रारम्भ कर दिया। यह देख देवगणों में बचाव के लिए भगदड़ मच गई इस ध्वंस लीला को देख भय से ग्रस्त दक्ष मृग रूप धारण कर आकाश में भागे किन्तु अप्रमेयात्मक वीरभद्र ने दक्ष की शक्ति को समझ लिया। आकाश में ही दक्ष का सिर काट लिया। दक्ष नष्ट हो गए, उनकी चेतना विलुप्त हो गई। उनका सिर वीरभद्र ने पैरों से रौंद दिया। तब सभी देवगण मिलकर रुद्र वीरभद्र के समीप जाकर उन्हें प्रसन्न करके क्रोध शान्त करने के लिए कहने लगे। ब्रह्मा ने जब पूछा कि हे देव! आप कौन हैं? तो वीरभद्र ने बताया कि हम तो दक्ष यज्ञ का विनाश करने के लिए शिवजी के भेजे गण वीरभद्र और भद्रकाली हैं। आपको जो भी अनुनय-विनय करनी है उन्हीं महादेव की शरण में जाकर करनी चाहिए। वीरभद्र के वचन सुनकर दक्ष ने महेश्वर शिव को प्रसन्न किया। उस समय यज्ञभूमि नष्ट हो चुकी थी, द्विजाति गण भाग चुके थे। महा अनल बुझ चुका था, अनुचर इधर-उधर भाग रहे थे। यज्ञ कुण्ड उखड़ा पड़ा था। चारों तरफ मांस लोनी गिद्ध मंडरा रहे थे। ऐसे समय दक्ष की अपने सामने अनुनय की मुद्रा में आया देखकर महादेव ने कहा–हे दक्ष! तुम्हारे अज्ञान से यज्ञ नष्ट हो गया है। अश्रुपूरित आंखों से दक्ष ने हाथ जोड़कर महादेव शिव से कहा–यदि प्रभु हम पर प्रसन्न हैं तो हमारा ध्वंसित यज्ञ अकारथ न जाए। महादेव ने तथाऽस्तु कहकर दक्ष को तुष्ट किया, इसके पश्चात् दक्ष ने शंकर महादेव की बहुविधि पूजा-स्तुति की और कहा–हे देवेश! आप ही हमारी शरण हैं, आप ही हमारी गति और प्रतिष्ठा हैं।

महादेव ने दक्ष की स्तुति से प्रसन्न होकर कहा–तुम्हें इस यज्ञ के विघ्न के सम्बन्ध में क्रोध नहीं करना चाहिए। तुम हमसे वर ग्रहण करो। तुम हमारे प्रसाद से हजार अश्वमेध तथा सौ बाजपेय यज्ञ के फल के भोगी होओगे। मेरा पशुपाश विमोचन पाशुपत व्रत शुभ और सभी पापों को

नष्ट कर करने वाला है। इस व्रत के करने से जो पुण्य फल मिलता है, तुम उसके भागी बनो अतः मानसिक संताप छोड़कर प्रसन्न चित्त लौटो। तुम्हारा कल्याण हो।

देव वंश का वर्णन

देव वंश का वर्णन करते सूतजी ने बताया कि स्वायंभुव मनु के अधिकार काल में त्रेता के आदि में याम-नाम के देव विख्यात थे। ये पहले यज्ञ तनय थे। जित् अजित स्वायंभुव मनु के पुत्र थे। मनु के तैंतीस पुत्र छन्दोग कहलाते हैं। यदु ययाति देव तथा ऋतु, प्रजापति आदि यामदेव कहलाते हैं। स्वायंभुव मनु के काल का सृष्टि विस्तार वर्तमान मनु की भांति ही था। इसी प्रसंग में मुनि सूतजी ने बताया कि सूर्य काल के उत्पत्ति कारण हैं। इनका आदि निमेष है और संख्या चक्षु कहलाती है। दिनरात इनकी मूर्ति हैं। निमेष अवयव हैं। कला स्वरूप संवत्सर शत इनका नाम है। भूत, भविष्यत और वर्तमान काल स्वरूप वे प्रजापति हैं। दिन भक्ष मास ऋतु अयन नाम के पांच भागों में विभक्त काल के अवस्था भेद हैं। पहला संवत्सर, दूसरा परिवत्सर, तीसरा इद्वत्सर, चौथा अनुवत्सर तथा पांचवां युगवत्सर कहलाता है। ऋतु नाम की अग्नि ही संवत्सर है। परिवत्सर काल अग्नि स्वरूप है। सोम इद्वत्सर है। यह आकाश में चलने वाला, जलों का सारभूत, निरन्तर कृष्ण शुक्ल गति वाला है।

अहंकार वश रोदन करने वाले रुद्र ब्रह्मा द्वारा तीन भागों में विभक्त हुए वही नील लोहित रुद्र रुद्रों के वत्सर हैं। कालात्मा प्रपितामह अंग-अप्रत्यंग के संयोग से ऋक, यजुः, साम, भूत और प्रजापति है। विद्वानों ने सूर्य को ही अग्नि और संवत्सर कहा है। इन्हीं सूर्य काल का विभाजन दिन, पक्ष मासादि में होता है। प्रजापति आदि देव अपने अभीष्ट फलों को पाने के लिए औषधियों के क्षय हो जाने पर त्रिकपाल और त्र्यम्बका द्वारा भगवान् की पूजा करते हैं। गायत्री, त्रिष्टुप और जगती त्र्यम्बका नाम से प्रसिद्ध हैं। ये ही यज्ञ, योनि, अथव, सवन की उत्पादिका हैं। ये ही तीनों छन्द जब अपने पराक्रम से एकत्र हो जाते हैं तब वे ही त्रिसाधन, पुरोडाष तथा त्रिकपाल कहे जाते हैं। विद्वानों ने इस प्रकार एक युग पांच वर्षों का बताया है। विप्रों ने जो इन पांच प्रकार के संवत्सरों को

बताया है, उनमें प्रत्येक वसंत आदि छः ऋतुओं वाले हैं। ऋतु पुत्र आर्तव गण पांच प्रकार के हैं। संक्षेप में यह कथा सूतजी ने उन मुनि श्रेष्ठों को सुनाई। उन्होंने बताया यह वायु प्राणियों के जीवन को काल रूप से संहार करती हुई नदी के वेग की तरह बहने लगती है और उस समय से फिर वह वायु दिन-रात को उत्पन्न करने वाली होती है। ये सभी प्रजापति सब देहधारियों में प्रधान, सब लोकों के पिता तथा लोकात्मा कहे गए हैं। ध्यान करते हुए ब्रह्मा के मुख से रोते हुए रुद्र उत्पन्न हुए। यही आत्मा रूप से जीवों के अंग-प्रत्यंग की उत्पत्ति के कारण हैं। यही अग्नि संवत्सर सूर्य, चन्द्रमा, वायु युगाभिमानी कालात्मा, नित्य संहार करने वाले विभु उन्माद और अनुग्रह करने वाले हैं। यही इद्वत्सर कहे जाते हैं। क्रोध में होकर यही भगवान् विभु इस जगत् में अपने तेज व प्रभा से आश्रय और आश्रय संयोग के कारण अपने नामों और शरीरों से वर्तमान रूप में उपस्थित रहते हैं। तब उन्हीं के पराक्रम से लोकों के अनुकूल कल्याण करने वाली दूसरी विस्तृत सृष्टि देवों, पितरों, काल तथा अन्यान्यों से सम्पन्न हुई। इस कारण उन उत्पन्न लोकों द्वारा वे ही भद्र रूप महादेव पूजे जाते हैं। ये नील लोहित रुद्र भगवान् अधीश्वरों के अधीश्वर, प्रजाधियों के प्रजापति, सब जीवों को उत्पन्न करने वाले तथा शीर्ण औषिधियों को फिर-फिर पैदा करने वाले हैं। इन सबके वंशज अनन्त हैं, इसलिए इनकी गणना करना अवर्णनीय है। जो आदमी स्थिर कीर्ति वाले महान पुण्य कर्मों के इस वंश का ध्यान-पूजन करता है वह अभीष्ट फल-सिद्धि प्राप्त करता है।

वायुदेव ने प्रणव के सन्दर्भ में बताते हुए कहा—ओंकार अक्षर ब्रह्मा है, इसमें तीन वर्ण हैं। यह आदि में स्मरण किया जाता है। उसे जो जिसके वर्ण तथा देवता हैं वे भी ओंकार से पैदा हुए हैं। ऋक, यजु, साम, वायु, अग्नि, जल भी ओंकार से उत्पन्न हुए हैं। काल का नाम युग भी कहा गया है। सप्तऋषिगण इन्द्र और पितरों के साथ देवगण आदि अक्षर स्वरूप देव महादेव से ही पैदा हुए हैं आदि मन्वन्तर में ऋषि, देवता तथा इन्द्र आदि मौन रहकर हजारों वर्ष तपस्या करते रहे। तपस्या काल में वे काल से डरे हुए एक बार देवाधिदेव महादेव की शरण में गए। उन्होंने महादेव से कहा—देव! इस चार मुंह वाले देवेश अगाध काल का पार कौन पा सकता है? महादेव ने सभी आगन्तुकों को आश्वक्त किया और कहा—मैं आपके

लिए क्या कर सकता हूं? काल रूप महादेव ने उन्हें बताया—चार जिह्वा वाला श्वेत मुख काल का कृतयुग नाम का मुख है। यही देव श्रेष्ठ ब्रह्मा तथा वैवस्वत है। लाल रंग का लपलपाती तीन जिह्वा वाला मुख त्रेतायुग कहा जाता है। इसमें लोगों की प्रवृत्ति यज्ञ में रहती है। इनसे ही यज्ञ प्रारम्भ होता है, इनकी तीन जिह्वा, तीन अग्नि हैं। दो जिह्वा वाला द्वापर युग है। यह पिंगल वर्णी है। इसमें हम दो पैर वाले होंगे और यह जो काले रंग का लाल आंखों वाला है यह कलियुग है। यह कल्पों का भीषण चौथा मुख है। इसमें न सुख है, न मुक्ति, प्रजा भी इसमें त्रस्त रहेगी। कृत युग में ब्रह्मा पूजित होते हैं, त्रेता में यज्ञ, द्वापर में विष्णु तथा में चारों युग में पूजित होता हूं। ब्रह्मा, विष्णु तथा यज्ञ काल की तीन कलाएं हैं, किन्तु चार मूर्ति वाले महेश्वर सभी कालों में हैं। मैं ही जन हूं, उत्पादक भी, मैं ही काल हूं, प्रवर्त्तक भी। मैं ही युगों का करने वाला परम श्रेष्ठ हूं। इसलिए कलियुग के आने पर संसार के प्राणियों के कल्याण के लिए तथा देवों का अभय देने के लिए दोनों लोकों में मैं ही पूजनीय रहूंगा। आप लोग कलियुग को देखकर डरें नहीं। महादेवन से ऐसा जानकर सभी मुनियों, देवों ने उन्हें प्रणाम किया और कहा—हे देव! काल चार मुख वाले कैसे हुए? इस पर महादेव ने उन्हें बताया कि ये काल चार मुंह वाले होते हैं तथा चार दांत और चार मूर्ति वाले हैं। संसार की रक्षा करने के लिए ये किसी की भी अपेक्षा नहीं रखते हैं। इस चराचर जगत् में ऐसा कुछ भी नहीं है जो इनके लिए कठिन हो। काल की सृष्टि और संहार भी ये ही करते हैं। सभी कुछ काल के वश में है, परन्तु काल किसी के वश में नहीं होता है। इसलिए यह काल ही सभी जीवों पर शासन करता है। इक्कीस युग काल का एक डग होता है, घूमने वाले युगों के क्रम से वे ही मन्वन्तर कहलाते हैं। एक-एक पैर चलकर जब काल इक्कीस डग रखते हैं, तब मन्वन्तर का क्षय होता है।

भगवान् महादेव द्वारा यह सुनकर सभी श्रोताओं ने भगवान् का प्रसन्न मन से नमस्कार किया, तब भगवान् नहीं अंतर्हित हो गए। काल भगवान् इसी प्रकार से देवता, ऋषि, पितर और दानवों का बार-बार सृजन और संहार करते हैं। इसी कारण भगवान् ईश प्रत्येक मन्वन्तर में काल के भय से आक्रान्त देवता ऋषि, पितर और दानवों के द्वारा पूजे जाते हैं। इसलिए कलियुग में जो कठिन तपस्या करके भगवान् महादेव को प्राप्त करता है

उसे महान् पुण्य की प्राप्ति होती है। इसीलिए देवगण भी स्वर्ग से पृथ्वी पर आते हैं और कलिकाल में कठोर तपस्या करते हैं। कलियुग के अवतार में वे ऐसा ही करते हैं। वैवस्वत मन्वन्तर में जो देव, राजर्षि आदि का अन्त हो गया था, वे सभी तथा देवादि, पुरुवंशीय राजा, मनु और इक्ष्वाकु के कुल में उत्पन्न होने वाले अपने योग बल के द्वारा दूसरे काल में जन्म लेते हैं। सत्य, त्रेता, द्वापर और कलि के नष्ट हो जाने पर सप्तऋषियों के साथ फिर आने वाले त्रेतायुग में वे ही होने वाले क्षत्रियों के वंश के कारण माने जाते हैं। द्वापर के अन्त में क्षत्रिय गण ऋषियों के साथ रहते हैं। कलियुग में द्विजादि के लाभ के लिए ही ब्राह्मण क्षत्रियों का नाश होता है। द्विजों के लिए क्षत्रियों का विनाश होता है। जो पातकी हैं, वे कलियुग में रहते हैं। सप्त मन्वन्तरों की सन्तानों के लिए श्रुति और स्मृति का निर्माण हुआ है। इस प्रकार युगों का विनाश होता रहता है। जन्मदग्नि के पुत्र परशुराम ने क्षत्रियों को मार डाला था, क्योंकि उनके द्वारा कुलटाओं की संख्या बढ़ रही थी। इक्ष्वाकु वंश का मूल ऐड़ वंश है। श्रेणिबन्ध, इक्ष्वाकु आदि अनेक क्षत्रियों ने ऐड़ वंश में जन्म लिया था। उन्हीं राजाओं से सौ कुलों का विस्तार हुआ। भोजकुल में लगभग तीन सौ क्षत्रिय थे। ये चार भागों में विभक्त थे। प्रतिबिन्ध्य, हैहय और धृतराष्ट्र के सौ-सौ कुल थे, जनमेजय के अस्सी कुल, ब्रह्मदत्त, वीर्थी, पौल के सौ-सौ कुल, काशिकुश के सौ कुल और शशबिन्दुओं के हजार कुल थे। इन सभी राजाओं ने अधिक दक्षिणा देकर अश्वमेध यज्ञों को किया। वैवस्वत मनु के मंगलजनक वर्तमान काल में जो सैकड़ों हजार राजर्षि व्यतीत हो चुके हैं, वे सभी राजागण ब्रह्म लोक को गए।

चारों युगों का काल निर्णय करते हुए वायुदेव से कहा था कि सतयुग चार हजार वर्ष की, चार सौ वर्ष की इनकी सन्ध्या एवं सन्ध्यांश काल होता है। तीन हजार वर्ष का त्रेता, तीन सौ वर्ष की इनकी सन्ध्या और सन्ध्यांश काल होता है। द्वापर दो हजार वर्ष का होता है, दो सौ वर्ष की इसकी सन्ध्या एवं सन्ध्यांश काल होते हैं तथा कलियुग एक हजार वर्ष का एवं इनके सौ-सौ वर्ष की सन्ध्या एवं सन्ध्यांश काल होते हैं। इस प्रकार दस प्रकार वर्ष के युग तथा दो हजार वर्ष की सन्ध्या एवं सन्ध्यांश काल–कुल 12000 वर्ष के चारों युग उनकी सन्ध्याएं एवं सन्ध्यांश काल

होते हैं। जिस प्रकार वेद चार प्रकार के होते हैं उसी प्रकार विधाता ने युग को भी चतुष्पादी कहा है।

स्वायंभुव का वंश-विस्तार वर्णन

स्वायंभुव का वंश-विस्तार वर्णन करते हुए सूतजी ने बताया कि इस मनु के उन्हीं के समान दस पौत्र हुए। जिन्होंने उस मन्वन्तर के आदि त्रेता युग में पहले पहल सातों द्वीपों और समुद्रों के साथ समूची पृथ्वी की प्रतिवर्ष कर संग्रह किया। इन्होंने योग और तपस्या के द्वारा प्रजाओं की सृष्टि के अनुसार पृथ्वी पर शासन किया। प्रजापति प्रियव्रत की एक कन्या भी थी जो कर्दम ऋषि की ब्याही गई थी। प्रियव्रत ने अपने श्रेष्ठ पुत्रों में अग्निध्र को जम्बूद्वीप का अधिपति बनाया प्लक्षद्वीप में मेघातिथि, शाल्यलि में वपुष्मान, कुशद्वीप में ज्योतिष्मान, क्रौंच में द्युतिमान, शाकद्वीप में हव्य, सवन पुष्कर द्वीप में अधिपति बनाया। हव्य के महाबीत तथा घातकि नाम के दो पुत्र हुए। इन दोनों के नाम से ही महावीत वर्ष तथा घातकि खण्ड नाम पड़े। हव्य वाहन के सात पुत्र हुए। क्रौंच द्वीप के स्वामी द्युतिमान के यहां भी कुशल, मनुज, उष्ण, पीवर, अंधकारक, मुनि, दुन्दुभि नाम के पुत्र हुए। ज्योतिष्मान के यहां उद्मिद, वेणुभान, स्वैरथ लवण, घृति, प्रभाकर और कपिल नामक सात बलवान् पुत्र हुए। वपुष्मान के यहां श्वेत, हरित, जीभूत, रोहित, वैद्युत, मानस, सुप्रभु नाम के सात पुत्र हुए। मेघातिथि के सात पुत्र हुए, यही प्लक्षद्वीप के अधीश्वर हुए। शान्तमय, शिशिर, सुखोदय, आनन्द, ध्रुव, क्षेमक और शिव। ये सभी स्वायंभुव मनु के भोग काल में उपस्थित थे। इन्होंने प्लक्षद्वीप में प्रजा को वर्णाश्रम से मुक्त किया। प्लक्षद्वीप से लेकर शाक द्वीप पर्यन्त पांच द्वीपों में वर्णाश्रम विभाग के अनुरूप धर्म चल रहा था।

जम्बूद्वीप में अग्नीध्र के नाभि, किम्पुरुष, हरि, हलावृत्त, रम्य, हरिष्मान, कुरु, भद्राश्व, केतुमाल पुत्र हुए। नाभि हिम प्रदेश, किम्पुरुष हेमकूट, हरिवर्ष नैषध, इलावृत्त सुमेरु, रम्य नील, हरिष्मान उत्तर श्वेत देश, कुरु श्रंगवान देश, भद्राश्व माल्यवान तथा केतुमाल गन्धमादन के अधिपति बनाए गए। इसके बाद अग्नीध्र हिमालय पर तपस्या करने चले गए।

नाभि ने मरुदेवी के गर्भ से ऋषभ को उत्पन्न किया। ऋषभ के यहां

भरत का जन्म हुआ, जिसके कारण इस प्रदेश का नाम भारतवर्ष पड़ा। भरत के सुमति, सुमति के तेजस, तेजस के मित्रजित, इन्द्रद्युम्न उत्पन्न हुए। इन्द्रद्युम्न के यहां–प्रतिहार, प्रतिहार के यहां प्रतिहर्ता ने जन्म लिया। प्रतिहर्ता के उन्नेता, उन्नेता के भुव, भुव के उद्‌गीथ के प्रतावि, प्रतावि के विभु, विभु के पृथु, पृथु के नल, नल के गय, गय के नर, नर के विराट, विराट के महावीर्य, महावीर्य के श्रीमान और श्रीमान के वंश में शतजित हुए। शतजित के सौ पुत्र हुए। सबसे पहले उन्होंने ही भारतवर्ष को सात खण्डों में विभक्त किया। इन्हीं के वंशजों द्वारा यह भूमि सतयुग, त्रेता, द्वापर, कलियुग के इकहत्तर चतुर्युगों में उपभुक्त हुई और इन्हीं के वंशजों ने इस जगत् को पूर्ण किया।

मुनियों की जिज्ञासा को जानकर सूतजी ने पृथ्वी की परिधि और विस्तार का वर्णत करते हुए कहा–सातों द्वीप जम्बू, प्लक्ष, शाल्मली, शाक, कुश द्वीप, पुष्कर द्वीप तथा क्रौंच द्वीप के अंतर्गत हजारों उपद्वीप हैं। इनका प्रमाण के साथ पृथक-पृथक वर्णन असम्भव है, अतः केवल सात द्वीपों और चन्द्रसूर्य के वर्णन तक ही सीमित रहते हुए सूतजी ने बताया कि जम्बूद्वीप में नौ देश हैं। इस द्वीप का विस्तार एक हजार एक सौ योजन का है। उच्चशिखरों से युक्त इसमें हरे-भरे छः पर्वत हैं। इनमें मेरु सबसे ऊंचा पर्वत है। यह प्रजापति के गुणों से युक्त है। यह अव्यक्त जन्मा ब्रह्मा के नाभि बन्धन से उत्पन्न हुआ है। पूर्व में यह श्वेत वर्ण है, ब्राह्मणत्व का परिचायक है। पश्चिम की और मृगपन की तरह श्यामवर्णी है। यह शूद्रत्त्व का परिचायक है–उत्तर की ओर स्वाभावज लालवर्णी है जो क्षत्रिय होना व्यक्त करता है। इन पर्वतों के मध्य में इलावृत्त प्रदेश है। जिसका वर्ष नाम का पर्वत नौ हजार योजन का है। यह मेरु पर्वत को चारों ओर से घेरे हुए है। इसके बीच में मेरु पर्वत इस प्रकार दिखलाई पड़ता है जैसे बिना धुएं की अग्नि। मेरु के उत्तरार्ध तथा दक्षिणार्थ में दक्षिण तथा उत्तर वेदी हैं। इसके बीच जो सात देश हैं उनका विस्तार जम्बू द्वीप के समान ही है। उसके मध्य में स्थित नील और मध्य नाम के पर्वत दो हजार दो सौ योजन के हैं। दूसरे हेमकूट, हिमवान, ऋंगवान इनसे छोटे हैं। इनका परिमाण ब्यासी हजार बानवे योजन का है। इनके बीच देश सात भागों में विभक्त है। ये सभी दुर्गम पर्वतों से घिरे हुए हैं। यहां नाना प्रकार के जीव

वास करते है। यह हेमवत वर्ष है जो भारत वर्ष के नाम से विख्यात है। इसके आगे हेमकूट फिर किम्पुरुष वर्ष है। नैषध हेमकूट वर्ष कहलाता है। हरिवर्ष तथा मेरु से आगे इलावृत्त है, इलावृत्त के आगे नील रम्यक देश हैं। रम्यक से आगे श्वेत देश है। हिरण्यभय भी कहलाता है। इससे आगे शृंगवान है यह कुरु कहलाता है। महाशैल माल्यावान नाम का पर्वत उत्तर दिशा में फैला हुआ है। यह नैषध और नील पर्वत से हजार योजन ऊंचा है। इसके पश्चिम में गन्धमादन पर्वत है। दोनों परिमण्डलों के बीच मेरु ही उत्तम पर्वत है। यहां जल की कभी कमी नहीं होती। अव्यक्त से जो पृथ्वी पद्म उत्पन्न हुआ, उसका कर्णिका स्थान मेरु पर्वत ही है। जिन्होंने अनेक पुण्य अर्जित किए हैं, वे ही कृतात्मा यहां वास करते हैं। पुरुषोत्तम महादेव, महायोगी, जगत् श्रेष्ठ, अनन्त महेश्वर, अमूर्त रूप में ही यहीं उत्पन्न हुए। उन्हीं के लिए यह सनातन संसार पद्म उत्पन्न हुआ। उन्हीं के लिए यह सनातन संसार पद्म उत्पन्न हुआ। उसी पद्म से चतुरानन प्रजापति ब्रह्मा उत्पन्न हुए।

जो पद्म विष्णु की नाभि से उत्पन्न हुआ, उसी से वन वृक्षों से शोभायमान यह पृथ्वी उत्पन्न हुई। पंखुडी की तरह चार महाद्वीप और बीच में महाबलि मेरु कमल केसर की तरह विराजमान है। मेरु कान्ति राजा के समान प्रभावान और बाल सूर्य की तरह चमक रही है। यह चौरासी हजार योजन ऊंचा, सोलह योजनों का विस्तार लिए हुए, अपनी दिव्य आभा से युक्त, दिव्य औषधियों और सुन्दर सुवर्ण मण्डित भुवनों से घिरा है। इसके चारों भद्राश्व, भरत, पश्चिम, केतुमाल और उत्तर पुरु देश बसे हुए हैं। उत्तर पुरु में पुण्यवान लोग रहते हैं।

कर्णिका का विस्तार

कर्णिका का विस्तार बताते हुए सूतजी ने कहा कि–यह पर्वताधिपति रत्नों से भरा हुआ, कमनीय हजारों स्तरों वाला, कन्दराओं से युक्त, पद्म पुरुषों से शोभायमान है। यहां सैकड़ों देवगण श्रीसम्पन्न विमान विहार द्वारा इसे दीप्त करते रहते हैं। इसके हजारों गण्डशैलों पर अनेक भांति के जीव वास करते हैं। स्वयं ब्रह्मा भी इसके ऊपर के एक भाग में निवास करते हैं। यहां ब्रह्मर्षियों से सेवित एक मनोहर सभा है। यहीं पर महाविमान में

स्थित ईशान देव का आवास भी है। इसीलिए यह इन्द्र सहित महायोगियों, देवर्षियों का लोकपति महाराज महेन्द्र का निवास स्थान है। अग्निदेव की महासभा भी पूरब, दक्षिण की ओर विद्यमान है। यहां हजारों शिखा वाले अग्निदेव और ऋषि हवन-पूजन द्वारा कर्मकाण्ड करते हैं। इसी के तीसरे तट पर वैवस्वत महासभा है तथा रक्षापति धीमान विरूपाक्ष की कृष्णांगना सभा, वैवस्वत की शुभवती सभा, वरुण की सती महासभा है। वायु की गन्धवती, चन्द्रमा की महोदया, महात्मा ईशान की यशवती सभा है। महाभाग्यशाली ऋषिगण अप्सराओं से सेवित यह समूचा प्रदेश ही वास्तव में देवलोक कहलाता है। शैलराज को चारों ओर से घिरे हुए अड़तालीस हजार योजन परिमाण वाला मनोहर मेरु मूल है जो अपनी निराली शोभा से युक्त वृक्षों, निकुंज, कन्दराओं, नदी, पर्वतों, झरनों से युक्त, रत्नों से जड़ित सिंह, व्याघ्र, आदि जीवों से परिपूर्ण है।

मेरु की चारों दिशाओं में बड़े-बड़े स्तम्भ पाद हैं। ये सात द्वीप वाली पृथ्वी को पकड़े हुए हैं। दक्षिण द्वीप में केतू स्वरूप जम्बू वृक्ष के नाम से ही इस द्वीप का नाम जम्बू द्वीप पड़ा। इस विशाल पर्वत की पश्चिमी चोटी पर एक बहुत बड़ा पीपल का वृक्ष है, जिस पर अनेकों पक्षी तथा जीव बसेरा लिए हुए हैं। केतू और माला से चिन्हित होने के कारण विस्तृत द्वीप स्वर्ग तथा मृत्यु लोक में केतूमाल नाम से प्रसिद्ध है। इसी के पार्श्व में केतू वृक्ष है। सनत्कुमार आदि महाभाग श्रेष्ठ पुत्रों के नामानुसार ही उसका नाम कुरु पड़ा। यही उत्तर पुरु के नाम से विख्यात है।

उन चारों पर्वतों के रमणीय स्थानों का वर्णन करते हुए सूतजी ने बताया कि यहां सभी कालों में ऋतु अनुसार फल-पुष्प लगे रहते हैं। सर्वत्र तोता, मैना, मोर, विचित्र, भौंरे विचरण करते हैं। कोयल, सुकष्ठ कोचन और अन्य पक्षियों का मधुर निनाद होता है। कोमल पल्लवों से युक्त वृक्ष मन्द हवा से कम्पित हो, जाने पर सदा पुष्प वर्षा करते रहते हैं। जहां-तहां सिद्ध, देव, दानव, गन्धर्व, यक्ष, राक्षस, पन्नग और अप्सरा गण भ्रमण करते रहते हैं। चैत्र रथ वन, नन्दन वन, वैभ्राज और सवित्रि वन देवताओं के क्रीड़ा वन हैं जहां बड़े-बड़े तीर्थ हैं। जलाशयों का मधुर जल है। पुण्डरीक हैं, सरोवर हैं, मानसरोवर के दक्षिण में पर्वतश्रेष्ठ हिमालय, कैलाश आदि उत्तम पर्वत हैं। ऊपरी भाग में पिंगल, कपिल, सुवक्षा,

परिजात पर्वत हैं। इसी प्रकार महाशैल हंस पर्वत, इन्द्रशैल, पुष्पक आदि उत्तर भाग में विद्यमान हैं।

शीतान्त और कुमुज पर्वतों के बीच तीन सौ योजन लम्बी, सौ योजन चौड़ी एक घाटी है। यहां की शोभा भी दिव्य है। देव-दानव इसके सरोवर करके सर्वदा पुण्य अर्जित करते हैं। निषधशैल और देवशैल के उत्तर में हजार योजन लम्बी तक शिलाखण्ड युक्त भूमि है। यहां वृक्ष लताएं नहीं होतीं, थोड़ा-सा पानी सभी जगह फैला हुआ है। इस प्रकार सूतजी के मेरु पर्वत के घेरे में आने वाले सभी पर्वतों, प्रदेशों, देशों के रमणीय स्थलों, वहां की शोभा और ऐसे पुण्य स्थलों पर ऋषि, मुनियों, देवों के आवास, अप्सराओं की नृत्य लहरी, प्रजापति सूर्य के दैदीप्यमान भवन से युक्त स्वर्ग समान, सौन्दर्यमयी पृथ्वी का रूप चित्रण प्रस्तुत किया। यहां पर्वतों के शिखरों पर बने हुए घरों की शोभा उनके सत्त्व गुणों से युक्त स्वरूप और मणिजड़ित सौन्दर्य का चित्रण किया।

सूतजी ने बताया कि श्वेत वर्ण के देवकूट नामक मर्यादा पर्वत के विस्तृत शिखर पर श्रीमान वृहतानन्दन सुपर्ण का स्थान है। शालमली द्वीप में वास करने वाले युग की तरह वेगवान महात्मा पक्षीराज गरुड़ का यही प्रथम भवन है। यहीं पर गन्धर्व नगर है, जिसमें स्त्री-पुरुष निवास करते हैं। दूसरे मर्यादा पर्वत पर अनेक वर्ण के विशाल भवन समूह से युक्त कालिकेय असुरों का एक दुर्गम नगर है। इसी के दक्षिण शिखर पर औत्कच राक्षसों को महापुर है। इसी देवकूट पर्वत पर एक भूत्वट नाम का वृक्ष है जिस पर अनेक जीव वास करते हैं और यहीं त्रिनेत्रधारी महादेव का भास्वर स्थान है। भूत गण यहां भूपति महादेव की नित्य पूजा करते हैं। कैलाश इसी देवकूट पर्वत के मध्य शिखर पर स्थित है। यहां स्वर्ण मणियों से सज्जित धनपति कुबेर का लम्बा-चौड़ा नगर है और विपुला नामक सभा भवन है। यही अनेक रत्नों से शोभित पुष्पक नाम का एक सुन्दर विमान है, जिसे यक्षराज कुबेर स्वयं प्रयोग में लाते हैं। इन्हीं के पास इन्द्र, अग्नि, यम आदि देवों और अप्सराओं का वास है। यहां गम्भीर जल वाली मन्दाकिनी नदी है, जिसमें गन्धर्व, यक्ष स्त्रियां स्नान करती हैं। अलकनन्दा भी यहीं बहती है। तप्त अंगार के समान तेजस्वी-पराक्रमी, सुबाहु, हरिकेश, चित्रसेन आदि गन्धर्वराज यहां के आधिपति हैं। कैलाश के दक्षिण भाग में पर्वतराज

हिमालय स्थित हैं। इसमें कितने ही कुंज, झरने, गुफाएं, चोटियां, दर्रे और मैदान हैं। यह पूर्वी समुद्र से पश्चिमी समुद्र तक फैला हुआ है। यहां के निवासी सदा हृष्ट-पुष्ट तथा प्रसन्न रहते हैं। इसी पर्वत पर महादेव रुद्र का हिमालय से विवाह हुआ था। यहीं से वामदेव ने सार जम्बू द्वीप का अवलम्बन किया था। यहां ही सुन्दर सुनयना, प्रसन्नवदना, रमणियां, किन्नरियां, अप्सराएं रमण करती हैं। हिमालय के पृष्ठ भाग में कुमार कार्तिकेय की क्रीड़ा स्थली है। यहीं पर भृकंड, वशिष्ठ, भरत, नील, विश्वामित्र, उद्दालक आदि ऋषियों के आश्रम हैं। कितने ही म्लेच्छ जाति के लोग तथा गन्धर्व यहां वास करते हैं। यह गिरिराज अनेक रत्नों की खान है।

निषध पर्वत के स्वर्ण धातु से शोभायमान शिखर पर विष्णु प्रभु का दैदीप्यमान मंदिर है जो सिद्ध ऋषियों से सेवित, यक्ष, अप्सरा, गन्धर्व आदि से व्याप्त है। यहां साक्षात् पीताम्बर वास करते हैं। इसी पर्वत के मध्य उदर में एक दुष्प्रवेश्य नगर है। इसमें प्रवेश का एक मार्ग गुफा है। इसी के पश्चिम में परिजात शिलाखण्ड वाले शिखर पर देवों, दानवों, नागों का वैभव सम्पन्न नगर है। इसी की महातट भूमि पर एक सोम शिला है, जिस पर प्रत्येक मास चन्द्रमा का अवतरण होता है। इस पर्वत का शिखर ब्रह्मापर्व कहलाता है। यही देवों में श्रेष्ठ ब्रह्मा का स्थान कहा जाता है। यही वह्नि स्थान भी है और यहां ब्रह्मा सभी देवों द्वारा पूजे जाते हैं। हेमचित्र नाम के विख्यात नगर में त्रिदेवों के स्थान हैं। पूर्व शिखर पर नारायण का, मधय में ब्रह्मा का तथा पश्चिम में शिव का स्थान है। पर्वत के मध्य शिखर पर देवर्षि निवास करते हैं। वहीं अत्यन्त पवित्र जल वाला आनन्द जल का नाम का सरोवर है जहां खिले कमल, हंस और कारण्ड शोभायमान हैं। अभिप्राय यह है कि ये सभी विस्तृत पर्वत पुण्यात्माओं से परिपूर्ण हैं, सुकृत आत्माओं के विहार स्थल हैं। वास्तव में यह मेरु ही स्वर्ग है। यहां पर अनेक पुण्य सलिला नदियां प्रवाहित रहती है।

भारत वर्ष की शोभा का वर्णन

सूतजी ने ऐसा कहते हुए भारत वर्ष की शोभा वर्णन करते हुए कहा—यह जो भारतवर्ष है, पूरब से पश्चिम तक लम्बायमान हिमालय के दक्षिण में पुण्य तीर्थ है। यहां भारतीय प्रजा रहती है। प्रजा के भरण-पोषण

के लिए यहां के मनु भरत कहलाए जाते हैं। इसी भूमि पर मनुष्य के कर्म की व्यवस्था है। इस भारत के नौ भेद हैं। ये नव दीप समुद्र से घिरे हुए हैं। इन्द्र दीप कसेरु, ताम्रवर्णी, गमस्तिमान, नागद्वीप, सौम्य, गन्धर्व, वरुण के अतिरिक्त नौवां भारतवर्ष सागर द्वारा घिरा हुआ है। इसके अन्त में म्लेच्छ, पूर्व में किरात और पश्चिमान्त में यवन हैं। मध्य में ब्राह्मण, क्षत्रिय, वैश्य तथा शूद्र विभक्त होकर वास करते हैं। ये यज्ञ, युद्ध, व्यापार आदि के द्वारा जीविका ग्रहण करते हैं। इसमें स्वर्ग और अपवर्ग के लिए सकल्प जन्य पांच आश्रम यथाविधि प्रतिपालित होती हैं। गंगा, सरस्वती, यमुना, गोदावरी आदि पुण्य भागा नदियां, अरावली, विन्ध्य, नीलगिरि, हिमालय जैसे पर्वत शिखर तथा सुन्दर वन-उपवन यहां की शोभा बढ़ाते हैं। यहां चारों गुण बारी-बारी से आकर समय की गति का परिचय देते हैं।

किम्पुरुष में नन्दन कानन के समान एक महान् प्लक्ष खण्ड है। यहां के मनुष्यों की आयु दस हजार वर्ष है। पुरुषों का रंग स्वर्णिम तथा स्त्रियां अप्सरा-सी होती हैं। मानव रोग-शोक से मुक्त होते हैं, प्लक्ष वृक्ष मधु बहाता रहता है। यहां के निवासी इसी उत्तम रस को पीते रहते हैं। हर वर्ष में लोग प्रसन्नतापूर्वक आनंदित हृदय से ग्यारह हजार वर्षों तक जिया करते हैं। यहां किसी को वृद्धावस्था नहीं सताती। इलावृत्त वर्ष में न कभी सूर्य की किरणें तेज होती हैं न यहां कोई बूढ़ा होता है। ये लोग जामुन के फल को खाकर सदा प्रसन्न रहते हैं।

गन्धमादन पर्वत चौंतीस हजार योजन वाला है। उत्तर-दक्षिण की ओर नील तथा निषध पर्वत तक फैला है। पूर्व में माल्यक है। मेरु और निषध के मध्य जम्बू दसवती नदी है। सुदर्शन नाम का पुराना वृक्ष भी है। यह मंहा वृक्ष भी सौ हजार योजन का है। इसका शिखर स्वर्ग को स्पर्श करता है। इसके फल का प्रमाण आठ सौ आठ अरन्ति है। ये जमीन पर गिरकर शब्द करते हैं और उनका रस नदी बनकर बह निकलता है। यह नदी मेरु की प्रदक्षिणा करके उसी वृक्ष के मूलदेश में प्रवेश कर जाती है। यहां के लोग प्रसन्न होकर जामुन के फल और रस को पीते हैं जिसके कारण वे कभी वृद्ध नहीं होते। रोग, क्रोध और मृत्यु से मुक्त रहते हैं। श्रेष्ठ, शृंगवान पर्वत पितरों का भ्रमण स्थान है। विभाग क्रम से स्थित इन नवों देशों में गतिमान भूतगण नित्य वास करते हैं।

श्रीमान कुबेर अल्काधिपति का रमणीय स्थल कैलाश पर्वत हिमालय के वाम पार्श्व में स्थित है। यहां पुण्यदायी मन्दाकिनी नदी बहती है और इसके किनार नन्दन नाम का एक वन है। कैलाश के पूर्व उत्तर की ओर औषधियों और धातुओं से मण्डित सुवर्ण पर्वत के पास चन्द्रप्रभ पर्वत है और इसी के मूल में अच्छोद सरोवर है। इससे अच्छोदा नाम की नदी निकलती है। चन्द्रप्रभ पर्वत पर यक्ष सेनापति मणिभद्र अपने अनुचरों के साथ वास करते हैं। मन्दाकिनी और आच्छोदा धरती से होती हुई महासमुद्र में प्रवष्टि हो जाती है। कैलाश के दक्षिण में पिषंग पर्वत और उसके मूल देश में लोहिंत नाम का महासरोवर है, जिससे लोहित महानद प्रवाहित होता है। जिसके तट पर विशोक नाम का महावन है। यही देवों का लीला वन है। इसी के समीप क्रूर जीवों और औषधियों से युक्त तीन शिखर वाला वैद्युत महान पर्वत है जिसके मूल देश में सिद्धों द्वारा सेवित और पवित्र मानस नाम का सरोवर है। इससे लोक को पवित्र करने वाली सरयू प्रवाहित होती है। इसके किनारे वैभ्राज नाम का दिव्य वन है, जहां एक ब्रह्मपात नाम का राक्षस वास करता है, जो कुबेर का अनुचर और प्रहेता का पुत्र है। इस प्रकार सैकड़ों की संख्या में हिमशिखरों से युक्त यह पर्वत स्वर्ग छू रहा है। शिव से युक्त देवभोग्य और हिममय यह पर्वत अति दुर्गम है। यहीं पार्श्व में स्वर्गीय मणिमय पर्वत है, जिसके पाददेश में एक रमणीय सुवर्ण बालुकामय बिन्दु सरोवर है। यहां राजा भगीरथ गए थे और यहां उन्होंने तप करके गंगा को धरती पर लाने का अनुष्ठान पूरा किया था। गंगा त्रिपथगा है। जब यह अन्तरिक्ष और स्वर्ग प्लावित करती हुई पृथ्वी पर आई, तब उनके मन में शंकर को बहाते हुए, सब कुछ तोड़ते-फोड़ते पाताल जाने का भाव था। महादेव ने गंगा के इस क्रूर अभिप्राय: को समझकर अपनी योग माया से सिर पर ही रोक लिया। वह उसके गर्व को चूरा करने के लिए अपने सिर में छिपा लेना चाहते थे। लेकिन जिन्होंने अपने समक्ष विनत भाव से भगीरथ को खड़े पाया। भगीरथ पहले ही महादेव को प्रसन्न कर चुके थे। अत: महादेव ने अपनी प्रतिज्ञा को ध्यान में रखते हुए अपने तेज से निरुद्ध गंगा नदी को छोड़ दिया। गंगा छूटते ही सात धाराओं में विभक्त हो गई। इनमें नलिनी, ह्लादिनी और पावनी धाराएं पूर्व की ओर गई। सीता, चक्षु और सिन्धु धाराएं

पश्चिम को गई और सातवीं धारा भगीरथ के पीछे दक्षिण की तरफ चली। इसलिए इसका नाम भगीरथी हुआ और वह लवण सागर में प्रविष्ट हुई। कितने ही देशों को प्लावित करती हुई यह नदी नेमिमण्डल कोष्ठ के पास महासागर में प्रविष्ट हुई।

भारतवर्ष के दक्षिण में दस हजार योजन का एक महासागर है। इस महासागर में तीन हजार योजन के विस्तार वाला तथा तीन भागों में विभक्त एक द्वीप है, जो अनेक प्रकार के फलों तथा पुष्पों से युक्त है। यहां विद्युत्वान नाम का एक महाशैल पर्वत कुल है। इस पर्वत के अनेक शिखरों से यह द्वीप शोभायमान है। यहां हजारों नदियां बहती हैं, जिनका जल अत्यन्त निर्मल तथा स्वाद है। इस द्वीप की बाड़ियों का जल भी स्वच्छ है। इस पर्वत के बड़े-बड़े दर्रों में अनेकों वर्ग तथा आकृति के स्त्री-पुरुष प्रसन्नचित्त होकर रहते हैं। इस पर्वत के बीच तल प्रदेश में हजारों पुर हैं, जो आपस में एक-दूसरे से मिले हुए हैं, परन्तु उन सभी के द्वार हैं। यहां रहने वाले लोग बड़ी-बड़ी दाढ़ी-मूंछ रखते हैं और इनका रंग मेघ के समान नीला होता है। इनकी आयु अस्सी वर्ष की होती है। ये लोग वानरों के समान फल-फूल खाकर जीवित रहते हैं तथा शौच आदि का विचार इनमें नहीं होता है। यहां के अन्तर द्वीप बीस, तीस, पचास, साठ, अस्सी, सौ तथा हजार योजन लम्बे-चौड़े हैं, जिनमें नाना प्रकार के जीव निवास करते हैं। जम्बू द्वीप के सभी द्वीप अपने अन्दर अनेक प्रकार के रत्नों को धारण किए हुए हैं। यहां के अंग द्वीप में सुवर्ण, विद्रुम आदि रत्नों की खानें हैं। नदी और वनों से शोभायमान यह लवण सागर की तरह है। इसकी गुफा में अनेकों प्रकार के जीव रहते हैं। इसके कटिदेश में समुद्र तक फैले हुए अनेक पर्वत हैं। यमद्वीप में भी अनेक रत्नों की खानें हैं तथा धातुओं से मण्डित द्युतिमान नाम एक पर्वत है, जिससे अनेक नद-नदियां निकलती हैं। मलय द्वीप में मणि, रत्न तथा सुवर्ण की खानें हैं। अनेकों नदियां तथा पर्वत हैं। इस द्वीप में मलय नाम का एक शोभा से युक्त पर्वत है, जिसमें चांदी की खानें हैं। एक पर्वत मन्दर नाम का है, जो इस भूतल पर विख्यात है। अनेक फल-पुष्पों युक्त इस पर्वत पर देव ऋषि निवास करते हैं। अगस्त्य ऋषि का भवन यहीं पर स्थित है। देवता तथा असुर दोनों ही इसकी वन्दना करते हैं। मलय की तरह वहां पर एक कांचनपाद नाम का पर्वत भी है। यहां

महात्माओं के अनेक आश्रम हैं। यह पर्वत अनेकों फल-पुष्पों से शोभायमान स्वर्ग के समान है। इसके अतिरिक्त यहां अनेकों धातुओं से युक्त त्रिकूट पर्वत है। इस पर्वत के शिखर पर सुवर्णमय परकोटे, तोरणों से सजाए गए द्वारों, कोठों और अटारियों से शोभा पाते सौ योजन लम्बी तथा बीस योजन चौड़ी लंका नामक महापुरी है।

लंका महापुरी धन-धान्य से परिपूर्ण है। यहां अपनी इच्छा से रूप धारण करने वाले देवों के शत्रु बलशाली महात्मा राक्षस निवास करते हैं। मनुष्य इस नगरी में नहीं जा सकते हैं। इसके पूर्वी समुद्र तट पर गोकर्ण महादेव का एक विशाल मन्दिर है। इसके पश्चात शंख द्वीप में सौ योजन के विस्तार वाला एक विशाल मन्दिर है। इसके पश्चात शंख द्वीप में सौ योजन के विस्तार वाला एक राज्य है, जहां म्लेच्छ रहते हैं। वहां शंख की तरह सुन्दर एक शंखगिरि नाम का पर्वत है, जिससे शंखनागा नाम की नदी निकलती है। अनेक रत्नों की खानों वाले इस पर्वत पर शंखमुख नाम के नागराज का निवास है। कुमुद द्वीप में अनेकों प्रकार के फूल खिले रहते हैं। यहां अनेकों रत्नों की खानों वाले इस पर्वत पर महादेव की महाभागा कुमुदा नाम की भागिनी है जो सबके द्वारा पूजी जाती है। वराह द्वीप में अनेक म्लेच्छ तथा अन्य जातियों के लोग घर बनाकर रहते हैं। यह द्वीप धन-धान्य से परिपूर्ण है तथा धर्म में आस्था रखने वाले लोग यहां निवास करते हैं। यहां एक सुन्दर वराह नाम का पर्वत से स्वच्छ जल वाली वराह नाम की नदी निकलती है। यहां के निवासी वराह रूपधारी विष्णु की ही पूजा करते हैं। भारत द्वीप दक्षिण दिशा में बहुत बड़ा द्वीप है। इस भारतवर्ष में भी अनेकों द्वीप हैं। वे द्वीप समुद्र से अलग होकर कई भागों में विभक्त हो गए हैं। इस प्रकार अन्तर द्वीपों से शोभायमान चार महाद्वीप हैं।

द्वीप का विस्तार से वर्णन

प्लक्ष द्वीप का विस्तार से वर्णन करते हुए सूतजी ने बताया कि प्लक्ष द्वीप विस्तार में जम्बू द्वीप से दुगुना है और इसकी सीमा की लम्बाई तीन गुनी है। इस द्वीप ने लवण सागर को चारों ओर से घेरा हुआ है। यहां के निवासी शुद्ध, पवित्र तथा लम्बी आयु के होते हैं। इस द्वीप में अकाल नहीं होता तथा रोग एवं बुढ़ापे से यहां से लोग मुक्त रहते हैं। यहां मणियों से

शोभायमान सात पर्वत तथा रत्नों को उत्पन्न करने वाली नदियां हैं। इन प्लक्ष आदि सांत द्वीपों में सीधे-सीधे तथा बड़े-बड़े पर्वत हैं। सर्वप्रथम गोमेदक नाम पर्वत है। इसलिए वह देश गोमेदक कहलाता है। दूसरा पर्वत चन्द्र है, जिस पर सभी औषधियां मिलती हैं। ये औषधियां सभी अश्विनी कुमारों ने अमृत के लिए स्थापित की हैं। तीसरा नारद नाम का पर्वत है। इस ऊंचे पर्वत को दुर्गशैल कहा जाता है। इसी पर नारद और पर्वत ऋषि उत्पन्न हुए थे। चौथा पर्वत दुन्दुभि है। इस पर पहले देवों ने वह बजाया था, जिसकी आवाज से सभी प्राणी मर जाते थे। रज्जुदार और शाल्मल आदि असुरों का अन्त यहीं पर हुआ था। सोमक नाम के पर्वत पर प्राचीन काल में देवों ने अमृत रखा था, उसको गरुड़ ने अपनी माता के लिए चुरा लिया था। छठा पर्वत ऋषभ है जिसे सुमना भी कहा जाता है। इसी स्थान पर वराह रूपी भगवान् विष्णु ने हिरण्याक्ष को मारा था। सातवां दीप्तिमान और महापर्वत वैभ्राज है। अपनी ही प्रभा से प्रकाशमान होने के कारण इसका नाम भी वैभ्राज पड़ा।

इन सातों पर्वतों के अनुसार ही उनके देश भी सात हैं जो अलग-अलग प्रकृति रखते हैं। गोमेद पर्वत का प्रदेश शान्तमय कहा जाता है, चन्द्र का शिखर, नारद का सुखोदय, दुन्दुभि का आनन्द, सोम का शिव, ऋषभ का क्षेम और वैभ्राज का ध्रुव। इन स्थानों में देव, गन्धर्व, सिद्ध और चारणगण रमण और विहार करते हैं। इन सातों देशों में समुद्र में जाने वाली नदियां हैं, जिन्हें सप्तगंगा भी कहा जाता है। इन के नाम क्रमशः अनुतप्ता, सुतप्ता, निष्पापा, मुदिता, ऋतु, अमृता और सुकृता हैं। ये सातों द्वीप सब नदियों में श्रेष्ठ हैं। इनसे हजारों नदियों निकलती हैं। ये नदियां अधिक जल वाली तथा तेज गति वाली हैं। यहां के निवासी इन्हीं नदियों के जल को पीकर तृप्त होते हैं। यहां की प्रजा सीधी, धर्म-अधर्म आदि से युक्त, नीरोग तथा बलशाली है। प्लक्ष आदि पांच द्वीपों में त्रेतायुग के समान काल व्यतीत होता है। वहां पर चार युग नहीं होते हैं। वहां के निवासी पांच हजार वर्ष तक जीवित रहते हैं। प्लक्ष द्वीप धन्य-धान्य, कीर्ति आदि सभी से परिपूर्ण है। जंगली पशु भी वहां पर काफी होते हैं। इस द्वीप के मध्य में प्लक्ष नाम का एक महावृक्ष है। इस द्वीप के पूज्य देवता स्थाणु हैं। प्लक्ष द्वीप ईख रस के सागर से घिरा हुआ है।

तीसरा द्वीप शाल्मल है। यह सभी द्वीपों में उत्तम है। ईख रस के सागर को इस द्वीप ने घेरा हुआ है। प्लक्ष द्वीप से आकार में दुगुने इस द्वीप में रत्नों को उत्पन्न करने वाले सात पर्वत हैं। जिनसे रत्नों को उत्पन्न करने वाली सात नदियां निकलती हैं। सात पर्वतों में पहला पर्वत कुमुद है। इसके धातुमय शिखरों से अनेकों शिला मालाएं उत्पन्न हुई हैं। उन्नत नाम के दूसरे पर्वत के शिखर आकाश छूने वाले हरिताल के हैं। वलात्क नाम का पर्वत भी ऊंचे-ऊंचे शिखरों वाला है। चौथा पर्वत द्रोण है, जिस पर विशल्यकारी मृतसंजीवनी औषधियां मिलती है। पांचवां कंक नाम का पर्वत दिव्य फल-पुष्प, लताओं तथा वृक्षों से युक्त है। छठा पर्वत महिष है, जिस पर जल से उत्पन्न महिष नामक अग्नि रहते हैं। कुकद्मान नाम के पर्वत पर वासुदेव उस समय स्वयं वर्षा करते हैं, जब प्रजापति ब्रह्मा पहले प्रजा उत्पन्न करना चाहते हैं। शाल्मल द्वीप के सात देश इस प्रकार हैं। कुमुद का देश–श्वेत, उन्नत का लोहित, वलाहक का जीमूत, द्रोण का हरित, केक का वैद्युत, महिष का मानस और ककुद का सुप्रभ। इनकी सात ही नदियां हैं, जो ये हैं–पानीतोया, वितृष्णा, चन्द्रा, शुक्रा, विमोचनो और निवृत्ति। इन नदियों के पास छोटी-छोटी अनेक नदियां बहती हैं। इस द्वीप में शाल्मलिका एक वृक्ष है जिसका तना बहुत मोटा है। इस वृक्ष के नाम पर ही द्वीप का नाम शाल्मल द्वीप पड़ा।

चौथा द्वीप कुश द्वीप है, जिसने सुरासागर का चारों ओर से घेरा हुआ है। शाल्मलि द्वीप से यह दुगुने आकार वाला है तथा सात पर्वतों से युक्त है। इस के सात पर्वत इस प्रकार हैं। विद्रुमोच्चय, हेम-पर्वत, मेघसद्वश द्युतिमान गिरी, पुष्पवान, कुशेशय, हरिगिरि और मन्दराचल। इसके सात देश है–उद्भिद, बेणुमण्डल, स्वैरथाकार, लवण, धृतिमान, प्रभाकर तथा कपिल। इन पर्वत प्रदेशों में ईश्वरीय शक्ति से युक्त देव गन्धर्व, रमण तथा विहार करते हैं। इसमें रहने वालों में म्लेच्छ कोई भी नहीं है। यहां पर पापों का नाश करने वाली सात नदियां हैं। यह कुश द्वीप घृतसागर से चारों ओर से घिरा हुआ है।

क्रौंच द्वीप कुश द्वीप से दुगुना बड़ा है। घृतसागर ने इसे चारों ओर से घेरा हुआ है। इसके सात पर्वत इस प्रकार हैं। क्रौंच, वामनक, अंधकारक, दिवावृत्त, दिविन्द, पुण्डरीक, दुन्दुभिस्वन। ये सभी पर्वत रत्नमय हैं तथा

फल, पुष्प, लताएं और वृक्षों वाले हैं। यहां के देशों के नाम हैं–कुशल, मनोनुग, उष्ण, प्रावरक, अंधकारक, मुनि देश तथा दुन्दुभिस्वन। ये देश सिद्ध चारणों से युक्त हैं। यहां पर रहने वाले लोग गोरे रंग के होते हैं। इन द्वीप की सात नदियां–गौरी, कुमुद्वती, सन्ध्या, रात्रि, मनोजवा, ख्याति और पुण्डरीक हैं। क्रौंच द्वीप दधिमण्डोदक समुद्र से घिरा हैं।

शाकद्वीप क्रौंच द्वीप से दुगुने आकार का है। दधिमण्डोदक समुद्र को घेरे हुए इस द्वीप के निवासी पवित्र और लम्बी आयु वाले होते हैं। इसके सात पर्वतों में मेरु नामक पर्वत देव ऋषियों और गन्धर्वों से युक्त है। दूसरा पर्वत उदय है, जो पूरब की ओर लम्बा है। तीसरे विशालकाय जलधार नामक महागिरि पर वासव जल को ग्रहण करते हैं और वर्षाकाल में वर्षा करते हैं। रैवतक नाम के पर्वत पर रेवती रक्षत्र विद्यमान रहती है। यह स्वर्ग के समान है तथा ब्रह्मा ने ही इसको बनाया है। इसके पश्चात श्याम नाम का महागिरि है। इसके पश्चात चांदी का अस्तगिरि पर्वत है। अस्तगिरि के पश्चात आम्बिकेय और रम्य पर्वत हैं। रम्य पर्वत से ही वायु बहती है। इन साथ पर्वतों के प्रदेशों के नाम हैं–जलद, सुकुमार, कौमार, मणीचक्र, शुभ कुसुमोत्तर, मोदाक और महाद्रुम। इस द्वीप के मध्य में विख्यात वनस्पति है, जिसका नाम शाक है। वहां की सात नदियां सप्तगंगा कहलाती हैं। शिवजला सुकुमारी गंगा है, जिसका नाम अनुतप्ता भी है। दूसरी कुमारी या सिद्धा, नन्दा या पार्वती, शिवेतिका या त्रिदिवा, इक्षु या ऋतु, धेनुका या मृता। ये सभी नदियां पवित्र तथा अपार जल वाली हैं। नदियों के जल से आवृत्त, धन-धान्य से परिपूर्ण, मणियों से मण्डित, अनेकों धातुओं तथा फल-फूल आदि को धारण किए यह द्वीप चारों ओर से क्षीर सागर से घिरा हुआ है। यहां व्यभिचार नहीं होता है तथा धर्म का पालन करने के कारण प्रजा सुखी एवं प्रसन्न रहती है।

सातवां द्वीप पुष्कर द्वीप है। इस द्वीप से क्षीर सागर चारों ओर से घिरा हुआ है। शामद्वीप से यह दुगुने आकार का है। इस द्वीप में सुन्दर महाशिल नाम का पर्वत है, जिसके शिखरों पर मणियों चित्रित हैं। इस द्वीप के पूर्वार्द्ध भाग में इसका एक विचित्र देश है, इसका विस्तार पच्चीस हजार योजन का है तथा ऊंचाई चौंतीस हजार योजन की है। यहां एक उत्तम मानस पर्वत है जो पचास योजन ऊंचा है तथा इसका विस्तार भी लगभग

इतना ही है। इस द्वीप के बाद अर्द्ध भाग में पृथ्वी को धारण करने वाला मानस पर्वत है। यह विशाल शिखर दो भागों में विभक्त है। यह मीठे जल वाले समुद्र से घिरा हुआ है। इसमें पवित्र और शुभकारक दो देश हैं। ये मानस पर्वत के निम्न भागों में स्थित हैं। जो देश मानस के बाहर स्थित है, वह महावीत कहलाता है तथा भीतर वाले घातकी खण्ड के नाम से जाने जाते हैं। वहां के लोग दस हजार वर्ष तक जीते हैं। सभी लोग सुखी सम्पन्न, नीरोग रहते हुए सभी व्याधियों से दूर रहते हैं। यहां पर न तो नदी है, न ही यहां वर्षा होती है। सर्दी-गर्मी भी नहीं होती। यहां पर जल झरने इत्यादि भी नहीं हैं। दधिसागर से यह पुष्कर सागर घिरा हुआ है।

इस प्रकार सातों द्वीप सात समुद्रों से घिरे हुए हैं। द्वीपों को जिन समुद्रों ने घेरा हुआ है, वे उसी के बराबर हैं। जल की वृद्धि होने के कारण ही सागरों का नाम समुद्र पड़ा। चार्तुवर्ण प्रजा और ऋषिगण देश में निवास करते हैं इसीलिए देश को वर्ष कहते हैं। शुक्ल पक्ष में चन्द्रमा की वृद्धि के अनुसार समुद्र बढ़ता है और कृष्णपक्ष में समुद्र भी घटना है। दोनों ओर जल बहने के कारण और सभी तरफ जल से घिरे रहने के कारण ही द्वीपों को द्वीप कहा गया। पृथ्वी में रसातल के ऊपर या नीचे सात-सात लोक हैं। ब्रह्मसदन पर्यन्त वायु के सात स्कन्ध हैं। वहां पाताल से लेकर स्वर्ग पर्यन्त वायु की गति पांच प्रकार की है। यही जगत् का प्रमाण है और यही संसार कहलाता है। इस जगत् में अग्नि, वायु, महान, तम ईश्वर और देव अनन्त का क्षय या अन्त नहीं होता है। ये सभी स्थानों में अनन्त नाम से जाने जाते हैं। सर्वगामी हैं तथा सभी स्थानों में पूजे जाते हैं। ये ही महायोगी प्रभु महेश्वरी अनेक रूपों में सभी लोकों में लोकेश के नाम से पूजे जाते हैं। जिस प्रकार विकार विकारी को धारण करता है उसी प्रकार आधार आधेय के भाव से परस्पर उत्पन्न लोक एक-दूसरे को धारण करता है। पृथ्वी आदि वैकारिक पदार्थ परस्पर अलग-अलग हैं, परन्तु एक-दूसरे से महान होने पर भी आपस में मिले हुए हैं और इसी कारण इन्होंने स्थिरता भी पाई है।

वास्तव में यह पृथ्वी सभी भूतों को धारण करने वाली और सम्पूर्ण जीवों की जननी हैं। इस पर अनेक देश नगर और भवन हैं। नदियां, पहाड़ और अनगिनत जाति के जीवों से युक्त इस पृथ्वी देवी का कहीं अन्त नहीं

है। पृथ्वी के गर्भ में भी जल ही जल है, इसलिए इसे अनन्त समझना चाहिए। अग्नि सबका उत्पादक और व्यापक है अत: इसे भी अनन्त कहते हैं। आकाश निरालम्ब है, रमणीय है और नानाविध वस्तुओं का आश्रय है। अत: यह भी अनन्त कहा गया है। वायु आकाश से उत्पन्न होती है और अनन्त है। पृथ्वी के ऊपर जल और जल के ऊपर पृथ्वी, फिर आकाश, आकाश के नीचे फिर पृथ्वी और फिर जल है। पृथ्वी के अनेक तल हैं। जिन्हें अतल, सुतल, वितल, रभस्तल, महातल, श्रीतल और पाताल कहा जाता है। पहले भूभाग की मिट्टी काले रंगे की, दूसरी पाण्डुरंग, तीसरी रक्तवर्ण, चौथी पीतवर्ण, पांचवीं शर्करा रंग, छठी शिलामय तथा सातवीं सुवर्णी है। इनमें प्रथम अतल के निम्न देश में इन्द्र शत्रु नमूचि का निवास है। शंकुकर्ण का पुर कबन्ध का मन्दिर है। इसके अतिरिक्त लोहिताक्ष, कलिंग, श्वापद, धनंजय, महात्मा महेन्द्र, कालिय नाग आदि अनेक नाग का दानव राक्षस पुर यहां स्थित हैं। दूसरे तल में विशाल वक्ष दैत्य सम्राट महादम्भ का नगर है। हयग्रीव, शुम्भ, निकुम्भ, नील राक्षस, मेघ, शंख, कम्बल नाग, तक्षक आदि नाग, दानव और राक्षसों के पाण्डु भौम तल में हजारों नगर हैं। तीसरे तल में महात्मा प्रह्लाद और अनुह्लाद का पुर है। यहीं कपिल का मन्दिर भी है। चौथे तल में दैत्यसिंह कालनेमि, गजकर्ण और पुंजका नगर हैं। यहीं वैनतेय गरुड़ का हजारों योजन लम्बा-चौड़ा नगर है। राक्षस राज सुमालि का विंस्तृत पुर है। पांचवें तल में धीमान विरोचन हिरण्याक्ष और शालि के पुर हैं और स्वास्तिक तथा जय नामक नाग भी यहां वास करते हैं। छठे तल में दैत्यराज केसरी का उत्तम नगर है। यहीं सुपर्वा, पुलोमा और महिष के नगर भी हैं। यहीं सुरसा पुत्र शतशीर्ष का वास भी है और कश्यप पुत्र वाकुकि नाग भी यहीं वास करते हैं। सबसे पश्चिम में सातवां पाताल तल है। यहां बलि का नगर है और देव शत्रुओं से व्याप्त हैं। मूचुकुन्द दैत्य का महानगर भी यहीं है। इससे आगे ऐसे स्थान हैं जहां पर न साधु जा सकते हैं, न देवता और न ये स्थान सिद्धों और देवताओं द्वारा जाने गए हैं।

चन्द्रमा और सूर्य अपनी कक्षा में वर्तमान रहते हुए सदा घूमते रहते हैं और अपनी प्रभा से प्रकाश करते हैं। घूमते हुए सूर्य जिस कारण तीनों लोकों को प्रकाशित करते हैं, इस कारण प्रकाशार्थक अब धातु से प्रकाश

करने के कारण रवि शब्द बना है। सूर्य का विस्तार नौ हजार योजन है। इस विस्तार से इनके मण्डल की विशालता तीन गुनी अधिक है और सूर्य से चन्द्रमण्डल विस्तार दुगुना अधिक है। मेरु मध्य से चारों ओर सम्पूर्ण पृथ्वी का विस्तार परिमाण पचास करोड़ योजन है। पृथ्वी का बांध विस्तार एक करोड़ पचास हजार नवासी योजन है। इस प्रकार समण्डल पृथ्वी का विस्तार ग्यारह करोड़ एक लाख सैंतीस योजन है। आकाश में जहां तक तारागण और उनका मण्डल है, पृथ्वी समण्डल भी वहां तक कहा गया है। भूमि के विस्तार परिमाण अनुसार ही आकाश का भी परिमाण है। पर्याप्त परिमाण के अनुसार सातों लोक छत्र की तरह घेरे हुए हैं। इन्हीं में जन्तु रहते हैं। ये सातों लोक अपने सूक्ष्म आवरणों से घिरे हुए होकर अलग-अलग स्थित हैं। मेरु से पूर्व और मानस के शिखर पर स्वर्गिक सौन्दर्य वाली इन्द्रपुरी है। मेरु से दक्षिण और मानस के शिखर पर संयमन नामक पुर में यमराज निवास करते हैं। मेरु से पश्चिम और मानस के शिखर पर वरुण देवता के रमणीय सुखापुरी है। मेरु के उत्तर तथा मानस के शिखर पर सोम की विभावरी पुरी है। मानस के उत्तरीय गण्डशैल पर चारों ओर लोकपाल गण धर्म की व्यवस्था को स्थिर रखने के लिए और लोकों की रक्षा के लिए टिके रहते हैं। लोकपालों से ऊपर रहने वाले सूर्य सब दक्षिणायन जाते हैं, तो सूर्य की गति धनुष से फेंके गए बाण की तरह हो जाती है। उस समय सूर्यमण्डल के साथ-साथ ज्योतिष चक्र भी साथ चलने लगता है। जब सूर्य अमरावती के बीचों-बीच आ जाते हैं, तब यमराज के संयमन पुर में सूर्योदय होता है। जब सूर्य सुखापुरी में आ जाते हैं, तब वहां आधी रात हो जाती है। वरुण देवता की इसी पुरी से सूर्योदय देखा जाता है। सूर्य के विभावरी नगरी में जाने से आधी रात और इन्द्रपुरी में जाने से अस्त काल होता है। इस समय दक्षिण पुर दिशा में अपराह्न और दक्षिण दिशा में अपर देशों में पूर्वाह्न हो जाता है। जो जन उत्तरापथ में निवास करते हैं, उनके लिए यह रात्रि का शेषकाल और जो उत्तर पूर्व देश में निवास करते हैं, उनके लिए रात्रि का पूर्व काल होता है। जब सूर्य उत्तरीय भवन में विराजते हैं और वरुण की सुखा पुरी में होते हैं तब मध्याह्न होता है। जब वे चन्द्र की विभावरी नगर में होते हैं तब उदय होता है। उस समय अमरावती में आधी रात और यम की पुरी में सूर्यास्त होता है। जब

चन्द्र की विभावरी पुरी में मध्याह्न और इन्द्र की अमरावती में उदय होता है, उस समय यमपुरी में आधी रात और वरुण नगरी में अस्त होता है।

सूर्य जब तेज गति से घूमते हैं तो ऐसा लगता है कि समस्त तारा समूह चक्र के आकार में जलते हुए अंगारे की तरह सूर्य के पीछे घूम रहे हैं। सूर्य अपनी किरणों से स्वर्गीय दोनों देवालयों में प्रकाश करते हैं। उनकी उदित स्थिति उदयाचल और अस्त स्थिति अस्ताचल होती है। रात्रि में सूर्य की किरणें क्षीण हो जाती हैं। सूर्य के प्रकाश से युक्त दिन और प्रकाश से हीन रात्रि होती है। सूर्य जब पुष्कर के बीच विचरण करते हैं, तब वे पृथ्वी के तीन अंश को एक ही मुहूर्त में पार कर जाते हैं। प्रति मुहूर्त्त सूर्य इक्कतीस लाख पचास हजार योजन चलते हैं। इस गति से जब सूर्य दक्षिण दिशा में जाते हैं तब वे माघ महीने तक उस दिशा में रहते हैं। दक्षिण दिशा में इनकी गति दिन-रात नौ करोड़ एक लाख पैंतालीस हजार योजन है। इन दोनों दिशाओं में जो अन्तर है, वह इक्कतीस लाख तैंतीस सौ तैंतीस योजन का है। उत्तरायण काल में सूर्य पश्चिम दिशा में पराक्रम करने वाले अठारह मुहूर्त्तों में चौदह नक्षत्रों का परिभ्रमण दिन में करते हैं और इसी प्रकार रात में। सारांश यह है कि अपनी गति विशेष से दिन-रात का विभाग करते हुए सूर्य सम और विषम मार्ग से विचरण करते हैं।

एक बार सन्ध्या काल में दुरात्मा राक्षसों ने सूर्य को खा जाना चाहा, किन्तु प्रजापति ने उन्हें श्राप दे दिया, जिससे उनकी तात्कालिक मृत्यु हो गई, परन्तु उनकी देह सदा के लिए अक्षय हो गई। ये मनदेह नाम के राक्षस संख्या में तीन करोड़ हैं। ये सूर्य को प्रतिदिन खाना चाहते हैं। सूर्य और उन राक्षसों का घनघोर युद्ध होता है। ब्राह्मणों के साथ श्रेष्ठ देवगण और ब्रह्मा उस समय उपासना करते हुए गायत्री और ओंकार से अभिमन्त्रित जल प्रदान करते हैं। उस जल से दैत्य गण जल जाते हैं। ब्राह्मण यथाविधि आहूति देते हैं, जिससे हजार किरण वाले प्रभासम्पन्न सूर्य जगमगा उठते हैं और सौ हजार योजन ऊंचे उठ जाते हैं। देव, ऋषि आदि अपने स्थान को लौट जाते हैं।

पन्द्रह निमेषों की काष्ठा, तीस काष्ठा की कला, तीस कला का मुहूर्त्त तथा तीस मुहूर्त्तों का दिन-रात होता है। दिन तो भाग के अनुसार

घटते-बढ़ते रहते हैं, परन्तु सन्ध्या का परिणाम सदा एक मुहूर्त्त रहता है। दिन के घटने-बढ़ने का इस पर कोई असर नहीं होता है। सूर्य जब अपनी रेखा पर उदय काल से तीन मुहूर्त्त तक चल चुकते हैं, तो वह काल प्रातस्तन कहलाता है और वह दिन का पांचवा भाग होता है। प्रातस्तन काल के तीन मुहूर्त्त तक संगव काल कहलाता है। संगव काल के बाद तीन मुहूर्त्त तक अपराह्न रहता है। अपराह्न बीत जाने के बाद का समय सायाह्न कहलाता है। यह सायाह्न पन्द्रह मुहूर्त्तों के बाद तीन मुहूत्तों तक रहता है। जब सूर्य विषुवत रेखा पर कुछ समय के लिए ठहर जाते हैं, तब पन्द्रह मुहूर्त्तों का दिन तथा पन्द्रह मुहूर्तों की रात होती है। सूर्य के उत्तरायण और दक्षिणायन होने पर दिन-रात घटते-बढ़ते रहते हैं। शरद और वसन्त काल के मध्य सूर्य विषुवत रेखा पर चले जाते हैं, तब दिन-रात बराबर होते हैं। पन्द्रह दिनों का एक पक्ष, दो पक्षों का एक मास, दो महीनों की एक ऋतु, तीन ऋतुओं का एक अयन और दो अयनों का एक संवत्सर होता है। निमेषादि के द्वारा काल का विभाग होता है। पन्द्रह निमेषों की एक काष्ठा और तीस काष्ठाओं की कला, ब्यासी कलाओं की मात्रा होती है। निन्यानवें, छत्तीस, बासठ और तेईस मात्राओं की चला होती है। चालीस हजार आठ सौ सत्तर या नब्बे मात्राओं की विद्युति होती है। चार सौ विद्युत परिमाणों का सारांश या नलिका होती है। वत्सरों की संख्या पांच है। पहला संवत्सर, दूसरा परिवत्सर, तीसरा इद्वत्सर, चौथा अनुवत्सर और पांचवां वत्सर। बीस सौ पर्वों के पूर्ण हो जाने पर एक सूर्य युग होता है। सूर्य के अड़तालीस बार उदय होने पर होता है। सूर्य के दस अयन तथा ऋतुओं के तीस अयन होते हैं।

इस प्रकार पैंतीस सौ अयनों के सूर्य के साठ महीने होते हैं। सूर्य के एक महीने में तीस दिन-रात होते हैं। इस साठ अहोरात्र का एक दनु होता है। सूर्य का भ्रमण काल मान होते हैं। श्वेत पर्वत के उत्तर में भगवान् नाम का पर्वत है, इसकी तीनों चोटियां आकाश को छूती रहती हैं। इसका पूर्व शृंग स्वर्ण का है, दक्षिण चान्दी का तथा उत्तरशृंग सभी रत्नों से युक्त है। शरद और वसन्त काल में भगवान् भास्कर इस पर्वत शिखर का अवलम्बन करते हैं। जो विषुवत रेखा के सनिन्नकट है इन दिनों दिन-रात्रि बराबर होते हैं।

सूर्य जिस समय कृत्तिका नक्षत्र के प्रथम चरण में पहुंचते हैं उस समय चन्द्रमा विशाखा के चतुर्थ चरण में होते हैं। जब सूर्य विशाखा के तीसरे चरण में आते हैं तो चन्द्रमा कृत्तिका के सिर पर पहुंच जाते हैं। इसी को गण विषुव काल कहते हैं। इस समय पितरों के निमित्त दान देना चाहिए। यह दान विशेषकर ब्राह्मणों को देना चाहिए, क्योंकि ब्राह्मण ही देवों के मुख कहे जाते हैं।

कला, काष्ठा और मुहूर्त्तादि के भेद से ऊनरात्र और अधिक मास होते हैं। अनुगति और राका नाम की दो प्रकार की पूर्णिमा तथा सिनीवाली और कुहू नाम की दो अमावस्या होती हैं। माघ से आषाढ़ मास तक उत्तरायण तथा श्रावण से पौष तक दक्षिणायन होता है। इन्हीं बाराह मासों का एक संवत्सर होता हैं। तथा पंचसंवत्सर एक ब्रह्म तनय कहलाता है। इन्हीं से ऋतुएं उत्पन्न होती हैं। इसीलिए देव पितरों का कार्य अमावस्या को करनी चाहिए तथा अमावस्या की अपेक्षा विषुव में करना ठीक है।

आलोक का जब तक अन्त है वहां तक लोक है, लोकालोक के मध्य लोकपाल गण विद्यमान हैं। वैराज, कर्दम, पर्जन्य और केतुमान नामक महात्मा लोकपाल हैं जो प्रलय काल तक रहते हैं। अगस्त्य के उत्तर अजवीथी के दक्षिण तथा वैश्वानर मार्ग के बाहर जो मार्ग हैं वह पितृयान है। इस मार्ग में लोक विस्तारक मुनिगण वास करते हैं। ये सभी प्रारब्ध कर्म को पुष्ट करते हैं। सन्तान तपस्या मर्यादा और शास्त्र ज्ञानादि द्वारा ये प्रत्येक युग में धर्म का पुनःस्थापना करते हैं। अट्ठासी हजार गृहस्थ मुनिगण क्रियावन रूप से जन्म ग्रहण करके श्मशान में आश्रय ग्रहण करते हैं और लोक व्यवहार, राग-द्वेष, मैथुन कर्म और विषय भोग जिन कारणों से सिद्ध गण श्मशान का सेवन करते हैं। इन मुनियों ने प्रजा की कामना से द्वापर में जन्म ग्रहण किया।

नागवीथी के उत्तर और सप्तर्षि के दक्षिण में देवयान स्थित है। यहां के निवासी सिद्ध ब्रह्मचारी तथा गृहस्थ को हेय समझते हैं। इसी से ये मृत्युजंय कहलाते हैं। इसके अनन्तर अट्ठासी हजार ऊधर्वरेता ऋषिगण हैं जो सूर्य के उत्तर पथ में प्रलय काल तक वास करते हैं और तमाम लोक व्यवहारों से मुक्त शुद्ध जीवन जीते हुए अमृतत्त्व का उपभोग करते हैं। पुर्नजन्म से रहित मुक्त व्यक्ति या ब्रह्महत्या करने वाले पापी, अश्वमेध

करने वाले पुण्यात्मा मुनिगण महाप्रलय काल तक रहते हैं। इसके बाद इन सबका क्षय हो जाता है। सप्तर्षि मण्डल के ऊपर ध्रुव तक विष्णु पद है, यही परम पद है। लोक साधक ध्रुव आदि इसी के सहारे टिके हुए हैं।

ज्योतिष चक्र की क्रिया-प्रक्रिया को बताते हुए सूतजी ने कहा कि आकाश में जो सौर मण्डल है, उसके पुच्छ भाग में ध्रुव, केन्द्र में वर्तमान, स्वयं भी घूमते हैं और ग्रहों के साथ चन्द्र-सूर्य को भी घुमाते हैं। घूमते हुए ध्रुव एक नक्षत्र समूह चक्र की तरह अनुसरण करता है और यह वायु के द्वारा ध्रुव से बंधा है। इनका सारा क्रिया-कलाप-योग, भेद, कालाचार, अस्त-उदय, दिन-रात, वर्षा धाम और प्रजा का शुभाशुभ व्यापार, ध्रुव से ही उत्पन्न होता है। सूर्य केवल उन्हें आवृत्त करते हैं और सभी नक्षत्र आदि ध्रुव के ही अधिकार में हैं। परिवर्तन क्रम से सूर्य वायु मिश्रित किरण द्वारा दिशाओं को आलोकमय करते हैं समस्त दिशाओं के जल का शोषण करते हैं। यह जल सूर्य द्वारा खींचा हुआ वायु युक्त नाड़ी द्वारा चन्द्रमा में संक्रान्त होता है। लोक रक्षा के लिए यह जल आकाश में मेघ के रूप में फैलकर वायु द्वारा जल वृष्टि के रूप में पृथ्वी पर समा जाता है। जल कभी नष्ट नहीं होता। यह सारी व्यवस्था विधाता के द्वारा निर्मित की गई है। यहीं माया रूप में चर-अचर रूप में व्याप्त है। सूर्य से ताप निकलता है, चन्द्र से शीतलता। यही शीतोष्ण तत्त्व पृथ्वी को धारण करते हैं। पवित्र जल वाली गंगा का आधार जल है। यह एक चक्र है। मिहि धातु शरण का अर्थ देती है। इसी से मेघ शब्द निष्पक्ष हुआ है, जिससे जल भ्रष्ट नहीं होता। मेघ तीन प्रकार के हैं-अग्नेय, ब्रह्मज और पक्षज। अग्नेय जल से उत्पन्न हुए हैं क्योंकि शीतलता, वायु आदि जो कुछ उनमें वर्तमान हैं, वह जल के कारण ही है। ये मतवाले हाथी का रूप धारण कर पृथ्वी के निकट आते हैं। इनका नाम जीमूत भी है। ये शब्दविहीन विशाल शरीर और वायु के वशवर्ती हैं। ब्रह्म के श्वासों से उत्पन्न मेघों का नाम ब्रह्मज है। ये गरजते हैं और इनकी गर्जना को सुनकर पृथ्वी इस प्रकार पुलकित होती है, जिसे राज्याभिषेक के समय रानी पुलकित होकर नवयौवन सुख अनुभव करती है। चर-अचर जीवों के कल्याण के लिए पृथ्वी इन मेघों से प्रेम करती है। ये मेघ मूसलाधार वृष्टि करते हैं। तीसरे पक्षज मेघ के लिए कहा जाता है कि पूर्व काल में इन्द्र द्वारा महाबली विशालकाय और

इच्छानुसार गमन करने वाले पर्वतों का पक्ष काट दिया। ये ही विशाल पक्ष जलपूर्ण होकर मेघाकार हो गए। इनका एक नाम पुष्कर भी है। ये मेघ कल्पान्त में वृष्टि करते हैं और अनेक रूप धारण कर सम्पूर्ण मिट्टी को जलमग्न कर देते हैं। श्रेष्ठ वायु इन सबका आश्रय स्थान है और यह ये ही भगवान् परिवह वायु स्वर्ग पथ में तीन धाराओं में बहने वाली दिव्य पवित्र और अमृत की तरह जल वाली आकाश गंगा को धारण करने वाले हैं। दिग्गजगण आकाश गंगा के जल को अपनी मोटी सूंडों से फुहार की तरह उछालते हैं। यही जल कण निहार कहलाता है। मेरु के दक्षिण और हिमालय के उत्तर में हेमकूट नाम का एक पर्वत है जिसके निकट पुण्डरू नाम का एक प्रसिद्ध नगर बसा हुआ है। यहां तुषार की ही वृष्टि होती है। आवह नाम की वायु इसे बटोर कद हिमालय पर बरसा देती है। लेकिन वास्तव में मेघों द्वारा होने वाली वर्षा के कारण सूर्य ही हैं। सूर्य के द्वारा वृष्टि होती है और वायु के द्वारा वृष्टि रोकी जाती है। इसलिए ध्रुव से घिरे सूर्य और वायु ही वृष्टि करने वाले और रोकने वाले हैं।

सूर्य रथ का विस्तार बताते हुए सूतजी ने बताया कि सूर्यस्थ में एक चक्का पांच अराएं और तीन नाभियां हैं। अंधकार से आच्छन्न पथ पर अन्धकार को नष्ट करने वाले भगवान् भास्कर गमन करते हैं। इस रथ का विस्तार दो हजार योजन तथा रथ के मध्य से ईषादण्ड का प्रमाण दुगुना होता है। ब्रह्मा ने इस रथ का निर्माण सूर्य के लिए किया था। यह रथ असंग सुवर्णमय दिव्य और मंगलमय परम वेग गामी अश्वों से युक्त है। छन्द के स्वरूप वाला अश्वों से युक्त यह रथ शुक्र के समीप ठहरा है तथा लक्षण में वरुण के समान है। इसी चमकीले रथ के द्वारा सूर्य आकाश मार्ग में गमन करते हैं। सूर्य रथ के जितने अवयव हैं वे सभी संवत्सर के अंगों द्वारा अपने क्रम के अनुसार कल्पित किए गए। दिन सूर्य रथ का नाभि स्थान है, यही एक चक्र कहलाता है। पांचों ऋतुएं इसकी अराएं हैं और छः ऋतुएं नेनि कही गई हैं। वर्ष रथ का मध्य स्थान हैं। अयन दोनों जुए हैं, मुहूर्त बन्धुर हैं, कलाएं युग कील हैं, क्षण ईशा दण्ड है। निमेष, अनुकर्ष, लवईशा, रात्रि वरुध, धर्म युग और अक्षकोटि, अर्थ तथा काम एवं गायत्री तथा सातों छन्द सप्ताश्व हैं। रथ के अक्ष में चक्र मिला हुआ और चक्र ध्रुव से मिला हुआ है। इसलिए अक्ष के साथ चक्र

और चक्र के साथ ध्रुव घूमा करता है। रथ के युग और अक्ष कोटि में दो किरणें इस प्रकार जुड़ी हुई हैं जो ध्रुव द्वारा परिचालित होती हैं और रथ को मण्डलाकार बना देती हैं। खूंटे से बंधा हुआ धागा जैसे चारों दिशाओं में घूमता है उसी प्रकार सूर्य की रश्मियां घूमती हैं। लेकिन उत्तरायण होने पर किरणें कुछ घट जाती हैं और दक्षिणायन होने पर घट जाती हैं। इस प्रकार जब ध्रुव मण्डलाकार घूमते हुए किरणों को खींचता है तो सूर्य भी खिंच जाते हैं। जब ध्रुव उन दोनों किरणों को खींचता है, जब सूर्य भीतरी मण्डल में घूमते हैं और दोनों दिशाओं के एक सौ अस्सी मण्डलों का चक्कर लगाते हैं। जब ध्रुव दोनों रश्मियों को जोड़ देता है उस समय सूर्य बाहरी मण्डल में घूमने लगते हैं और अपने वर्ग से मण्डलों को घेर लेते हैं।

सूर्य के रथ पर देव, आदित्य, गन्धर्व, अप्सराएं, सर्प और राक्षसी जीव निवास करते हैं। ये सभी सूर्य रथ पर क्रमशः दो-दो महीना रहते हैं। चैत्र-बैशाख में धाता, अरियमा, पुलस्तय, पुलह, प्रजापति, तुम्बरू, नारद, ऋतु स्थली, अप्सराएं आदि गण उनके साथ रहते हैं। ज्येष्ठ-आषाढ़ मास में मित्र, वरुण, आदित्य आत्रि, वशिष्ठ, ऋषि, तक्षक, रम्भ, सर्प, मेनका, सहजन्या अप्सरा, हा हा, हू हू गन्धर्व, रथ स्वन, पौरुषेय, यातुधान वास करते हैं। सावन-भादों में इन्द्र विवस्वान, अंगिरा, भृगु, शंखपाल विश्वावसु, गन्धर्व, प्रमलोचा, निमलोचा अप्सरा और व्याघ्र श्वेतराक्षस वास करते हैं। आश्विन-कार्तिक में परजन्य पूषा आदित्य, भारद्वाज गौतम मुनि, विश्वासु सुरभि गन्धर्व, विश्वाचि, धेताचि अप्सरा, ऐरावत धनंजय सर्प, बात नाम के राक्षस वास करते हैं। अगहन-पूष मास में अशभग आदित्य, कश्यप, ऋतु मुनि, करकोटक सर्प, चित्र सेन गन्धर्व, अप्सरा, उर्वशी, अरिष्टनेमि सेनानी और राक्षस वास करते हैं। माघ-फाल्गुन मास में त्वस्ता, विष्णु आदित्य, जिमदग्नि विश्वामित्र ऋषि, काद्रवेय, कम्बलाष्वत्सर सर्प धृतराष्ट्र, सूर्य वर्चा गन्धर्व, तिलोत्तम और रम्भा अप्सरा, ऋतजित, सत्यजित, ग्रामीण और ब्रह्मो केत राक्षस सूर्य के साथ वास करते हैं। सातों श्रेणी के बराह देवता जो अलग-अलग मास युगल के हिसाब से चौरासी हैं और अपने तेज से सूर्य को समृद्ध करते हैं। ये देव सप्तक कभी मानवों के शुभ कार्य का अपहरण करते हैं और कभी पापियों के पाप का नाश करते हैं। प्रलय

काल तक ये सभी जीवों की रक्षा करते हैं और प्रजा को वर्षा व ताप से प्रसन्न करते हैं। इन स्थानाभिमानी देवों का ये स्थान भूत, भविष्य तथा वर्तमान सभी मन्वन्तरों में एक-सा रहता है। ये देव सप्तक चौदह मन्वन्तरों के समय में सूर्य के चारों तरफ इसी तरह निवास करते हैं तथा भगवान् भास्कर सूर्य ऋतुकाल के अनुसार किरणों को बदल-बदलकर देवाओं, पितरों और मनुष्यों को तृप्त किया करते हैं। वे ग्रीष्म में धाम, जाड़े में ठण्डक और वर्षा में पानी बरसाकर दिन-रात का विभाग किया करते हैं। अपनी सुषुम्न किरण द्वारा चन्द्रमा को बढ़ाते हैं और देवों को अमृत पिलाकर सन्तुष्ट करते हैं। दिवस क्रम में जब शुक्ल पक्ष में चन्द्रमा पूर्ण हो जाते हैं तो कृष्ण पक्ष में देवगण उनका अमृत पी जाते हैं। इसी को पितर लोग दो कला मोत्र शेष सोम कृष्ण पक्ष के बीतने पर जिस किरण का क्षरण करते हैं, स्वधा समझकर पीते हैं। देवगण इसे काव्य समझकर पीते हैं। इन्हें आधे मास तक तृप्ति होती है। मनुष्यों को अन्न के द्वारा तृप्ति मिलती है क्योंकि सूर्य किरणों से अन्नों को पुष्ट करते हैं। इस प्रकार प्रलय काल तक सूर्य, एक चक्र के रथ पर सवार होकर आकाश में भ्रमण करते हैं। जो घोड़े इस रथ में कल्प में आदि में जोड़े हैं, वही कल्पान्त तक रथ खींचते हैं। आकाश गामी दिन नाम का सूर्य अश्वों के साथ भ्रमण करते हैं और चन्द्रमा नक्षत्रों की गलियों से चला करते हैं।

चन्द्रमा का वर्णन

चन्द्रमा के रथ में तीन चक्के होते हैं। इसमें दस अश्व होते हैं और ये ही कल्पान्त तक चन्द्रमा का वहन करते हैं। सूर्य की सुषुम्न किरण द्वारा चन्द्रमा की कला उज्ज्वलतर हो जाती है और सूर्य की सामर्थ्य से ही ये घटते-बढ़ते हैं। शुक्ल पक्ष के दिन के क्रम से चन्द्रमा परिपुष्ट होते हैं और पूर्णिमा की रात्रि की परिपूर्ण आभा मण्डल से मण्डित। कृष्ण पक्ष की द्वितीया तिथि से चतुदर्शी तक देवगण जल के तत्त्व रूप और रसमय चन्द्रमा के सुन्दर अमृत का पान करते हैं। यही अमृत सूर्य के तेज से पुष्ट होकर देवताओं के भोजन के लिए कल्पित होता है। चन्द्रमा का इस प्रकार देवों, पितरों और महर्षिगणों के द्वारा पान होने से उनकी कला धीरे-धीरे क्षीण होने लगती है। तैंतीस हजार तीन सौ तीन देवता चन्द्रमा

के मधु का पान करते हैं। इससे कृष्ण पक्ष के चन्द्रमा की कल्प बढ़ने लगती है। जो कला कृष्ण पक्ष में क्षीण होती है, वही शुक्ल पक्ष में बढ़ने लगती है। इस प्रकार देवगण आधे मास तक चन्द्रमा के मधु का पान करके अमावस्या को प्रस्थान करते हैं और इस समय पितर लोग चन्द्रमा के निकट आ जाते हैं। अमावस्या में पितरों द्वारा पीत चन्द्रमा की पन्द्रहवीं कला के पूरे भाग का जब तक क्षय होता है तब तक उसका अंतिम भाग पूर्ण हो जाता है अर्थात सोलहवीं कला का नाश नहीं होता। चन्द्रमा की यह घटने-बढ़ने की प्रवृत्ति सूर्य से संचालित होती है।

तारकादि ग्रहों और राहु के रथ के सम्बन्ध में बताते हुए सूतजी ने कहा कि बुध का रथ धवल वर्णी है, जिसमें पिशंग वर्ण के आठ घोड़े जुते होते हैं और ध्वजा पताका फहराती है। उसका सारथी भी दिव्य होती है। शुक्र का रथ सूर्य के समान ही शोभा वाला होता है, जिसमें वायु के वेग वाले इस दस घोड़े होते हैं। मंगल का स्वर्ण रथ होता है, जिसमें लोहित वर्ण, अग्नि से उत्पन्न और सब जगह गमन करने वाले आठ घोड़े जुते होते हैं। देवों के आचार्य बृहस्पति के स्वर्ण रथ परा लाल रंग के सर्वत्र गमन करने वाले वेगवान आठ घोड़े जुते होते हैं। शनिश्चर काले लोहे के बने रथ पर सवार होते हैं, जिनके रथ में चितकबरे घोड़ लगे होते हैं। केतू के रथ के घोड़े गधे की तरह धूलवर्णी और चौंसठ होते हैं। ये सभी वायु किरणों द्वारा ध्रुव से जुड़े होते हैं। इसीलिए ध्रुव से मिलकर समस्त ज्योतिमण्डल चला करता है। यह एक ध्रुव ही मेरु पर्वत के मस्तक पर अधोमुख होकर भ्रमण करता है।

देवों के विख्यात ग्रहों का वर्णन

इस प्रकार सूतजी ने देवों के विख्यात ग्रहों का वर्णन करते हुए बताया कि वस्तुतः रुद्र, इन्द्र, उपेन्द्र और चन्द्र आदि का जो तेज है, वह सूर्य का ही तेज है। ये ही मूलभूत परम देवता हैं। क्षण, मुहूर्त, दिन-रात, पक्ष, मास, ऋतु, वर्ष, सूर्य से ही की जाती है। सूर्य ही काल है, अग्नि है, समस्त लोकों के आत्मा हैं। सूर्य की मुख्य सात किरणें होती हैं, जिसमें सुषुम्न किरण क्षीण हुए चन्द्रमा को बढ़ाती है। हरिकेश किरण नक्षत्रों का उत्पत्ति स्थान कहलाती है। विश्वकर्मा किरण बुध को परिपुष्ट करती है।

विश्वश्रवा किरण शुक्र का उद्‌भव स्थान है और संयतवसु किरण मंगल को उत्पन्न करने वाली है। छठी किरण अर्वाग्वसु से बृहस्पति उत्पन्न हुए और स्वराष्ट्र किरण शनिश्चर को तृप्त करती है। ये सम्पूर्ण संसार सूर्य के द्वारा प्रगट हुआ है, अतः क्षीण न होने के कारण ही इन्हें नक्षत्र कहा जाता है। ये तारगण सुकर्म द्वारा विस्तृत और ग्रहों का आश्रय लेते हैं। सूर्य सौर स्थान में, सोम सौम्य स्थान में, शुक्र स्थान में, बृहस्पति वृहद् स्थान में, मंगल लोहित स्थान में और शनिश्चर शनिश्चर स्थान में प्रवेश करते हैं। राहु का अन्धकार में वृहत् स्थान है। नक्षत्रों का मार्ग भी वीथी के नियम से व्यवस्थित है। नक्षत्रों की गति के अनुसार सूर्य और चन्द्र दोनों ही जब विषुवत रेखा पर आते हैं, तब दोनों का ही अस्त और उदय समान काल में होता है। उत्तरवीथी में जब वे वर्तमान रहते हैं तब पूर्णिमा और अमावस्या में ज्योतिषचक्र का अनुसरण करने वाले उन दोनों के उदय काल में अन्तर आ जाता है। दक्षिण दिशा में चलते हुए सूर्य ग्रहों के नीचे से चलते हैं, उस समय चन्द्रमा ऊपरी भाग में गमन करते हैं और नक्षत्र मण्डल चन्द्रमा से ऊपर विचरण करता है। नक्षत्र से ऊपर बुध, बृहस्पति, शनि सप्तर्षि और फिर ध्रुव रहते हैं। यक्षाक्रम से ताराग्रहों का असर ऊपर की ओर दो लाख योजनों का है। चन्द्र, सूर्य और ग्रह आदि दिव्य तेज के द्वारा आकाश में नियम क्रम से नित्य संयुक्त होते हैं और अलग होते हैं। समागम काल में या निम्न उच्च होने के समय मृदुभाव धारण कर लेते हैं, जिससे सब कोई उन्हें एक बार देख लेते हैं।

अदिति पुत्र विवस्वान सूर्य, जो ग्रहों में आदि ग्रह हैं ये चाक्षुस मन्वन्तर में विशाखा में उत्पन्न हुए। इनकी उत्पत्ति के बाद सोलह किरण वाले भृगुपुत्र शुक्र पुण्य नक्षत्र में उत्पन्न हुए। ये तारा ग्रहों में श्रेष्ठ हैं। अंगिरा के पुत्र जगत् गुरु, बृहस्पति बारह किरण वाले फाल्गुनी नक्षत्र में उत्पन्न हुए। नौ किरणों वाले प्रजापति पुत्र मंगल उत्पन्न हुए। सात किरण वाले सूर्य पुत्र शनि रेवती नक्षत्र में पैदा हुए। चन्द्र-सूर्य को पीड़ा पहुंचाने वाले राहु-केतु भी रेवती में ही जन्में। यदि ये ग्रह आदि जन्मकालिक नक्षत्र के कारण विगुनी या दुष्ट हो जाते हैं तब वे उसी दोष के कारण क्लेश पहुंचाने लगते हैं। वह पीड़ा उनमें भक्ति करने से ही शान्त हो जाती है। सूर्य सभी ग्रहों में आदि ग्रह हैं। तारा ग्रहों के बीच कील रूप में ध्रुव

श्रेष्ठ है। नक्षत्रों में श्रीविष्णु तथा अयनों में उत्तरायण श्रेष्ठ है। पांच वर्षों में संवत्सर ऋतुओं में शिशिर, मासों में माघ, पक्षों में शुक्ल, तिथियों में प्रतिपक्ष, दिन-रात में दिन को श्रेष्ठ कहा गया है। मुहूर्तों में रौद्र, तथा काल समूह के बीच निमेषात्मन काल ही आदि है। श्रवण से श्रवण तक पांच वर्षों का एक युग होता है। जो सूर्य के गति विशेष से चक्र की भांति घूमता रहता है। इस कारण सूर्य ही काल है, ये ही ईश्वर हैं, ये ही चारों प्रकार के चराचर के प्रवर्त्तक और निवर्त्तक हैं। ईश्वर ने इस ज्योतिषचक्र का निर्माण लौकिक व्यवहार को श्रृंखलाबद्ध करने के लिए ही किया है—ये ज्योतिषचक्र श्रवण से उत्पन्न हुए तथा ध्रुव में संलग्न हैं। भगवान् ने कल्प के आदि काल में बुद्धपूर्वक इन सभी आश्रयवान अभिमानियों का संस्थान किया।

नीलकण्ठ की स्तुति—जिस देश से और जिस काल में ब्रह्मपुरो-गामियों का पवित्र और उत्तम आख्यान घटित हुआ। इस सन्दर्भ में नैमिषारण्य में उपस्थित मुनियों, ऋषियों की शंका और जिज्ञासा देखते हुए सूतजी ने बताया कि हिमालय पर्वत पर अनेक मुनि-महात्मा नियमपूर्वक महादेव की स्तुति-वन्दना किया करते थे। किसी समय ऐसा योग हुआ कि सूर्य ज्योतिर्मण्डल के बीच में आ गए। नियतात्मा देवों ने इस कथा की आलोचना की। अनुष्ठान में प्रवृत्त मुनियों की दशा बिगड़ने लगी। इसी समय वायु ने कहा—नीलकण्ठ को नमस्कार है! यह सुनकर नियमव्रती साधुओं-महर्षियों में बालरिवल्यादि के वायुदेव से पूछा कि आपने ये नीलकण्ठ का जो उच्चारण किया है, यह पवित्र आत्माओं के लिए पुण्यदायी और परम गुह्य है। कृपा करके यह आग्रह करें और यह कथा सुनावें कि भगवान् महादेव का कण्ठ नीला कैसे हो गया और इनका यह नाम क्यों पड़ गया? उन ऋषि गणों ने यह कथा वायु से ही सुनने का अनुरोध किया क्योंकि वायु द्वारा प्रेरित होने पर ही वचनों का उच्चारण में सार्थकता आती है। वायु ही वर्ण स्थान में ध्वनि उत्पन्न करके शब्दों का उच्चारण कारण बनते है। वायु से ही पहले ज्ञान, उत्साह और प्रवृत्ति का जन्म होता है। शरीर से वायु के निकल जाने पर सभी कुछ समाप्त हो जाता है। तब न वर्ण न रह जाता है, न देह का सम्बन्ध। बालरिवल्यादि ऋषियों से इस प्रकार स्तुत्य एवं प्रशंसित होते हुए वायुदेव ने कहा—ब्राह्मणों!

एक बार महर्षि वशिष्ठ ने कार्त्तिकेय से पूछा कि हे हरनन्दन! आप तो महोदव पुत्र हैं, हमारी जिज्ञासा शान्त करें और बताएं कि महादेव के कुन्द और इन्दु के समान उज्ज्वल कण्ठ के नीलवर्णी होने का क्या रहस्य है? कार्त्तिकेय ने मुनि वशिष्ठ से कहा—हे आदि गुरु श्रेष्ठ! यही प्रश्न जब मां पार्वती ने पूज्य महादेव से किया था तो उन्होंने स्वयं ही यह रहस्योदघाटन किया कि एक बार बहुत समय पहले देव-दानव मिलकर समुद्र से अमृत के लिए मन्थन कर रहे थे। उस समय देव गणों ने तथा दैत्यों, राक्षसों ने शेषनाग की रस्सी बनाकर मन्दराचल पर्वत को मन्थानी बनाकर यह कार्य विष्णु के संकेत पर किया। देव गणों ने शेषनाग का पुच्छ भाग पकड़ रखा था और असुरों ने मुख का अग्र भाग। उस समय सर्वप्रथम समुद्र से कालाग्नि के समान विषैला पदार्थ निकला। यह कालकूट जब देवों तथा असुरों ने देखा तो वे सभी घबराए हुए ब्रह्माजी की शरण में गये। ब्रह्माजी ने उनके संकट का कारण जानकर और यह जानकर कि यह भयंकर संवर्त्तक अग्नि के समान प्रभाव वाला, भुजंग की तरह काला विष काल, मृत्यु की तरह तीनों लोकों को जलाने वाली सूर्य की तप्त किरणों के समान सभी दिशाओं में फैल रहा है। कालाग्नि के समान आभा वाले इसके दुष्प्रभाव से लाल तथा गौरवर्णी विष्णु भी काले पड़ गए हैं। इसका निराकरण करने के लिए देवों को परामर्श दिया कि इस पृथ्वी पर इस विष का वेग केवल शिव ही सकते हैं। ऐसा कहते हुए, पद्म योनि होते हुए भी अयोनिज लोकपिता ब्रह्मा ने देवों को सान्त्वना दी और धैर्य से काम लेने के लिए कहा और स्वयं त्रैलोक्यनाथ, मूलपति त्र्यम्बक तपस्वी, त्रिमूर्ति मुझ महादेव की स्तुति करनी प्रारम्भ कर दी और कहा—जिनका मस्तक गंगा जल से प्लावित होता है वही महादेव हमारी भक्ति पर प्रसन्न होकर हमें दर्शन दें और हमें कृतार्थ करें।

हे देवी पार्वती! हम उनके इस प्रकार के स्तवन द्वारा प्रसन्न हो गए और महात्मा ब्रह्म से कहा—हे ब्राह्मन! आपका ऐसा कौन-सा कार्य आ गया जिसे हम करें? तब ब्रह्मा ने दारुण कथा सुनाते हुए हमसे अनुरोध किया कि आप संसार के लिए कल्याण रूप हैं, आप उसका पान कर लें तो जगत् का उद्धार हो सकता है। हम भी यह जानते थे कि इस कालकूट का निराकरण हमारे अलावा और किसी के पास नहीं है, अतः हमने

उनको संकट से मुक्त करते हुए वह कालकूट पी लिया।

उस अतिविषाक्त कालाग्नि सम विष को पीकर हमारा कण्ठ तत्क्षण ही कृष्णवर्णी हो गया। हमारे कण्ठ में नागराज तक्षक की तरह उस विष को लगा देखकर ब्रह्मा ने हमें कहा कि हमारे कण्ठ के श्यामवर्ण से हमारी शोभा और भी अधिक बढ़ गई है और उनके ऐसा कहने पर हमने उस विष को कण्ठ में ही स्थिर कर दिया। हे हिमतनया पार्वती! तभी से हम नीलकण्ठ कहलाते हैं।

हमारे द्वारा कालकूट को कण्ठ में स्थापित देखकर देव गणों तथा असुरों को अत्यन्त आश्चर्य हुआ और हाथ जोड़कर कहने लगे–अहो प्रभु! आपका बल, वीर्य, पराक्रम धन्य है। गंगा जल की तरंग से आपका केश पाश खुल गया है। आप ही विष्णु, ब्रह्मा तथा महादेव, मृत्यु भी हैं और वरदाता भी। आप ही जगत् के कर्त्ता, पालक और प्रलयंकारी हैं। इस प्रकार स्तुति करके देव तथा असुर अपने-अपने स्थान को लौट गए और अमृत के लिए समुद्र मन्थन में जुट गए।

यह कथा स्वयं पार्वती ने जैसे महादेव से सुनी उसी प्रकार कार्त्तिकेय ने मां पार्वती से सुनकर वशिष्ठजी को सुनाई, यही कथा वायुदेव ने वंशिष्ठजी से सुनकर मुझे सुनाई। हे ऋषिगण! यह परम पावन, परम गुह्यकथा नीलकण्ठो पाटकान पुण्य फल देने वाली है। महादेव यह वृत्तान्त सुनकर पार्वतीजी की शंका और जिज्ञासा दूर करके पार्वती के साथ ही नन्दी पर सवार होकर किष्किन्धक गुह्य की ओर चले गए तथा वायुदेव पाप नाशिनी इस कथा को सुलक्षण कथा मुनियों को सुनाकर आदित्य पथ की ओर चले गए।

देवों के देव भगवान् महादेव के बारे में बताते हुए सूतजी ने कहा कि भगवान् शंकर के बारे में श्री विष्णु ने भी एक बार बताया कि जब उन्होंने एक बार बलि को बांध दिया था, तब भगवान् इन्द्र अत्यन्त प्रसन्न हुए क्योंकि सभी राक्षसों का नाश हो चुका था। तब भगवान् को देखने के लिए इन्द्र सहित सभी देवगण क्षीर सागर के पास आए और विश्वरूपात्मा आदि पुरुष भगवान् की स्तुति करने लगे। राक्षसों का नाश करने वाले स्वयं भगवान् श्री विष्णु की जब सभी सिद्ध, ब्रह्मर्षि, यक्ष, गन्धर्व, अप्सरा, नदी और पर्वत आदि स्तुति करने लगे तब भगवान्

श्री विष्णु ने उन्हें बताया कि जो सब जीवों के सृष्टा हैं, काल हैं और काल के भी सृष्टा प्रभु हैं और जिन्होंने माया का विस्तार करके ब्रह्मा के साथ सब लोगों की सृष्टि की है, उन्हीं के आशीर्वाद से हमने युद्ध में विजय प्राप्त की है। श्री विष्णु ने बताया कि पूर्वकाल में जब तीनों लोकों में अन्धकार व्याप्त था और जीवगण हमारे उदर में रहते थे, उस समय हम भी हजार सिर, हजार नयन और हजार चरण धारण करके तथा शंख, चक्र, गदा आदि से युक्त होकर स्वच्छ जल में शयन कर रहे थे कि अचानक हमने एक योगी पुरुष को दूर से आते हुए देखा।

वह योगी पुरुष प्रभावान्, सौ सूर्य के समान दीप्तिमान, सुवर्ण की तरह दीप्ति वाले तथा कृष्ण चर्म और कमण्डल से विभूषित थे। एक ही क्षण में वे हमारे समीप उपस्थित हो गए। तब सब लोकों के द्वारा पूजनीय ब्रह्मा ने हमसे उन योगी के बारे में जानना चाहा। ब्रह्मा ने कहा कि हम लोकों के कर्त्ता और स्वयंभू हैं। इस पर हमने कहा कि हम सभी लोकों के कर्त्ता और संहार करने वाले हैं। हम दोनों इसी प्रकार परस्पर वार्तालाप कर ही रहे थे कि अचानक हमने उत्तर की ओर एक जलती हुई ज्योति को देखा। हम दोनों ही विस्मित से हुए उसे देखने लगे क्योंकि उस तेज के प्रभाव से समस्त जलराशि जगमगाने लगी थी। धीरे-धीरे वह तेज बढ़ने लगा और हम उसका अन्त देखने के लिए आतुर हो उठे। वह ज्वाला माता पृथ्वी और स्वर्गलोक को पार कर रही थी और उसके बीच में अत्यन्त तेज आभा वाला चमकता हुआ अस्पष्ट शिवलिंग था। वह लिंग न तो सोने का था न चांदी का और न ही पत्थर का था। वह लिंग कभी तो दिखाई देता था, कभी छुप जाता था, हर क्षण में उसका आकार बढ़ जाता था। ऐसे प्राणियों को भयभीत करने वाले इस लिंग को देखकर मैंने ब्रह्माजी से कहा कि इसका पता लगाना चाहिए। इस बात को सुनकर ब्रह्मा ने मुझे तो निम्न भाग में भेज दिया और स्वयं ऊपर की ओर चले गए।

भगवान् श्री विष्णु ने कहा कि इस प्रकार उस लिंग का अन्त देखने के लिए मैं एक सहस्त्र वर्ष तक नीचे की ओर चलता ही गया, परन्तु परिणाम कुछ भी न निकला। ब्रह्मा की भी यही स्थिति थी। हम दोनों ही थक कर उसी महासागर के उसी स्थान पर पहुंच गए और भगवान् शिव की माया से मोहित किंकर्त्तव्य विमूढ़ से हो गए। तब हमने उन अव्यय,

अव्यक्त उन भगवान् शंकर का ध्यान इस प्रकार किया। हे देव लोक और देव के ईश, भूतपति, सिद्ध योनि, सब जगत् की प्रतिष्ठा करने वाले आपको नमस्कार है। आप परमेष्ठी, परब्रह्म, अक्षर और परम पद हैं। यज्ञ वष्टकार, ओंकार और परम पद हैं, सब कर्मों के संस्कार, जपनीय व्रत, नियम वेद, लोक, देव और सर्वव्यापी भगवान् आप ही हैं। आप भूमि में गन्ध स्वरूप, जल में रस और तेजो रूप हैं। वायु का स्पर्श गुण और चन्द्रमा रूप आप ही हैं। हे देवों के ईश आप प्रकृति के बीज रूप से वर्तमान हैं। आप ही समस्त भूतों के बनाने वाले और अन्त करने वाले हैं। तीनों लोकों को धारण करने वाले और सृष्टि रचियता भी आप ही हैं। अपने पूर्व मुख से तुम इन्द्र के रूप में प्रकाशित होते हो, दक्षिण मुख से लोकों का विनाश करते हो, पश्चिम मुख से वरुण का काम करते हो तथा उत्तर मुख से चन्द्रमा का धर्म तुममें व्यवस्थित है।

इस जगत् में तुम अनेकों रूप में शोभित होते हो। तुम्हारा कभी नाश नहीं होता है। हे देवों के भी द्वारा पूजे जाने वाले भगवान् शिव तुम ही सभी के जन्मदाता हो। बारह आदित्य, आठ वसु, ग्यारह रुद्र, उनचास मरुत, दोनों अश्विनी कुमार तथा साध्य, विद्याधर, नाग, चारण, तपस्वी, बालरिवल्य प्रभृतमिहात्मा सभी तुमसे ही उत्पन्न हुए हैं। उमा, सीता, सिनीवाली, कुहू, गायत्री, लक्ष्मी, कीर्ति, घृति, मेधा, लज्जा, शान्ति, वपु, स्वधा, तुष्टि, पुष्टि, क्रिया, वाग्देवी, सरस्वती, सन्ध्या, रात्रि इन सभी को उत्पन्न करने वाले, हे देवाधिपति! आप ही हैं। हे दस सूर्यों से भी अधिक आभा वाले, सहस्त्रों चन्द्रमा की तरह कान्ति वाले, पर्वत के समान विशाल स्वरूप वाले, चर्म एवं विभूति से शोभायमान, सभी गुणों के आकार रूप भगवान् महादेव हम तुम्हें नमस्कार करते हैं। रुद्र, पिनाक पाणि, चक्र धारण करने वाले, भस्म का लेप करने वाले, कामदेव को नष्ट करने वाले, हिरण्यबाहु, हिरण्यरूप, हिरण्यनाभ, हिरण्यरेता, हिरण्यगर्भ, हिरण्यवाही, हिरण्यवर्त्मा, हे भीषण वेग वाले शंकर, नीलकण्ठ हम तुम्हें कोटि-कोटि नमस्कार करते हैं।

इस प्रकार अनेक रूपों में स्तुति किए जाने पर सूर्य के समान कान्ति वाले भगवान् साक्षात प्रकट हुए। उनके एकमात्र कण्ठ था, एक जटा थी। शरीर पर अनेक प्रकार के आभूषण शोभायमान हो रहे थे तथा पुष्प चन्दन

की गन्ध चारों ओर फैल रही थी। वृषभ पर आरूढ़ होकर हाथ में शूल लिए हुए दण्ड तथा कृष्ण मृग का चर्म धारण किए उनकी आकृति बड़ी कठोर प्रतीत हो रही थी, सर्प का उन्होंने यज्ञोपवीत धारण किया हुआ था। भगवान् शंकर ने भीषण अट्टहास किया, उस भीषण नाद से हम सभी काफी भयभीत हो गए। इसके पश्चात भगवान् शंकर ने कहा कि हे देवों में श्रेष्ठ! मैं तुम दोनों पर बहुत प्रसन्न हूं। तुम अपने मन से भय को निकाल कर मेरी इस महामाया को देखो। पूर्व काल में तुम दोनों ही मेरे शरीर से उत्पन्न हुए हो। लोक पितामह ब्रह्मा मेरे दाहिने हाथ हैं और विष्णु मेरे बाएं हाथ हैं। मैं तुम पर बहुत प्रसन्न हूं और तुम्हें वरदान देना चाहता हूं। भगवान् शिव से ऐसा सुनकर ब्रह्मा तथा विष्णु भगवान् महादेव के चरणों पर गिरकर बोले किं हे देव! यदि आप सचमुच ही हम पर प्रसन्न हैं, तो हमें यह वरदान दीजिए कि आपमें हमारी भक्ति सर्वदा बनी रहे।

भगवान् शिव ने तथास्तु कहा और अन्तर्हित हो गए। इस जगत् की सृष्टि के कर्त्ता अज्ञात, अव्यक्त, अचिन्त्य, अदृश्य भगवान् शिव ही हैं। हम तो हेतुमात्र हैं। उन्हें हम नमस्कार करते हैं। इसके पश्चात सभी देवगण भगवान् शंकर को नमस्कार.करते हुए अपने-अपने स्थान को लौट गए।

इला का पुत्र पुरुरवा किस प्रकार स्वर्ग को जाता था और किस प्रकार पितरों का तर्पण किया करता था। इसका वर्णन करते हुए सूतजी ने बताया कि प्रत्येक अमावस्या को अपने नाना तथा दादा सूर्य तथा चन्द्रमा को देखने जाता था और उन्हें प्रणाम कर, समय की प्रतीक्षा करता हुआ वहीं पर स्थित रहता था। चन्द्रमा प्रसन्न होकर अमृत प्रवाहित करते थे। इस प्रकार पुरुरवा प्रत्येक अमावस्या को स्वर्गलोक में रहकर पितरों सहित चन्द्रमा की उपासना करता था। दो काष्ठा कुहू मात्र तक ही पितर और सोम रहते हैं, इसलिए सिनीवाली के प्रमाण काल के अन्दर ही सिनीवाली का उपास पुरुरवा चतुर्दर्शीयुक्त अमावस्या और प्रतिपादायुक्त अमावस्या दोनों को उपासना के योग्य समझकर अमावस्या की प्रतीक्षा करता हुआ वहीं रहता था। पितरों की एक मास की तृप्ति के लिए चन्द्रमा से अमृत रस प्रवाहित होता है। कृष्ण पक्ष में पन्द्रह अमृत रस को प्रवाहित करने वाली सूर्य की किरणों द्वारा चन्द्रमा से निकाले गए अमृत रस का पान किया जाता है। पुरुरवा इस चन्द्रमा के अमृत के द्वारा पितरों को तृप्त

किया करते था। सौम्य, बर्हिषद्, काव्य और अग्निष्वात्त ये पितर हैं। ऋतु जो अग्नि है, वही संवत्सर है। ऋतुगणों की उत्पत्ति इसी से हुई है और ऋतुगणों से आर्तवों की उत्पत्ति हुई। आर्तव अर्धमास से प्रसिद्ध वर्ष के पुत्र पिता माने जाते हैं। ऋतुगण को पितामह माना गया है। वे मास नाम से प्रसिद्ध हैं तथा वर्ष के पुत्रगण माने जाते हैं पञचाब्द् नाम के देवगण ब्रह्मा के पुत्र हैं तथा प्रपितामह के नाम से प्रसिद्ध हैं। सौम्य नामक पितरगण सौम्य से उत्पन्न है तथा काव्य नाम के पितर भृगु के पुत्र हैं। सोम से उत्पन्न होने वाले पितरगण सोमपायी, घृत का पान करने वाले काव्य कहे जाते हैं।

पितरों के तीन भेद हैं–काव्य, बर्हिषद और अग्निष्वात्त। यज्ञकर्त्ता गृहस्थ ऋतु और बर्हिषद पितरों की श्रेणियां हैं। ये ही गृहस्थ अग्निष्वात्त और आर्तव पितर भी होते हैं। अष्ट का पति, काव्य, पञचाब्द, नाम के पितर होते हैं। इनके सवंत्सर का नाम अग्नि, परिवत्सर सूर्य, इद्वत्सर चन्द्रमा, अनुवत्सर वायु और वत्सर रुद्र हैं। ये युगात्मक पांच वर्ष कहे जाते हैं। इन्हें लेख उष्मपा और दिवीकीर्त्य भी कहा जाता है। प्रत्येक महीने की अमावस्या को ये आकाश में अमृत का उपभोग करते हैं। जब तक राजा पुरुरवा जीवित था, वह इसी प्रकार से पितरों को तृप्त करता था। कृष्ण पक्ष में तैंतीस देवगण, चन्द्रमा की पन्द्रह कलाओं से उत्पन्न होने वाले अमृत रस का एक मास एक सेवन करने के पश्चात चले जाते हैं। देवताओं के द्वारा पान किए जाने के पश्चात चन्द्रमा, अमावस्या को पन्द्रहवें भाग में स्थित रहकर गमन करता है। चन्द्रमा के इस प्रकार पान किए जाने से जब वह क्षीण हो जाता है, तब सूर्य अपनी सुषुम्ना नाम की रश्मि से पितरों की तृप्ति करता है और चन्द्रमा को फिर से पूर्ण करता है। जब चन्द्रमा सुषुम्ना के द्वारा पूर्ण हो जाता है, तब उसके एक-एक भाग का देवगण पान करते हैं। ये ही कलायें क्षीण होने पर कृष्ण और पूर्ण होने पर शुक्ल कहलाती हैं। इस प्रकार चन्द्रमा क्षीण और पूर्ण होता रहता है।

आधे मास में होने वाली शुक्ल पक्षीय और कृष्ण तिथियों को काल का पर्व कहा गया है। तृतीया आदि तिथियां आधे मास की पर्व तिथियां हैं। अग्न्याधान आदि अच्छे कार्य इन पर्वों की सन्धियों में किए जाते हैं। शाम के समय अनुमति का दो लव काल तथा राका का तीसरे पहर का दो लव काल अच्छे कार्यों के योग्य माना गया है। सूर्य को ही आधार

मानकर समय का निर्धारण किया जाता है। जिस रात्रि के सन्धि भाग में पूर्णिमा तिथि हो या पूर्ण चन्द्रमा का प्रकाश हो उसे अनुमति पूर्णिमा कहते हैं। जिस दिन पन्द्रहवीं रात्रि को एक ही नक्षत्र में चन्द्रमा-सूर्य का विराजमान रहना पाया जाता है उसे अमावस्या कहते हैं। जिस अमावस्या तिथि को चन्द्रमा-सूर्य एक ही स्थान में समागत होकर एक-दूसरे को देखते हैं उसे दर्श कहते हैं। अमावस्या काल का नाम ही ऋतु मुख है। अमावस्या के दिन ही सूर्य राहु और केतू के द्वारा ग्रस लिया जाता है। चन्द्रमा दालव काल मात्र सूर्य मण्डल का स्पर्श करता है। कोयल की कुहू की आवाज जितने समय में सम्पन्न होती है, उतने ही काल वाली ये अमावस्या कुहू नाम से याद की जाती है।

प्रतिपदा और पूर्णिमा का पर्वकाल द्विमात्रिक होता है। कुहू और सिनीवाली का पर्वकाल द्विलवात्मक होता है। दिन के अनुसार पांच और दस कलाओं के ये बढ़ते हैं, इसलिए सोम में पन्द्रह कलाएं होती हैं, सोलह नहीं। इसलिए पंचदर्शी में ही चन्द्रमा का ग्रहण होता है। सोम पायी और सोमवर्धक पितरगण और गण हैं। वे ऋतु और आर्तवदेव एक-दूसरे की सहायता और पुष्टि करते हैं। श्राद्ध देव पितर-लोक पितर कहलाते हैं बाकी पितर कहलाते हैं। ये अयोनिज सौम्यदेव हैं, इनकी पुष्टि देवगण ही करते हैं। जो सोम से यज्ञ करने पर सोमवन्त कहे जाते हैं, वे बर्हिपद पितर पूर्व जन्म ग्रहण करने के समय तक तृप्त रहते हैं।

ये जितने पितर देवता और मानुष पितर हैं उनके श्रद्धा युक्त कर्म से, उनकी प्रशंसा से सभी देव पितर प्रसन्न रहते हैं। पुराणों में सोमपायी पितरों का भी उल्लेख है। सूर्य, चन्द्र, पितर और पुरुरवा का समागम सुधा-अमृत की प्राप्ति, पितरों की तृप्ति, पूर्णिमा, अमावस्या का पुण्यकाल, पितरों का स्थान आदि का वर्णन बहुत विस्तार की उपेक्षा रखता है।

चारों युगों का वर्णन

चारों युगों का वर्णन करते हुए सूतजी ने बताया कि निमेषकाल, काष्ठा, कला और मुहूर्त-ये लौकिक काल के मापक हैं। एक छोटे अक्षर के उच्चारण में जितना समय लगता है, वह निमेषकाल के बराबर होता है। पन्द्रह निमेष की एक काष्ठा, तीस काष्ठा की एक कला, तीस कला

का एक मुहूर्त और तीस मुहूर्त का एक दिन-रात होता है। मनुष्य और देव दोनों के लिए ही दिन-रात का विभाजन करने वाले सूर्य हैं। दिन तो कर्म विधान के लिए तथा रात्रि सोने के लिए बनाई गई। पितरों का एक दिन-रात, एक मास का होता है। मानव वर्ष के मान के अनुसार उसके सौ वर्षों का, पितरों का तीन वर्ष और चार मास होता है। लौकिक मान से मानव के एक वर्ष को देवताओं का एक दिन होता है। देवताओं का उत्तरायण तो दिन है तथा दक्षिणायन रात्रि है। जो दिव्य दिन-रात होते हैं, उसके तीस दिन-रात का एक दिव्य मास होता है। मानव के तीस वर्षों का एक दिव्य मास माना जाता है। इस प्रकार सौ मानव वर्ष के तीन मास दस दिन होते हैं। मानव के तीन सौ आठ वर्षों का एक दिव्य वर्ष होता है। मानव के तीन हजार और तीस वर्षों का एक सप्तर्षि वत्सर होता है। नौ हजार नब्बे वर्ष का एक क्रौंच संवत्सर माना गया है। मानव के छत्तीस हजार वर्षों का देवताओं का एक सौ वर्ष होता है। तीन नियुत साठ हज़ार मानव वर्षों का एक हजार दिव्य वर्ष माना गया है। इस प्रकार ऋषियों ने दिव्य संख्या के द्वारा दिव्य प्रमाण में युग की अवधि का निर्धारण किया है।

भारतवर्ष में युगों की संख्या चार बताई गई है। सबसे पहले कृतयुग फिर त्रेता, द्वापर और अन्त में कलियुग। इनमें कृतयुग को चार हजार वर्षों का कहा गया है, उसकी संध्या और संध्यांश का प्रमाण चार सौ वर्षों का है। इसके पश्चात तीनों युगों के प्रमाण, संध्या तथा संध्यांश में एक-एक हजार तथा एक-एक सौ वर्षों की न्यूनता रहती है। इस प्रकार बारह हजार वर्षों की संख्या चारों युगों की होती है। यह दिव्य वर्षों का प्रमाण है। कृतयुग चौदह लाख चालीस हजार मानव वर्ष का होता है। इसका प्रमाण चालीस हजार वर्ष है। चारों युगों को प्रमाण संध्या और संध्यांश से रहित छत्तीस लाख वर्ष कहा गया है तथा तैंतीस लाख तथा बीस हजार मानव वर्षों का संध्या और संध्यांशों सहित चारों युगों का प्रमाण होता है। चारों युगों का इकहत्तर गुना काल तक मन्वन्तर होता है।

तीस करोड़ सरसठ लाख बीस हजार मानव वर्ष को एक मन्वन्तर का समय माना गया है। इन चारों युगों में कृतयुग का प्रमाण चार हजार दिव्य वर्षों का है। त्रेता युग के विषय में बताते हुए सूतजी ने कहा कि त्रेता युग के आदिम काल में ब्रह्मा द्वारा बताए गए श्रौत एवं स्मार्त धर्मों

का प्रचार मनु और सप्तर्षियों ने किया था। इन्होंने ऋग्वेद, यजुर्वेद और सामवेद से अनुमत स्त्री परिग्रह, अग्निहोत्र आदि श्रौत धर्म का उपदेश दिया था। वर्णाश्रम के आचार व्यवहार को बताने वाले स्मार्त धर्म का प्रचार स्वायंभुव मनु ने किया था। त्रेता के आदिम काल में वेद काफी संक्षिप्त थे। वे केवल धर्म और कर्म-काण्ड से ही युक्त थे। द्वापर युग में आयु के कम होने तथा विघ्न-बाधाओं के कारण उनका विभाग किया गया। कलियुग तथा द्वापर के शुरू में सबसे पहले ब्रह्माजी ने, तपस्या के बल से दिव्य गुणों से युक्त, आदि और अन्त से ही ऋषियों और देवताओं की सृष्टि की। हर युग में एक ही अर्थ रखने वाले वेदों के वाक्य समूह युगों के स्वभाव के क्रम से धर्म, प्रजा तथा विविध अंगों सहित विकार को प्राप्त होते हैं। क्षत्रिय लोगों के लिए उद्योग यज्ञ प्रधान माना गया था। वैश्यों के लिए हवनीय यज्ञ, शूद्रों को तीनों श्रेष्ठ वर्णों की सेवा रूप यज्ञ करना चाहिए तथा ब्राह्मणों का यज्ञ जप यज्ञ प्रधान है। त्रेता युग में धर्म की रक्षा करते हुए ब्राह्मण सहित चारों वर्णों के लोग आनन्दपूर्वक अपना जीवन व्यतीत किया करते थे। सभी वर्ण समृद्ध तथा सुखी रहते हुए, एक-दूसरे की सुख-सुविधा का ध्यान रखते थे। सभी की मनसा, वाचा, कर्मणा कार्य सिद्धि होती थी। आयु, बल, बुद्धि, स्वरूप, आरोग्य, धर्मशीलता-ये सभी पूरी जनता को उस युग में प्राप्त थे। त्रेता युग में प्रजा के लिए वर्णाश्रम धर्म की व्यवस्था की हुई थी, परन्तु उसका पालन वे लोग अज्ञानतावश कर नहीं पाए और धर्म-सम्बन्धी विवादों में घिरकर सभी लोग मनु के पास गए। मनु ने यह सब देखकर तथा सत्य का निरीक्षण करके ध्यान-मग्न हो, अपनी पत्नी शतरूपा से दो पुत्रों को उत्पन्न किया। ये दोनों पुत्र प्रियव्रत और उत्तानपाद ही सबसे पहले राजा हुए।

प्रियव्रत और उत्तानपाद के राजा बनने के बाद से ही धरती पर राजा लोग दण्ड की व्यवस्था करने वाले होने लगे। प्रजा वर्ग का रंजन करने के कारण ही उन्हें राजा कहा जाने लगा। गुप्त रूप से पाप करने वाले मनुष्यों को वश में करने के लिए, धर्म की मर्यादा को बनाए रखने के लिए वर्णों का विभाग किया गया। ऋषियों और ब्राह्मणों ने इसी युग में मन्त्र एवं संहिताओं का प्रचार किया तथा देवताओं ने कुश, हवन, जप तथा अन्य सामग्रियों के साथ यज्ञ का प्रचार किया। त्रेता युग में सत्य,

जप, तपस्या और दान, ये ही प्रमुख रूप से धर्म माने जाते थे, परन्तु अनुष्ठान धर्म का ह्रास होता था। सत्य धर्म की ही प्रतिष्ठा थी। उस युग में शूरवीर, दीर्घ आयु वाले, बलशाली, योग्य दण्ड देने वाले, यज्ञपरायण तथा ब्रह्मवादी राजा उत्पन्न हुए थे। वे सभी धनुषधारी तथा चक्रवर्ती थे। चक्र, रथ, मणि, स्त्रीनिधि, अश्व और हस्ती। ये सात प्रमुख रत्न हैं जो प्रत्येक चक्रवर्ती राजा के लिए अनिवार्य माने गए हैं। चक्र, रथ, मणि, खड्ग, धनुष, केतु और निधि, ये सातों रत्न प्राणहीन हैं। स्त्री, पुरोहित, सेनापति, रथकार, मन्त्री, अश्व और गण शावक, ये प्राणधारी रत्न हैं। ये सभी चौदह प्रकार के रत्न तथा सिद्धि को देने वाले हैं। चक्रवर्ती राजा पृथ्वी पर भगवान् विष्णु के अंश से उत्पन्न होते हैं। ये सभी रत्न राजाओं के लिए कल्याणकारी और प्रयोजनीय हैं। चार अद्‌भुत रत्न भी हैं–बल, धर्म, सुख तथा धन। राजा अपने गुणों से इन चारों रत्नों को एक समय में ही प्राप्त कर सकता है।

चक्रवर्ती राजा अपने गुणों के द्वारा ऋषियों को प्रसन्न करते हैं तथा अपने बल और तपस्या से देवताओं, दानवों और मनुष्यों पर विजय प्राप्त करते हैं। चक्रवर्ती राजाओं के शरीर दिव्य लक्षणों से युक्त होते हैं तथा ये पिचासी हजार वर्ष तक जीवित रहते हैं और वृद्धावस्था इनके पास नहीं आती। आकाश, समुद्र, पालन तथा पर्वत इन चार स्थानों पर जाते समय वे अकेले रहते हैं। यज्ञ आराधन, दान, तपस्या तथा सत्य का आचरण ही त्रेता युग के प्रमुख धर्म थे। एक ही वेद चार भागों में विभक्त हो गया था। मनुष्य तीन हजार वर्ष तक जीवित रहते थे। त्रेता युग में सभी लोग पुत्र-पौत्र आदि से भरे-पूरे रहते थे। पिता के सामने पुत्र-पौत्र आदि की मृत्यु नहीं होती थी। क्रम के अनुसार ही सब मृत्यु को प्राप्त होते थे। इस प्रकार त्रेता युग में सारी प्रजा सुखपूर्वक, एक-दूसरे के प्रति आस्था रखते हुए–नीरोग, धर्म में विश्वास रखते हुए अपना जीवन यापन करती थी।

आगे सूत्रजी ने त्रेता के आरंभिक काल में यज्ञ की प्रथा के प्रारम्भ की चर्चा करते हुए बताया कि जब त्रेता में वृष्टि होने के बाद सभी प्रकार की औषधियां उत्पन्न हो गईं, लोग घर, द्वारा आश्रम नगर की कर्त्ता में लीन हो गए, तो विश्व भोक्ता इन्द्र ने वर्णाश्रम धर्म की व्यवस्था करके ऐहिक एवं पारलौकिक निश्रेयस की प्राप्ति के लिए मन्त्रों एवं संहिताओं का

प्रचार करके उनको तत्तत कर्मों में नियंत्रित करके सभी देवों के साथ सम्पूर्ण सामग्री और उपकरण सहित यज्ञ की प्रारम्भ की।

उस समय अश्वमेघ यज्ञ का कार्य जब प्रारम्भ हुआ, महर्षिगण आकर उसमें सम्मिलित हुए, सभी दर्शनार्थी उपस्थित हुए। मधुर स्वर में वेद की ऋचनाओं का गायन होने लगा, हवनीय पशुओं का वध होने लगा। देवों के होता अग्नि में आहुति देने लगे। यज्ञ भाग पाने के लिए देवगणों का आह्वान होने लगा। देवगण कल्प में यज्ञों के भाग को प्राप्त करने के लिए इन्द्रादि देवों की पूजा करने लगे। पशुबलि को देखकर महर्षियों ने देवराज इन्द्र से कहा–हे देवेन्द्र! पशु-वध से यज्ञ कल्याणकारी नहीं होगा। क्योंकि हिंसा कभी भी धर्म नहीं हो सकता। यदि तुम्हें यज्ञ की ही अभिलाषा है तो वेद के अनुरूप यज्ञ करो। वेद के अनुरूप विधि से किया गया यज्ञ अवश्य फलदायी होगा और धर्मानुरूप भी होगा। यह जानकर पुराने तीन वर्ष के रखे हुए बीजों द्वारा ब्रह्मा ने यज्ञ का अनुष्ठान किया। यह महान धर्ममय यज्ञ का आराधन है। इस प्रकार उन तत्त्वदर्शी समागत मुनियों के कहने पर विश्वभोक्ता इन्द्र को यह संशय उत्पन्न हो गया कि हमें अब स्थावर एवं जंगम उपकरणों में से किसके द्वारा यज्ञ आराधना करना चाहिए? उन तत्त्वदर्शियों ने इन्द्र के साथ समझौता करके इस विषय की मीमांसा के लिए राजा से पूछा तो राजा ने उन्हें बताया कि शास्त्र के उपदेशों के अनुसार ही यज्ञाराधना करना चाहिए। शास्त्रों के अनुसार मेध्य पशुओं के द्वारा तथा बीजों या फलों के द्वारा ही यज्ञाराधन करना चाहिए क्योंकि यज्ञ का स्वभाव ही हिंसा है। महातपस्वी योगी-महर्षियों के द्वारा आविष्कृत मन्त्र समूह हिंसा के ही द्योतक हैं तथा तारकादि दर्शनों द्वारा भी यज्ञों का हिंसामूलक होना ही माना गया है।

राजा ने कहा कि हे महर्षिगणों! यदि उन मन्त्रों आदि के वचन प्रामाणिक हैं तो हिंसामूलक यज्ञ अनुष्ठान ही आप लोग करें, नहीं तो मेरी सभी बातों को असत्य जानें। राजा से इस प्रकार की असत्य बातें सुनकर ऋषियों ने कहा कि तू राजा होकर भी ऐसी असत्य वाणी बोल रहा है, इसलिए चुप रह और अब तू रसातल में प्रवेश कर। मुनियों के ऐसा कहते ही वह राजा रसातल में प्रविष्ट हो गया। इसीलिए पंडित व्यक्ति को भी धार्मिक कार्यों में कभी अकेले ही कोई निर्णय नहीं लेना चाहिए। धर्म के

द्वार अनेक होते हैं तथा इसकी सूक्ष्म गति का ज्ञान गूढ़ है। इसलिए केवल स्वायंभुव मनु के अतिरिक्त देवताओं तथा ऋषियों में से भी कोई निश्चित रूप से धर्म तत्त्व का निर्णय नहीं दे सकता। महर्षियों ने जीव हिंसा को धर्म का द्वार नहीं माना है, इसीलिए वे दान और यज्ञ की प्रशंसा नहीं करते। किसी से द्रोह ने करना, निर्लोभ रहना, जीवों पर दया करना, तपस्या, ब्रह्मचर्य, करुणा, सत्य, क्षमा और धैर्य सनातन-धर्म के ये ही मूल हैं तथा इन्हें बड़ा ही कठिनता से प्राप्त किया जा सकता है। यज्ञ धर्म-मन्त्रों द्वारा सिद्ध होते हैं, तपस्या अनशन द्वारा साध्य होती है। यज्ञ से देवत्व की प्राप्ति होती है तथा तपस्या द्वारा वैराग्य प्राप्त होता है। कर्मों के संन्यास से ब्रह्म की प्राप्ति, वैराग्य से लय और ज्ञान से कैवल्य की प्राप्ति होती है। इसके पश्चात उस अश्वमेध यज्ञ में उपस्थित सभी ऋषिगण हिंसात्मक यज्ञ के अद्‍भुत धर्म पथ को देखकर तथा राजा वसु की बातों का अनादर करके अपने-अपने स्थान को लौट गए। तब देवता ने यज्ञ का कार्य समाप्त किया। अनेक प्रभृति राजा गण अपने तप के बल से सिद्धि प्राप्त कर स्वर्गलोक को गए। इन्हीं सब कारणों से यज्ञ की अपेक्षा तपस्या को अधिक फलदायी माना गया है। यज्ञ कभी भी तप से श्रेष्ठ नहीं हो सकता। जगत् का मूल तप ही है।

त्रेता युग के क्षीण होने पर द्वापर युग आता है। इसके आदिम काल में मनुष्य की पूर्व सिद्धियों समाप्त हो जाती है और उन्हीं प्रजाओं के मन में मानवीय दुर्बलताओं का यथा–लोभ, अधैर्य, व्यापार वृत्ति, वर्णों में पारस्परिक भेद, कर्म-अकर्म का निर्णय, याचना, बध, अक्षमा, निर्बलता, आदि अवगुण की रंजोमय एवं तमोमय की प्रवृत्तियों का विकास होने लगता है। सतयुग में धर्म नहीं था, त्रेता में उसकी प्रवृत्ति होती है, द्वापर में वह व्याकुल हो जाता है और कलियुग में वह विनिष्ट हो जाता है, द्वापर आदि युगों में विभ्रान्त दृष्टि वाले मनुष्य से शास्त्र व्याकुल हो जाते हैं। एक वेद के त्रेता युग में चार चरण किए गए, द्वापर में मनुष्यों की अल्पायु के कारण वेदव्यासों ने वेद को चार भागों में विभक्त किया, उसके बाद भी दृष्टि विभ्रम के कारण उन वेदों का विभाग हुआ और मन्त्र और ब्राह्मण दो भाग हुए। भ्रान्त दृष्टि वाले वेदाभ्यासी ऋषियों ने कहीं सामान्य ढंग से और कहीं बुद्धि की विकृति के कारण संहिताओं को

विपर्यस्त हो गए। द्वापर युग में आश्रम धर्म विपर्यय हो गया। द्विजादिगण आश्रम धर्मों और आचारों से वियुक्त हुए। कलियुग आते-जाते वे एकदम फिर विलुप्त हो गए। अनावृष्टि, मरण, व्याधियां, मनसावाचिक और कार्मिक दोषों की उत्पत्ति से प्रजा वर्ग के कर्मों में जो विपर्यय होता है उसके कारण प्रजा के मन में पश्चाताप होता है और दुखों से मुक्ति पाने का विवेक उत्पन्न होता है। इस प्रकार दोषदर्शन से ज्ञान की उत्पत्ति द्वापर युग में होती है। मनुष्य की अधिक आयु दो सहस्त्र वर्ष होती है और द्वापर के समाप्त होने पर उसके चौथे अंश में उसकी सन्धियां प्रवृत्त होती हैं। संध्या के समाप्त होने पर उसके संध्यांश की अवधि आती है।

द्वापर युग के संध्यांश की निवृत्ति हो जाने के बाद कलियुग की प्रवृत्ति होती है। हिंसा, क्रोध, असत्य भाषण, माया, तपस्वियों का संहार आदि कलियुग के स्वभाव हैं। प्रजा कालधर्म के अनुसार इनका पालन करती है। धर्म यहां सम्पूर्ण रूप से नष्ट हो जाता है। लोगों की जीविका का प्रश्न संकट में आ जाता है। दुर्भिक्ष, बीमारियां, अनावृष्टि का भय और अभाव की स्थिति बनी रहती है। उन स्मृतियों को लोक में कोई प्रमाण नहीं रह जाता, जिनका प्रत्येक में युग मान था। लोग अज्ञानी, अनाचारी, धर्मविहीन, असत्यभाषी होते हैं और मिथ्यांचरण का चलन होता है। द्विजाति वर्ग न वेदों का अध्ययन करता है, न यज्ञों का अनुष्ठान। कुटिलता छल और व्यवहार विपर्यय भी हो जाता है। वसुन्धरा अल्प जल वाली और फलवाली हो जाती है। क्षत्रिय राजा शक्तिहीन होने लगते हैं और शक्तिशाली दुष्ट लोग स्वामी हो जाते हैं। कलियुग के लिए ही इसी प्रकार का आचरण बताया गया है। कामुक्ता ही कामुक्ता शेष रह जाती है। युगान्त के समय पुरुष अपने बालों को बिखराए धूल चारण करने वाले होंगे। सोलह वर्ष से भी अल्प अवस्था में वे सन्तान उत्पत्ति करेंगे। चौर कर्म अधिक होगा। अकर्मण्य लोग अधिक होंगे। आश्रम, धर्मविरोधी, पाखण्डी, कलियुग के आने पर उत्पन्न होंगे। ब्राह्मण वेदों का अध्ययन छोड़ देंगे। गौहत्या, स्त्री हत्या, परस्पर मारपीट अथवा एक-दूसरे का वध करके किसी प्रकार कलियुगी जीव अपना जीवन-यापन करेगा। गर्भहत्या को घोर प्रचार होगा, जिसके कारण आयु, बल, रूप का नाश होगा। जो सिद्धि त्रेता में एक वर्ष में प्राप्त होती थी, द्वापर में एक मास में प्राप्त की

जाती थी, वह कलियुग में अनुष्ठान करने पर केवल एक दिन में प्राप्त हो जायेगी। इसी प्रकार कलियुग की संध्या काल में आचरण होगा और उसकी सिद्धियां संध्या एक पाद होगी। स्वायंभुव मन्वन्तर के आदि कलियुग के संध्यांश पर असद्र पुरुषों को दण्ड देने वाला, भृगुवंशियों की मृत्यु के बाद प्रमति नाम का राजा उत्पन्न होता है। घूम-घूम कर पूरे बीस वर्ष में रह सहस्त्रों म्लेच्छों का संहार करता है। शूद्र कुल में उत्पन्न राजाओं को मारकर, पाखण्डों का निराकरण कर, धर्म में विश्वास न करने वालों को मार डालता है। वह म्लेच्छों का घोर शत्रु पृथ्वी मंडल को अपने क्रोध से उन अधार्मिक शूद्रों से मुक्त कर देता है और गंगा-यमुना के बीच में अपने अनुगामियों सहित शरीर त्याग करता है। उसके बाद संध्यांश काल में उत्पन्न अराजकता से जीवन का संशय फिर उपस्थित हो जाता है और फिर वे लोग धर्म विनिष्ट हो जाने पर मर्यादा, लज्जा, धर्म और स्नेह से रहित एक-दूसरे से युद्ध करते हुए मृत्यु को प्राप्त हो जाते हैं। इस प्रकार कष्टं की अन्तिम सीमा पर पहुंचकर जरा, व्याधि, क्षुधा की पीड़ा से संतृप्त होकर जीवन से विरक्त होकर जो बच जाते हैं, उनमें विवेक उत्पन्न होता है और विवेक से वे सभी जीवों से समानता का व्यवहार करते हैं। कलियुग की अल्प प्रजा के चित्त में सम्मोहन उत्पन्न करके धर्म के व्यवहार से धर्म की प्रवृत्ति उन्मुख होती है। यहीं से सतयुग की प्रवृत्ति होती है।

वेद विभाजन व्रत को सुनाते हुए सूतजी ने बताया कि हे ऋषिगण! आप लोगों के सामने जो वेद समूह विद्यमान है, उसे ब्रह्मा के कथनानुसार मनुजी ने चार भागों में विभक्त किया। इसी मन्वन्तर द्वारा जिसे बतला रहा हूं अन्य मन्वन्तरों के बारे में भी और उनके कर्त्ताओं के बारे में भी जानना चाहिए। इस युग में परम तपस्वी पराशरजी के पुत्र वेद द्वैपायन व्यास जी ने जो विष्णु भगवान् के ही अंश कहे गए हैं, ब्रह्मा के अनुरोध पर इस वेद का विभाग किया। वेदव्यास के प्रमुख चार शिष्य बने, जिनमें पैल, दिजवर्य को ऋग्वेद का व्याख्याता, वैशम्पायन को यजुर्वेद का, जैमिनी को सामवेद का तथा ऋषिवर्य सुमन्तु को अथर्ववेद का व्याख्याता अंगीकार किया। इतिहास तथा पुराण की व्याख्या के लिए उन्होंने मुझ लोमहर्षण सूत को चुना। पहले यजुर्वेद एक ही था। उसके पीछे चलकर इसे चार भागों विभक्त किया गया। इस प्रकार उसमें चार्तुगोत्र की कल्पना हुई,

जिससे यज्ञों का प्रचलन हुआ। यजुर्वेद के मन्त्रों से आध्वर्यव, ऋग्वेद के मन्त्रों से हवन, सामवेद के मन्त्रों से उदगात्र और अथर्ववेद के मन्त्रों से ब्रह्मत्व की प्रतिष्ठा की। इसके पश्चात उन्होंने रचनाओं का उद्धार करके ऋग्वेद का सम्पादन किया, जिसके कारण जगत् का कल्याण करने वाले हवनीय पदार्थों के वाहक होताओं की कल्पना हुई। साम के स्फुट मन्त्रों के समूह से सामवेद का संग्रह और सम्पादन किया। अथर्ववेद द्वारा राजाओं के परम आवश्यक कर्म-काण्डों का विधान कराया। इसी प्रकार पुराणों के तात्पर्य को भली-भांति समझने वाले द्वैपायन के आख्यान-उपाख्यान गाथाओं एवं कुलाचार की परम्परा द्वारा पुराणों की विस्तृत कथाओं की रचना की, जिसके द्वारा यज्ञों की क्रियाएं सम्पन्न होती हैं, वही यजुर्वेद है।

परम तेजस्वी पैल ने ऋक् समूहों को संग्रहित कर दो भागों में विभक्त किया और इन्हें इन्द्र प्रभति और वाश्कलि नाम के दो शिष्यों को बांट दिया। वाश्कलि ने इसे अपने चार शिष्यों को चार संहिताओं में विभक्त करके पढ़ाया, जिसमें पहली शाखा बोध्य को, दूसरी अग्निमाठा को, तीसरी पाराशर को और चौथी याज्ञवल्क्य को दी। इन्द्र प्रभति ने एक संहिता का सम्पादन कर उसे अपने परम प्रतापी शिष्य मार्कण्डेय को सौंप दी। इसी शाखा में अपने ज्ञान के अहंकार से गर्वित होकर शाकल्य वेदमित्र नामक ब्राह्मण राजा जनक के यज्ञ में विनाश को प्राप्त हुए।

शाकल्य के विनाश की कथा बताते हुए सूतजी ने कहा कि, एक बार राजा जनक के यहां अश्वमेध यज्ञ के समय विशाल ब्राह्मण समूह उपस्थित हुआ। अनेक ऋषिगण वहां पधारे, जिसे देखकर जनक के मन में यह संकोच उत्पन्न हुआ कि इनमें वह सर्वश्रेष्ठ किस मानें? इसके लिए उन्होंने एक उक्ति का सहारा लिया। एक सहस्त्र गौएं, एक सहस्त्र से अधिक स्वर्ण मुद्राएं, बहुमूल्य रत्न और अनेक गांव साथ लेकर राजा ने मुनियों से कहा–ऋषि वृन्द! आप सब लोगों को मैं सिर झुकाकर नमस्कार करता हूं। आप में से जो मुनि सर्वश्रेष्ठ हों, वे मेरे इस लाए हुए द्रव्य आदि समूह को ग्रहण करें। क्योंकि श्रेष्ठ ब्राह्मण एकमात्र विद्या के धनी होते हैं, उनकी श्रेष्ठता का परिचय विद्या से होता है। यह देखकर ज्ञान के मद के उन्मादी उन ऋषियों में वाद-विवाद उठ खड़ा हुआ। ठीक इसी अवसर पर ब्रह्मज्ञानियों में श्रेष्ठ महातपस्वी याज्ञवल्क्य ने अपने शिष्यों से कहा–जाओ,

इस धन राशि को उठा लो, यह सब हमारे लिए है। सभी वेदों में मैं ही एकमात्र अधिकारी प्रवक्ता हूं, जिस किसी ब्राह्मण को मेरी यह बात अच्छी न लगती हो, वह मेरे सम्मुख आ जाए। याज्ञवल्क्य की बातें सुनकर ब्राह्मण समुदाय प्रलयकाल में समुद्र की भांति क्षुब्ध हो गया पर स्वस्थ मनोवृत्ति सम्पन्न मुनिवर याज्ञवल्क्य पर हंसते हुए बोलते रहे। इसके पश्चात् वहां उनमें परस्पर वाद-विवाद हुआ। धन-लोभ से युक्त उन महात्मा ऋषियों में लौकिक, वैदिक तथा आध्यात्मिक विषयों पर सूक्ष्म रहस्य जनित सैकड़ों कल्याणकारी अर्थों के नए-नए अविष्कार से युक्त विवाद होने लगे, जिसमें याज्ञवल्क्य एक पक्ष थे और ऋषि समूह दूसरा पक्ष। मुनि याज्ञवल्क्य ने सभी ऋषियों को परास्त कर दिया, लेकिन अन्त में शाकल्य शेष रहे। शाकल्य ने याज्ञवल्क्य से एक सहस्त्र प्रश्न किए, जिनका याज्ञवल्क्य ने सन्तोषजनक उत्तर दिया। तब याज्ञवल्क्य ने शाकल्य से कहा कि अब तुम मेरे एक अभीष्ट प्रश्न का उत्तर दो, यदि तुम उत्तर न दे पाए तो तुम्हें मृत्यु स्वीकार होगी। याज्ञवल्क्य के प्रश्न का तात्पर्य शाकल्य की समझ में नहीं आया और वे मृत्यु को प्राप्त हुए। इस प्रकार याज्ञवल्क्य ने अपने शिष्यों सहित उस समस्त धन राशि को साथ ले अपने निवासी की ओर प्रस्थान किया।

विद्वान् प्रवर देवमित्र शाकल्य ने पांच संहिताओं का प्रणयन किया था। उनके मुद्गल, गोलक, हलिय, मत्स्य, शैशरेय नामक पांच शिष्य थे। रथितर ने तीन संहिताओं का निरूपण किया, फिर निरुक्त का प्रणयन किया। केतव्, क्षलकी, धर्म शर्मा और देव शर्मा नाम के चार शिष्य थे, ये सभी विद्याव्रती थे। शाकल्य की मृत्यु के बाद इन सभी को ब्रह्महत्या का पाप लगा, जिससे चिन्तित होकर वे ब्रह्मा के पास गए और ब्रह्मा ने उन्हें वायु के पास भेज दिया और कहा कि वहां जाने पर तुम्हारे पाप नष्ट हो जायेंगे। ब्रह्मा की बातें सुन ऋषिगण वायुपुर आए और विधिपूर्वक स्नान किया तथा देवताओं के दर्शन किए और पाप मुक्त हो गए। वायुपुर नाम का वह पावन तीर्थ पापों का विनाश करने वाला है और इसके बारे में यह कहा गया है कि जिस समय अंजलि के गर्भ से हनुमान उत्पन्न हुए थे, उसी समय वायु ने उस पावन तीर्थ का निर्माण किया। उस पुर में ब्राह्मणों की महती शासन-व्यवस्था प्रचलित हुई थी। गौहत्या कृतघ्न और

गुरु स्त्री गामी कठोर पापी भी इस तीर्थ पर आकर पापमुक्त हो जाते हैं।

सूतजी ने चरकल्य-प्राप्ति की कथा सुनाते हुए, ऋषियों से कहा कि एक बार समस्त ऋषियों को एक ऐसा कार्य आ पड़ा, जिसमें वे सब सम्मति के लिए सुमेरु पर्वत पर उपस्थित हुए। उस समय उन्होंने यह प्रण किया कि जो ब्राह्मण सात रात के बीच हमारी इस मन्त्रणा में सहयोग देने नहीं आएगा। वह ब्रह्महत्या का भागी होगा। इसमें वहां वैशम्पायन ऋषि नहीं गए और इस प्रकार वे ब्रह्महत्या के भागी बने। वैशम्पायन ने उस अवसर पर अपने शिष्यों को बुलाकर कहा–तुम सब मेरे लिए मिलकर इस ब्रह्महत्या के पाप का भोग करो। याज्ञवल्क्य ने कहा–मैं इस ब्रह्महत्या का अनुभव करूंगा। ऐसा कहने पर वैशम्पायन ने क्रुद्ध होकर उनसे कहा–तुमने जो कुछ मुझसे अध्ययन किया है वह लौटा दो। गुरु के कहने पर याज्ञवल्क्य मुनि के वमन द्वारा रुधिर से भीगे समस्त यजुर्वेद को उनके सम्मुख प्रत्यर्पण कर दिया और ध्यान लगाकर सूर्य की आराधना की। उस समय आकाश मण्डल में जितने ऊपर जाकर सूर्य रूप ब्रह्म प्रतिष्ठित था उतने ही ऊपर उठकर समस्त यजुर्वेद सूर्यमण्डल में आश्रय लेने लगा, जिससे सन्तुष्ट होकर मार्तण्डेय सूर्य ने बुद्धिमान याज्ञवल्क्य को प्रदान किया। उस यजुर्वेद का अध्ययन करने वाले ब्राह्मण अश्वरूप धारी हुए। जिन वैम्पायन के शिष्यों ने उनके साथ ब्रह्महत्या का उपभोग किया था वे चरण के कारण चरक नाम से प्रसिद्ध हुए और ये क्रम जैमिनी, समन्तु, सुकर्मी आदि से होता हुआ शिष्य परम्परा में बढ़ता रहा। भविष्य द्वापर में परम तपस्वी द्रोणी द्वैपायन वेदव्यास के द्वारा वेदों की शाखाओं को पुनः प्रणयन होगा। उन्हें परम तपस्या द्वारा अविनाशी ब्रह्मपद की प्राप्ति होगी। तपस्या द्वारा कर्म की, कर्म से यश की, यश की, यश से सत्य की, सत्य से अव्यय शाश्वत पद की तथा अव्यय पद से अमृत, अमृत से शुक्र तथा समस्त पदार्थों की प्राप्ति होती है। एकमात्र अक्षर ब्रह्मा ही अपनी अन्तरात्मा में व्यवस्थित रूप में विद्यमान है, वही जगत् का पालन करने के कारण ब्रह्म कहलाता है और सभी वेद सम्पूर्ण संहिताओं का उपदेश एवं देवताओं तथा ऋषियों को जो ज्ञान प्रदर्शित किए हैं, वे सब उसी अव्यय ब्रह्म के द्वारा प्रकाशित है। वास्तव में सभी कर्त्ताओं को आदिकर्त्ता और सभी का आविष्कारक ब्रह्म की है। इस पृथ्वी तल पर प्रत्येक त्रेता युग में सर्वप्रथम

विधाता परवेष्ठि पितामह के पुत्र मनु ही एक मात्र समस्त विद्याओं के ज्ञाता होकर उपदेश करते हैं। द्वापर युग में उस एक विद्या का विभाग करते हैं और वैवस्वत मन्वन्तर में ब्रह्म ही इसका उपदेश करते हैं तथा प्रत्येक युग में पिता से पुत्र तथा पुत्र से पिता इस प्रकार परस्पर उत्पन्न होने पर बार-बार संहिताओं का प्रवर्त्तन होता है। जिन अट्ठासी हजार वेदज्ञ ऋषियों की चर्चा की जाती है, वे ही इन संहिताओं का प्रत्येक युग में प्रवर्त्तन करते हैं। द्वापर युग में श्रुति, ज्ञात ऋषियों द्वारा संहिताओं की रचना होती है। उन्हीं के गोत्रों में उत्पन्न होने वाले वेद की शाखाओं का पुनः-पुनः विभाजन करते हैं। वेद की शाखाएं और उनके रचयिता गण युग क्षय होने पर भी विद्यमान रहते हैं। विस्तापूर्वक इनका क्रमिक वर्णन काल के अनादि और असंख्य होने के कारण नहीं किया जा सकता।

जो मन्वन्तर प्राचीन काल में कल्प तथा युगादि अपने समय में होने वाले पितरों, मुनियों, देवताओं और सप्तर्षियों के साथ काल की महिमावश व्यतीत हो चुके हैं, उसी क्रम से अपने समय में होने वाली प्रजाओं के साथ सैकड़ों, सहस्त्रों अन्य कल्प तथा मन्वन्तर भी व्यतीत हो चुके हैं। तीस करोड़ सरसठ नीयुत (एक नीयुत बराबर दस लाख) बीस सहस्त्र वर्ष सन्धि काल के बिना एक मन्वन्तर की अवधि मानी गई। मन्वन्तर की यह संख्या माणों-परिमाणों से बताई गई है। दिव्य काल से मन्वन्तर का परिमाण बताते हुए सूतजी ने कहा–आठ लाख बावन हजार दिव्य वर्ष की संख्या स्मरण की जाती है। इस काल अवधि का चौदह गुना काल महाप्रलय का होता है जबकि एक सहस्त्र युग बीत जाते हैं। इसे ब्रह्मा का एक दिन कहा जाता है। मन्वन्तरों के परिवर्तन होने पर सभी महर्लोक को प्राप्त होते हैं जो फिर जप, तप और सत्यलोक को प्राप्त होते हैं और अन्ततः प्रमाण रहित नारायण भगवान् के शरीर में प्रविष्ट होते हैं। विधि की इच्छा से चिरकाल से प्रावृत्त मन्वन्तरों के इन परिवर्तनों ने जन्म और मृत्यु द्वारा बंधा हुआ परिवर्तनशील जीव समूह क्षण भी कहीं स्थिर नहीं रहता। इस प्रकार वायु द्वारा कहा गया यह वृत्तान्त राजर्षियों, देवर्षियों, ब्रह्मर्षियों, देवताओं, सर्पों, यक्ष, गन्धर्वों, अप्सराओं, ऋषि-मुनियों के कथानकों से संयुक्त है और पुण्यप्रद है।

चाक्षुष मनु का वंश वर्णन

चाक्षुष मनु का वंश वर्णन करते हुए सूतजी ने कहा कि—चाक्षुष मनु के वंश में वेन नाम के राजा हुए जिसके अत्याचार से प्रजावर्ग में घोर असंतोष फैल गया। उस समय ऋषियों ने मृत वेन के हाथों का मन्थन करके पृथु नाम के पुत्र को उत्पन्न किया। पृथु अपने असह्य तेज से जलते हुए धनुष और कवच धारण किए उत्पन्न हुआ और उसने अपने अपार साहस से समस्त लोक की रक्षा की। महाराज पृथु के उत्पन्न होने पर वेन का स्वर्गवास हो गया। परम तेजस्वी और सच्चरित्र पुत्र पृथु के उत्पन्न होने के कारण पुरुष व्याघ्र वेन पुम्ह नामक नरक में जाने से बच गया। पृथु का अभिषेक हुआ, सभी देवता, ऋषि सहित ब्रह्मा ने वेन पुत्र पृथु को राजसिंहासन पर बिठाया और उनका अभिषेचन किया। देवताओं और अंगिरा के पुत्रों द्वारा अभिशप्त किए जाने से पृथु का प्रताप और बढ़ गया। पिता से अप्रसन्न रहने वाली प्रजा को उसने अत्यन्त प्रसन्न किया। समुद्र पर अभियान करते समय जल समूह स्तम्भित हो जाते थे, पर्वत समूह विशीर्ण हो जाते थे, कभी ध्वजाओं का भंग नहीं होता था। पृथ्वी बिना कष्ट के केवल चिन्तन मात्र से अन्न उत्पन्न करती थी, गौएं मनोरथ पूर्ण करने वाली थीं। ठीक इसी समय पितामह के पवित्र महायज्ञ का आरम्भ हुआ। उसी दिन सूती के गर्भ से परम सूतजी उत्पन्न हुए और उसी महायज्ञ में बुद्धिमान मगध भी उत्पन्न हुए। उस समय सामवेद का गायन हो रहा था, उस समय असावधानी के कारण विश्वदेव के सुख और पात्र में इन्द्र की हवि के साथ बृहस्पति की हवि भी इन्द्र के साथ मिल गई, जिससे सूत की उत्पत्ति हुई और साम गान के समय उत्पन्न होने के कारण वे मगध कहे गए, इस तरह असावधानी के कारण शिष्य की हवि के साथ गुरु की हवि मिल जाने से, नीच-ऊंच के पारस्परिक संयोग के कारण इसे पापाचरण समझा गया और इसीलिए हीन योनि क्षत्रियों की हवि के साथ ब्राह्मण की हवि का संयोग होना पूर्व जाति के साधर्म्य के कारण सूत उसी के तुल्य धर्म वाले कहे गए और इनका धर्म क्षत्रियों के समान जीविका अर्जन करना हुआ। राजा पृथु के लिए देवताओं और ऋषियों ने उन दोनों सूत और मागधों का बुलाया और कहा, इनकी स्तुति करो। मुनियों से ऐसा सुनने पर

सूत और मागध ने कहा–हम लोग महाराज के विषय में तो कुछ नहीं जानते। न तो यश के बारे में और न तेजस्विता के बारे में। तब ऋषियों ने कहा कि इसके द्वारा भविष्य में होने वाले जो क्रियाकलाप हैं–दान, धर्म, सत्यवादिता, जितेन्द्रियता, संग्राम भूमि में विजय, बलशीलता, जो सभी भूतकाल में पृथ ने किए हैं, इन्हीं की स्तुति करो। सूत और मागधों ने राजा पृथु की स्तुति की और पृथु ने प्रसन्न होकर सूत के लिए जल तटवर्ती अनूप और मागधों के लिए मगध प्रदेश दान किया और तभी से ये सूत और मागध गण पृथ्वीपति राजाओं की स्तुति करते हैं। परम प्रसन्न महर्षियों ने प्रजा से कहा कि राजा पृथु ही तुम लोगों को वृत्ति देने वाला है। ऐसा सुनकर सारी प्रजा पृथु से जीविका वृत्ति की याचना करनी लगी।

प्रथु के कार्यकाल से इस पृथ्वी लोक में सभी वस्तुएं उत्पन्न होने लगीं। सभी लुप्त होने वाली वस्तुओं की पृथु ने कठिनाई से रक्षा की। फिर उस ऐश्वर्यशाली राजा ने चाक्षुष मनु को बछड़ा बनाकर अन्न राशि का पृथ्वी से दोहन किया और उसी अन्न से उस समय की प्रजा की जीविका चली। बाद में ऋषियों ने वसुन्धरा का पुनः दोहन किया। चन्द्रमा बछड़े बने और बृहस्पति दोहने वाले और गायत्री दोहन पात्र बनी। इसके पश्चात् इन्द्र आदि देवों ने सुवर्ण पात्र लेकर पृथ्वी से अमृत का दोहन किया। नागों ने स्तुति कर पृथ्वी से विष रूप क्षीर दुहा। उनमें दुहने वाले वासु भीं थे। इसके पश्चात पुण्यकर्त्ता यक्षों द्वारा पृथ्वी का दोहन किया गया। दुहने वाला जतुनाभ था। तदनन्तर राक्षसों, पिशाचों ने ब्रह्मज्ञानी कुबेर को दुहने वाला बनाकर पृथ्वी का दोहन किया। पितरों ने चांदी के पात्र में पृथ्वी का दोहन किया और दुहन वाले अरियमा थे तथा यमराज बछड़ा बने। इस प्रकार दोहन की जाती हुई यह पृथ्वी, सबको धारण करने वाली सभी मनोरथों को पूर्ण करने वाली, सभी का विधान करने वाली है और इस पृथ्वी का दोहन राजा पृथु ने लोक हित के लिए किया। यही चराचर जीवों की आश्रय भूता है।

समुद्र तक फैली यह पृथ्वी वसुधा नाम से पुकारी जाती है तथा मेंदिनी के नाम से भी पूर्वकाल में यह मधु कैटम नाम के दानवों की चर्बी से अकीर्ण थी। राजा पृथु की पुत्री होने के कारण इसे पृथी भी कहा जाता है। राजा पृथु के अर्न्तधी और पाती नामक दो पुत्र हुए। अर्न्तधी से

हर्विधान और इसके वंश में शुक्र, गय, कृष्ण, व्रज, अजय तथा प्राचीन बर्हिष नाम के छः पुत्र हुए। प्राचीन बर्हिष का विवाह समुद्र पुत्री सुवर्णा से हुआ। यह धनुर्वेद में पारंगत था। इसके यहां दस पुत्र उत्पन्न हुए, जो सभी प्रचेता के नाम से विख्यात हुए। इन सभी ने दस हजार वर्षों तक समुद्र के जल में शयन कर कठोर तप किया। इनके इस तप काल में बिना रखवाली के कारण पृथ्वी मंडल पर चारों तरफ वृक्षों की शाखाएं फैल गई और उन्होंने आकाश को घेर लिया, जिससे चारों तरफ अन्धकार ही अन्धकार छा गया और प्रजाओं का विनाश होने लगा। इस प्रकार घोर विपत्ति से आहत प्रजा की दशा को जब प्रचेताओं ने सुना तो क्रुद्ध होकर उन्होंने अपने मुख से वायु और अग्नि को छोड़ा। वायु ने उन वृक्षों को उखाड़कर सुखा दिया और अग्नि ने उन्हें जला दिया। कहीं थोड़ी संख्या में कुछ वृक्ष शेष रह गए, तब राजा सोम ने उन प्रचेताओं से जाकर कहा–उत्पन्न होने वाली सन्ततियों के नित्य आने वाले प्रयोजनों को देखकर आप क्रोध छोड़ दें और जो वृक्ष शेष बचे हैं उन्हें आगे और वृक्ष उत्पन्न करने दें। यह रत्नभूत कन्या पृथ्वी वृक्षों की है। मैंने अपनी किरणों से इसे बढ़ाया इसका नाम मारिषा है। सोम के गर्भ में बढ़ने वाली यह सुन्दरी कन्या तुम सब की स्त्री होगी। तुम लोगों के आधे तेज से तथा आधे मेरे तेज से इसमें परम विद्वान दक्ष प्रजापति उत्पन्न होगा। वह परम तेजस्वी जलकर नष्ट हुई, इस वसुधा का और सारी प्रजा का पालन करेगा। सोम के निवेदन को प्रचेताओं ने स्वीकार कर लिया।

दक्ष प्रजापति की उत्पत्ति हुई और दक्ष ने पहले अचरों को चरों को, द्विपदों को, चतुष्पदों को मानसिक संकल्पों द्वारा उत्पन्न किया फिर स्त्रियों की सृष्टि की। दक्ष ने जो कन्याएं उत्पन्न की उनमें दस धर्म को, तेरह कश्यप को और समय के विभाजन में युक्त सत्ताईस कन्याओं को चन्द्रमा को दिया। चार कन्याएं अरिष्ट नेमि को, दो-दो बाहुपुत्र और अंगिरा को तथा एक कृशाश्व को दी।

चन्द्रमा का दौहित्र होने वाला दक्ष फिर उनका श्वसुर कैसे हुआ? इस शंका का निवारण करते हुए सूतजी ने बताया कि जन्म और निरोध सभी जीवों में होता है। विद्वान और ऋषिगण इस विषय में कभी मोह नहीं करते। ये दक्षादि प्रजापति गण प्रत्येक युग में उत्पन्न होते हैं और फिर

विनाश को प्राप्त हो जाते हैं। पूर्व काल में इन सबमें ज्येष्ठ और कनिष्ठा का भाव नहीं रहा। तपस्या ही इनकी महत्त्वपूर्ण मानी जाती थी और व्यक्तिगत प्रभाव ही महत्ता का कारण। अतः अपनी इसी शक्ति में सदा ज्ञान वृद्ध हुए। इसमें कोई संदेह नहीं करना चाहिए।

सूतजी ने धर्म की प्रजाओं का सृष्टि क्रम बताते हुए कहा कि अरुन्धती, वसू, यामी, लम्बा, भानु, मरुतवती, सकल्पा, मुहुर्त्ता, साध्या और धर्मा–ये धर्म की दस पत्नियां थीं जिनमें साध्या ने धर्म के संयोग से बारह पुत्रों को जन्म दिया। ये साध्यगण कहलाए और यज्ञ में भाग पाने वाले भी और देवताओं की अपेक्षा अधिक श्रेष्ठ और पूज्यनीय कहे जाते हैं। ब्रह्मा ने सन्तति उत्पन्न करने की कामना से अपने मुख द्वारा जय नामक गणों की उत्पत्ति की। ये सभी मन्त्रमय शरीर वाले कहे गए। ब्रह्म शाप के कारण स्वायंभुव मन्वन्तर में ये जिस नाम से उत्पन्न हुए स्वारोचिष मन्वन्तर में तुषित नाम से और चाक्षुष मन्वन्तर में धर्म के यहां बारह पुत्रों के रूप में उत्पन्न हुए। इनका नाम अनुमन्ता, प्राण, नर, यान, चित्ति, हय, नय, हंस, नारायण, प्रभव तथा विभु हुआ। वसुं के धर्म के संयोग से वसुगण उत्पन्न हुए। धर, ध्रुव, सोम, आप, अनल, अनिल, प्रत्यूष और प्रभाष, आठ वसुगण के नाम से विख्यात हुए। ध्रुव के पुत्र का नाम भव हुआ जो समस्त लोक के संहारक काल नाम से प्रसिद्ध हुआ। सोम के पुत्र परम ऐश्वर्यशाली वर्चा और बुद्ध हुए, ये रोहिणी के गर्भ से उत्पन्न हुए। अग्नि के कुमार नाम का पुत्र हुआ। दूसरा स्कन्ध। शाख, विखाश और नैगमेंय इनके कनिष्ठ भाई थे। अनिल की स्त्री का नाम शिवा था, जिससे मनोजव और अविज्ञात उत्पन्न हुए। प्रत्यूष के पुत्र का नाम देवल था जो देवल ऋषि के नाम से जाने गए। इनके क्षमावान और मनीषि नाम के दो पुत्र हुए। प्रभास के पुत्र विश्वकर्मा हुए जो समस्त शिल्पियों के प्रजापति कहलाए। धर्म की विश्वा नामक पत्नी के दस पुत्र हुए जो विश्वदेव कहलाए। मरुतवती से मरुद्गण, भानु से भानुगण पुत्रों की उत्पत्ति हुई। मुहूर्त्ता ने मुहूर्त्त नामक पुत्रों को, जम्बा ने घोष नामक पुत्रों को उत्पन्न किया। सकल्पा नामक धर्म की पत्नी ने संकल्प की उत्पत्ति की और यामी से नाग वीथियां उत्पन्न हुईं। अरुन्धती से अन्याय जीवगण उत्पन्न हुए।

विष्णु प्रभूति देवगण तथा महातेजस्वी आदित्य गण की उत्पत्ति

नैमिषारण्य निवासी सभी ऋषियों की जिज्ञासा देखते हुए सूतजी ने सातों मनवन्तरों में इन्द्र, विष्णु प्रभूति देवगण तथा महातेजस्वी आदित्य गण की उत्पत्ति के बारे में विस्तार से कहते हुए बताया कि प्रजा की सृष्टि की इच्छा से ब्रह्मा के मुख से जिन देवताओं की सृष्टि हुई वे सब मंत्रमय शरीर कहे जाते हैं। इनमें दर्श, पौपीमास, वृहत्, रक्षन्तर, आकूत, आकूति, वित्ति, सुवित्ति, कूति, अधीष्ठ, अधीति और विज्ञाति ये बारह मनु है जो ब्रह्मा के पुत्र जाने गए हैं, जो वर्ण के समूह सूचक हैं। इन्हें देखकर ब्रह्मा ने कहा–हे जयगण! तुम अन्याय सृष्टि करो। स्त्री परिग्रह, अग्नि होत्र आदि कार्य सम्पन्न करो। ये सभी यम नियम से अपना नाता जोड़ते हुए सभी सांसारिक बातों का परित्याग करके विभुक्त हो गए तथा ब्रह्म ज्ञान का आश्रम लेकर और अपने वास्तविक तेज बल का संचय कर मुक्ति के लिए प्रयत्यनशील हुए। यह देखकर ब्रह्मा क्रोधित हो गए तब उन्होंने उन निरुत्साही मनुओं से कहा–प्रजा की सृष्टि के लिए ही मैंने तुम लोगों को उत्पन्न किया था। यह मेरी आज्ञा थी कि तुम अमरत्व के लिए जिस पथ पर अग्रसर हो रहे हो, मैं तुम्हें शाप देता हूं तुम सब सात बार उत्पन्न होओगे।

ब्रह्मा ने इस प्रकार शाप से घबरा कर उन जय नामक देवों ने ब्रह्मा से प्रार्थना करते हुए क्षमा याचना की और कहा–हमारे अपराध क्षमा करें, हमने अज्ञानवश ऐसा किया है। ब्रह्मा ने कहा–इस लोक में बिना मेरी आज्ञा के कौन स्वतंत्रता पूर्वक व्यवहार कर सकता है? इस समस्त चराचर जगत् में मैं परिव्याप्त हूं। सब फल मेरी ही कृपा का फल है। मैंने यह सारा कार्य सृष्टि के लिए ही किया था, अब तुम स्वायंभुव से पैवस्त तक जन्म लेकर अविद्या एवं मोह से ग्रस्त रहोगे। इसके समाप्त होने पर जब तुम हमारे समीप आआगे तभी तुम्हें शाश्वती सिधि प्राप्त होगी। देवों से ऐसा कह ब्रह्मा वही पर अन्तर्हित हो गए। देवगण निर्भर हो गए तथा अर्णिमा आदि से संयुक्त होकर योग बल का आश्रय ले योगाभ्यास में दत्तचित्त हो गए।

इससे उनके शरीर बारह समुद्रों के रूप में परिणित हो गए, ये जय नाम से विख्यात हुए। इसके बाद स्वायंभुव मन्वन्तर में वे देवगण अजिता के गर्भ से रुचि के बारह पुत्रों के रूप में उत्पन्न हुए, ये ही अजितगण

के नाम से जाने गए। ये अन्यान्य देवों के साथ यज्ञ भाग के अधिकारी माने गए। स्वारोचिष मन्वन्तर ने तुषिता के गर्भ से स्वारोचिष मनु के पुत्र रूप में उत्पन्न हुए तथा तुषित एवं प्राण नाम से विख्यात हुए। यज्ञ में इन्हें भाग पाने का अधिकार दिया गया। फिर औतम मन्वन्तर में शुभदायी देवसत्या के गर्भ से उत्तम मनु के पुत्र रूप में उत्पन्न हुए और सत्य नाम से जाने गए। तृतीय मन्वन्तर के द्वापर युग में देवगण यज्ञ भाग के अधिकारी हुए। वे पुनः तामस नामक मन्वन्तर में तामस की हर्षा नामक पत्नी के गर्भ से हरि से नाम से उत्पन्न हुए और यज्ञ भाग के भोक्ता बने। इसके बाद चारिषण्व नाम के मन्वन्तर में वे हरि नाम के देव चरिष्णु मनु की दिकुण्ड नाम की पत्नी से उत्पन्न वैकुण्ठ नाम से जाने गए। चाक्षुस मन्वन्तर में वे देवगण साध्या के गर्भ से धर्म के बारह पुत्रों के रूप में उत्पन्न हुए। तदनन्तर इन मन्वन्तर की समाप्ति पर वैवस्वत मनु की कार्यावधि प्रारम्भ हुई तो वे साध्या देवगण पहले त्रेता युग के प्रारम्भ काल में अंश भाग से अदिति में मरीचि पुत्र कश्यप के संयोग से उत्पन्न हुए। वर्तमान वैवस्वत मन्वन्तर में ये बारह आदित्य कहलाए।

सूतजी ने आगे सृष्टि के अन्य रूप में उत्पत्ति और विमश की कथा सुनाते हुए बताया कि कश्यप के संयोग से दिति के दो पुत्र उत्पन्न हुए। कश्यप के वे दोनों पुत्र उनकी अन्य सन्तानों में सबसे ज्येष्ठ थे। कश्यप का एक ज्येष्ठ पुत्र हिरण्यकशिपु हुआ दूसरा हिरण्याक्ष। सिंहिका इनकी छोटी बहन थी, वही विप्रचित्त की पत्नी तथा राहु की माता हुई। दैत्यवर हिरण्यकशिपु ने परम कठोर तपस्या करके ब्रह्मा से यह वरदान प्राप्त किया कि सभी जीवों द्वारा वह मृत्यु को नहीं प्राप्त करेगा, अपने योग बल से उसने देवों को भी पराजित कर दिया और देवों के सभी धर्मों को प्राप्त करने का वरदान भी पा लिया। इस परम प्रभावशाली दैत्य को ऐसा वर देकर ब्रह्मा अनृर्हित हो गए। वह दैत्य पूरी तरह निर्द्वन्द्व हो गया तथा स्वयं को ही ब्रह्मा तथा विधाता मान बैठा। उसी दैत्य का संहार करने के लिए भगवान् विष्णु को नृसिंह अवतार लेना पड़ा और अपने नाखूनों से उसका हृदय विदीर्ण करके उसका अन्त किया। हिरण्याक्ष के पांच महाबलवान तथा पराक्रमी पुत्र हुए। ये पुत्र देवों द्वारा भी पराजित नहीं किए जा सकते थे। इनके पुत्रों का अन्त तारकामय नाम से संग्राम में हुआ।

हिरण्यकशिपु के चार पुत्रों में प्रह्लाद ज्येष्ठ थे ह्रद कनिष्ठ थे। इसके वंश में ह्राद तथा निसुन्ध दो पुत्र हुए। निसुन्ध के सुन्ध और उपसुन्ध हुए। सुन्ध के पुत्र महाबलशाली ब्रह्मघ्न, मूक तथा भाटीय हुए। ये ताड़का से उत्पन्न हुए थे। यह ताड़का रामचन्द्रजी के हाथों मारी गयी। मूक को किरात युद्ध में सव्य साची अर्जुन ने मारा था। इन मणिवर्त निवासी दैत्यों के वंशधर तीन कोटि तक पहुंच गए जो अपनी-अपनी घोर तपस्या से परम तेजस्वी तथा देवताओं से अवंध्य थे।

एक बार दिति ने प्रसन्नमना कश्यप मुनि से कहा–हे देव! आपके अदिति पुत्रों ने मेरे सभी पुत्रों का विनाश कर दिया है, अब आप मुझे ऐसा प्रतिभाशाली पुत्र दें जो इन्द्र को मारने में समर्थ हो। तब महर्षि ने कहा–पवित्र आचरण करने से तुम्हें निश्चय ही ऐसा पुत्र मिलेगा। महातेजस्वी कश्यप ने ऐसा कहते हुए दिति के साथ सहवास किया और आलिंगन करके त्रिभुवन भ्रमण करने के लिए चल पड़े। पति के गमन के पश्चात देवी दिति ने कठोर तप किया। उसकी घोर तपस्या में इन्द्र ने अनेक प्रकार से सेवा की। एक बार दोपहर के समय जब दिति अर्ध निद्रा में थी, उन्होंने उसके गर्भ में प्रवेश किया और गर्भस्थ शिशु को साथ भागों में काट दिया। वह कटा हुआ गर्भ रुदन करने लगा और इन्द्र ने उससे मत रो कहते हुए एक-एक के फिर सात टुकड़े कर दिए। तब तक दिति जाग गई और 'मत मारो', 'मत मारो' कहने लगी। इन्द्र वज्र समेत बाहर आए और कहने लगे--हे देवी! तुम अपवित्र अवस्था में सो गई थीं, तुम्हारे केश दोनों पैरों पर बिखरे हुए थे। ऐसे अवसर को पाकर मैंने इस गर्भस्थ शिशु को अनेक टुकड़ों में काट डाला क्योंकि यह मेरा संहार करने वाला था। अतः मुझे क्षमा करो। दिति ने कहा कि मेरे ही अपराध से मेरा यह गर्भ निष्फल हुआ है और शत्रु का वध करने में कोई दोष नहीं, इसीलिए मैं तुम्हें शाप नहीं दे रही हूं। बल्कि तुम्हारा मंगल करने की इच्छा से मैं चाहती हूं कि मेरे इस गर्भ का कल्याण हो। ये मेरे पुत्र वायु के सात स्कन्धों में मरुत गण नाम से विचरण करें। एक-एक गण में सात मरुत हों। पृथ्वी, सूर्य, चन्द्रमा, ज्योतिष, सप्तर्षि और ध्रुव मंडल में ये स्थित हों और विचरण करते रहें। तुम्हारे रखे गए मरुत नाम से विख्यात हों। इन्द्र ने दिति को आश्वस्त किया और यह कहते हुए कि देवताओं के साथ ये भी

यज्ञ में भाग पाने के अधिकारी होंगे, देवताओं में उन्हें गिनना स्वीकार किया। इसीलिए ये सभी मरुतगण इन्द्र ने अनुज के रूप में अमरत्व को प्राप्त हुए।

सूतजी ने ऋषियों को दनु के पुत्र दानवों का वृत्तांत सुनाते हुए बताया कि शंकुकर्ण, महाविश्व, दुन्दुभि, मरीचित, रक्षक, सुकेतु, सुवीर्य, सुबाहु, पुलोमा, स्वरभानु, मुण्डक, कुम्भ नाभ महोदर, ह्यग्रीव, अज, शम्बर, शरभ और शलभ आदि प्रमुख दानव कहे गए हैं। सिंहिका के गर्भ से विप्रचीति के चौदह असुर पुत्र पैदा हुए। इनमें राहु ज्येष्ठ था। ये सभी देवगणों से भी अजेय थे।

गन्धर्व और अप्सराएं, मुनियों की सन्ततियां कही गई हैं। इनमें चित्रसेन, उग्रसेन, अनंग, धृतराष्ट्र, सूर्यवर्चा, पुलोमा, परजन्य, कलि और नारद आदि गन्धर्व कहे गए। इनसे तिलोत्तमा, लक्षणा, रम्भा, मनोरमा, हेमा, कमला, हंसप्रदा आदि अप्सराएं जन्मीं। ये सभी मुनि सन्तानें कही गई। गन्धर्वों में विक्रान्त ने किन्नरों को जन्म दिया। प्राचीन काल में नारद नामक पर्वत पर प्रजापति ब्रह्मा का वीर्य स्खलित हुआ, जिससे वहां नारद और पर्वत नामक दो ऋषि उत्पन्न हुए। अरुन्धती इनकी छोटी बहन थी। विनता के अरुण और गरुड़ नाम के दो पुत्र हुए। कद्रू ने सहस्त्रों नामों को जन्म दिया। रवशा ने दो पुत्रों को उत्पन्न किया जो दोनों मनुष्यों का भक्षण करने वाले थे। जिनमें एक विकर्ण, दूसरा महाकर्ण था। ये दोनों ही दुराचारी पुत्र पिता को आया देख माया के बल से शीघ्र ही मां की गोद में लिपट गए। पिता की सान्त्वना पाकर दोनों पुत्र बाहर आए, उनमें एक का नाम यक्ष, धातु भ्रमण करने के अर्थ में विख्यात हुआ। दूसरा रक्ष ने पालन करने के अर्थ में राक्षस नाम पाया और उन्हें वरदान दिया कि रात्रि में उन्हें सभी वस्तुएं उपलब्ध होंगी। इस प्रकार यक्ष, गन्धर्वों आदि की उत्पत्ति बताने के पश्चात सूतजी ने क्रोध में रहने वाली प्रजाओं का विवरण सुनाया।

क्रोधों में बारह स्वयं उत्पन्न होने वाली कन्याएं उत्पन्न हुईं। ये पुलह मुनि की पत्नियां कहलाईं। इस प्रकार महात्मा कश्यप द्वारा सभी स्थावर, जंगम प्रजा की सृष्टि संभव हो जाने पर ब्रह्माजी ने उन सब के आधिपत्य पर क्रमशः भिन्न-भिन्न को नियुक्त किया। ब्राह्मणों, नक्षत्रों, ग्रहों, यक्षों तथा

तपस्याओं के राजा के पद पर चन्द्रमा। अंगिरा के वंश में उत्पन्न होने वाली प्रजाओं के राज्य पद पर बृहस्पति को भृगु गोत्र जो के राज्य पद पर काव्य (शुक्र) को, आदित्यों के राज्य पद पर विष्णु को, मरुतों के लिए वासव, दैत्यों के प्रह्लाद, साध्यों के नारायण, रुद्रों के शंकर तथा दानवों के अधिपति विप्रचिती को नियुक्त किया। जल के अधिपति सूर्य पुत्र यमराज को नियुक्त किया, पिशाचों के शंकर, नदियों के सागर, पर्वतों के हिमालय, गन्धर्वों के चित्ररथ, अश्वों के उच्चैश्रवा, मृगों एवं गौ, बैल तथा अन्य चतुष्पदों का राज्य पद सिंह को दिया। पक्षियों का स्वामी श्रेष्ठ गरुड़ को, अशरीरी भूतों एवं गन्ध का स्वामी मारुत को, शब्द, आकाश और बल का स्वामी वायु को, सर्पों का स्वामी शेष को तथा नागों का स्वामी वासुकि को नियुक्त किया। सरीसृप, सर्प एवं नागों के स्वामी तक्षक, समस्त सागरों, नदियों, मेघों, वर्षा तथा आदित्य के पर्जन्य, अप्सराओं के कामदेव स्वामी बनाए गए। इसी प्रकार ऋतु, मास, ऋतुओं में होने वाले कार्य विशेष पक्ष, विपक्ष, मुहूर्त्त, पर्वों, कला, काष्ठा आदि के प्रमाण, दोनों अयनों की गणित और योग के स्वामी के पद पर संवत्सर को आसीन किया।

इसके पश्चात प्रजापति ब्रह्मा ने पूर्व दिशा में रज के पुत्र सुधामा को राजा बनाया। पश्चिम दिशा में रज के पुत्र महात्मा केतुमान अच्युत को और मनुष्यों के अधिपति सूर्यपुत्र मनु को बनाया। पूर्वकाल में ब्रह्मा ने स्वायंभुव मनु को राज्य पद पर नियुक्त किया था। इस कारण प्रत्येक मन्वन्तर में जो मनु होते हैं, वे ही राज्य पद पर आसीन होते हैं। इसी के आधार पर राजा पृथु को भी राज्य पद किया गया। परम प्रतापी ऐश्वर्यवान मुनि कश्यप ने पुत्र प्राप्ति की कामना से कठोर तप प्रारम्भ किया, जिसके फलस्वरूप दो पुत्रों का जन्म हुआ। कश्यप मुनि के ये दोनों पुत्र वात्सर और असित ब्रह्म चिन्तन में लीन रहने वाले थे। वत्सार से निध्रुव और रैभ्य उत्पन्न हुए। रैभ्य की सन्तानों को रैभ्यगण कहा जाता था तथा निध्रुव की निध्रुवगण कहलाई। शांडिल्यों की बातें सुनकर देवल शांडिल्यगण कहलाए। ये प्रभृति देवगण देवल की ही सन्तानें हैं। ग्यारह बार चारों युगों के व्यतीत हो जाने पर जब द्वापर युग शेष रह जाता है, तब प्रजाओं की सृष्टि हुई। मानस के पुत्र रिष्यन्त और उनके पुत्र दम हुए, फिर दम के पुत्र मानस हुए जो तृणविन्दु नाम

से प्रसिद्ध हुए। तीसरे त्रेतायुग में वह राजा था, उसकी कन्या इडिविला थी जो अनुपम सुन्दरी थी। इडिविला का विवाह पुलस्त्य से हुआ, जिससे ऋषि विश्रवा की उत्पत्ति हुई। ऋषि विश्रवा की चार पत्नियां थीं, जिन्होंने पुलस्त्य वंश को बढ़ाने के लिए कई ऋषियों को जन्म दिया। देवों के आचार्य बृहस्पति की सुन्दर कन्या का नाम देववर्णिनी था। विश्रवा ने देववर्णिनी से विवाह किया तथा माल्यावान की पुष्पोत्कटा और वाका तथा माली की कैकेसी को भी उन्होंने अपनी पत्नी बनाया।

देववर्णिनी पुत्र कुबेर हुए, भयानक आकृति वाले होने के कारण इनका नाम कुबेर पड़ा। इन्हें वैश्रवस के नाम से भी जाना जाता है। कुबेर न ऋद्धि कुम्भकर्ण, शूर्पणखा तथा विभीषण इन चार सन्तानों को जन्म दिया। पुष्पोत्कटा के महोदर, प्रहस्त, महापांशु और खर नाम के पुत्र तथा कुम्भीनसी नाम की कन्या उत्पन्न हुई। वाका ने त्रिशिरा, दूषण, विद्युज्जह्व, नाम के राक्षसों तथा असलिका नाम की पुत्री को जन्म दिया। इडिविला के वंश में उत्पन्न होने वाला महर्षि पुलस्त्य का गोत्रीय, सभी ब्रह्मराक्षसों का राजा था। राक्षसों को सात प्रकार का माना जाता है–यातुवान, बह्मधाना, वार्ता, निशाचरगण, पुलस्त्य के गोत्र में उत्पन्न होने वाले नैऋत, अगस्त्य गौत्रीय तथा कौशिक विश्वामित्र गोत्रीय।

राक्षसों के स्वभाव और रूप का वर्णन

राक्षसों के स्वभाव और रूप का वर्णन करते हुए सूतजी ने बताया कि ये सभी राक्षस गीली आंखों वाले, पिंगलवर्ण, महाकाय, विशाल उदर, आठ दांत तथा ऊर्ध्वरोमा थे। मुंह कान तक फटे हुए, सिर बड़े, बड़ी-बड़ी बांहें, मुख तांबे के समान लाल, जीभ तथा होंठ लम्बे, नाम मोटी तथा देखने में बहुत ही भयानक लगते थे। उनके वस्त्र भी विचित्र प्रकार के होते थे, ये मनुष्यों का भक्षण करते थे। मायावी होने के कारण इनके बल, पराक्रम का ज्ञान किसी की भी नहीं हो पाता था। पुलह के पुत्र मृग, व्याल तथा द्रष्टाधारी जीव हुए। तृतीय प्रजापति अत्रि की दस पत्नियां थीं, इन दसों ने दस परम विद्वान, तेजस्वी पुत्रों को जन्म दिया जिनके दत्तात्रेय और दुर्वासा दो पुत्र उत्पन्न हुए तथा एक ब्रह्मवा दिनी नाम की पुत्री भी हुई। निष्पाप, शान्तचित्त दत्तात्रेय को भगवान् विष्णु का स्वरूप माना गया

उन्हीं के गोत्र में उत्पन्न होने वाले चार वंश पृथ्वी पर विख्यात हैं। श्याम, मृदगल, बलारक और गविष्ठिर ये चार मनुष्यों वंश पृथ्वी पर विख्यात हैं। कश्यप से नारद, पर्वत तथा अरुन्धती की उत्पत्ति हुई। अरुन्धती का विवाह वशिष्ठ से हुआ तथा शक्ति का जन्म हुआ। अद्दश्यन्ती के संयोग से शक्ति ने पराशर को उत्पन्न किया काली ने पराशर के संयोग से कृष्ण द्वैपायन को जन्म दिया। द्वैपायन ने अरणी के गर्भ से शुक्र की उत्पत्ति की। पीवरी से शुक के छः सन्तान उत्पन्न हुईं। श्वेतु, कृष्ण, गौर, श्याम, धूम्र, समूलिक, ऊष्मपान करने वाले दारक तथा नील ये आठ पराशर गोत्र में उत्पन्न होने वाले महापुरुषों के गोत्र कर्त्ता हैं। कपिञ्जली धृताची में वशिष्ठ के कुशीति नामक पुत्र उत्पन्न किया, जिसे इन्द्रप्रतिम भी कहा जाता है। पृथु की पुत्री उन्होंने वसु नाम के पुत्र को उत्पन्न किया, जिसका पुत्र उपमन्यु हुआ। इसी वंश में उत्पन्न होने वाले उपमन्यु गोत्रीय कहे जाते हैं। मित्रावरुण के वंश में उत्पन्न होने वाले कुण्डी नाम से भी जाने जाते हैं। ये एक ही भूल ऋषि के वंश के हैं तथा अन्य वशिष्ठ भी कहे जाते हैं। वशिष्ठ गोत्र में उत्पन्न होने वालों के ग्यारह गोत्र कर्त्ता हैं। अतः इस प्रकार ये सभी ब्रह्मा के मानस पुत्रों के रूप में माने जाते हैं तथा देवताओं व ऋषिओं से संकुलित इन तीनों लोकों को धारण करते हैं।

श्राद्ध प्रक्रिया को बताते हुए सूतजी ने कहा कि प्रत्येक मन्वन्तर में ये ज्येष्ठ और कनिष्ठ रूप में उत्पन्न होते हैं। श्रद्धापूर्वक भेंट की गई वस्तुएं ही श्राद्ध कहलाती हैं। जब ब्रह्मा ने देवताओं की सृष्टि की तो वे लोग स्वार्थ में लिप्त होकर सृष्टि विस्तार में लग गए। तब ब्रह्मा ने उन्हें शाप दिया कि तुम्हारी चेतना नष्ट हो जाएगी। इस पर सभी देवताओं ने पितामह की याचना की। देवताओं के द्वारा इस प्रकार अनुनय करने पर ब्रह्मा ने उनसे कहा कि तुम लोगों ने पाप एवं अत्याचार किया है अतः इसका प्रायश्चित करने के लिए तुम अपने पुत्रों से विधान पूछो। सभी ने अपने पुत्रों से प्रायश्चित का विधान पूछा तो देवपुत्रों ने मानसा, वाचा, कर्मणा सम्पन्न होने वाले अनेक प्रकार के प्रायश्चित का विधान बताया। पुत्रों के द्वारा प्रायश्चित की शिक्षा प्राप्त करने के पश्चात जब उनकी चेतना लौटी तो उन्होंने अपने पुत्रों से कहा कि तुम ही सब लोगों के पिता हो क्योंकि तुम्हारे द्वारा ही हमें ज्ञान एवं चेतना प्राप्त हुई। देवताओं के ऐसे भावों को देखकर ब्रह्मा ने कहा कि

तुम लोगों ने स्वयं ही अपने पुत्रों को पिता कहा है अतः वे तुम्हारे पिता हों, यही वर उन्हें दो। ब्रह्मा के द्वारा कही गई इसी बात से वे देवपुत्रगण पितृकोटी में आ गए और उनके पितृगण पुत्र कोटि में आ गए। इसीलिए वे पितृगण (देवपुत्र) कहे जाते हैं और उनमें पुत्र होने पर भी पितृत्व कहा जाता है। इस प्रकार पितरों का पुत्र रूप में और पुत्रों को पितर रूप में स्मरण करके ब्रह्मा ने अपने वंश की वृद्धि करने हेतु पितरों से कहा कि श्राद्ध कर्म में जो पितरों की पूजा किए बिना अन्य कोई अनुष्ठान करता है, उसके उस अनुष्ठान का फल राक्षस तथा दानवों को प्राप्त होता है। श्राद्ध कर्म में जो लोग पितरों को प्रसन्न करते हैं, उन्हें सभी प्रकार के सुखों की प्राप्ति होती है। पितरगण देवता हैं और देवगण पितर हैं, परस्पर ये दोनों एक-दूसरे के पितर और देवता दोनों हैं।

देवताओं और बुद्धिमान पितरों के सात गणों का वर्णन

देवताओं के सात गण माने गये हैं, जिनमें तीन गण तो निराकार हैं तथा चार सुन्दर आकृति वाले हैं। निराकार देवगणों का निवास सबसे ऊपर है, उनके नीचे चार गण हैं, जो सूक्ष्म आकृति वाले हैं. इनसे नीचे सामान्य देवता निवास करते हैं, पृथ्वी की स्थिति सबसे नीचे है। वे देवगण इसी लोक में निवास करते हैं, इन्हीं से बादलों की उत्पत्ति होती है, बादलों से वर्षा होती है और वर्षा से सभी वस्तुओं की उत्पत्ति होती है। ये पितर लोग अपने योग तथा बल से सोम तथा अन्न दोनों को सन्तुष्ट रखते हैं, इसीलिए उन्हें समस्त लोकों को पितर कहा जाता है। ये पितरगण मन के मसान वेग वाले, स्वधा का भक्षण करने वाले, सभी ऐश्वर्यों को देने वाले, लोभ तथा भय, से मुक्त शोक विहीन हैं। श्राद्ध के अवसर पर प्रसन्न होकर वे अपने योग से चन्द्रमा को तृप्त करते हैं, जिससे जीवन प्राप्त होता है। श्राद्ध के अवसर पर सहस्त्रों ब्राह्मणों को भोजन कराना चाहिए। इस पृथ्वी पर योगेश्वर देवेगण विविध रूपों को धारण करके धर्मपूर्वक प्रजा की पालना हेतु घूमा करते हैं, अतः अपने द्वार पर आए अतिथि ब्राह्मण को विधिपूर्वक दान-दक्षिणा देनी चाहिए। अतिथि का भली-भांति सत्कार करके उसे रहने के लिए स्थान देना चाहिए। अतिथि का भली-भांति सत्कार करके उसे रहने के लिए स्थान देना चाहिए। सहस्त्र अश्वमेध यज्ञ, सौ राजसूय,

सहस्त्र पुण्डरीक नाम के यज्ञों से बढ़कर फल योगियों के बीच में निवास स्थान बनाने से प्राप्त होता है। पितरों का यह गण सभी कालों में सदा ही विद्यमान रहता है।

बुद्धिमान पितरों के सात गण होते हैं, जिनमें चार मूर्तिमान तथा तीन अमूर्त्त हैं। विरजस नाम से विख्यात लोक में ये निवास करते हैं। विरज के निवासी होने के कारण इनका नाम वैराज पड़ा। इन्हीं वैराजों की मानसी पुत्री का नाम मैना था, जिसने हिमवान की पत्नी के रूप में मैनाक को जन्म दिया। यह पर्वतों में श्रेष्ठ मनाक, सभी रत्नों आदि से पूर्ण, औषधियों से युक्त एवं पुण्यशाली था। इसके पुत्र का नाम कौंच था। मैना ने अपर्णा, एकपर्णा और एकपाटला नाम की तीन पुत्रियों को भी जन्म दिया। इनमें से अपर्णा ने कोई आश्रय न ग्रहण करते हुए केवल तपस्या को ही अपने जीवन का लक्ष्य बनाया, एकपर्णा ने एक बरगद का तथा एकपाटला ने पाटला वृक्ष का सहारा लिया था। इस प्रकार तीनों ने एक सहस्त्र वर्षों तक कठिन तपस्या की। एकपर्णा एक पत्ते का आहार करती थी, एकपाटला, एक पाटल पर निर्भर थी, परन्तु अपर्णा बिना किसी आहार के ही तपस्या में लीन रही। माता ने प्रेम से तथा दुखी होकर उसे तपस्या से विरत करने के लिए 'उ' 'मा' कहा। तभी से वह उमा के नाम से जानी जाने लगी। जब तक इन तीनों कुमारियों का यशोगान जीवित रहेगा, तब तक इस जगत् की सत्ता रहेगी। ये तीनों कन्याएं दिव्य गुणों से सम्पन्न और महाभाग्यशालिनी हैं। इनमें उमा सर्वगुण वाली, उसका योग बल परम है, उसने महादेव को पति रूप में प्राप्त किया। एकपर्णी असित की पत्नी हुई, यह परम साध्वी, कठोर, व्रतवाली थी और एकपाटला ने जैगीषव्य को पति रूप में स्वीकार किया। उमा इनमें सभी में बढ़-चढ़कर गुण वाली थी। इन्द्र को उमा और शंकर के परस्पर प्रेम को देखकर संदेह हुआ। अतः उन्होंने उनकी होने वाली सन्तति से आतंकित होकर अग्नि को उनके रतिकर्म में विघ्न डालने को भेजा। अग्नि से ऐसा ही किया। शिव ने ऐसा देखकर अपना वीर्य उमा के शरीर में न छोड़कर पृथ्वी पर गिरा दिया। यह देखकर उमा को क्रोध आया। उन्होंने अग्नि को शाप दिया कि अब वह उसे गर्भ रूप में ग्रहण करे। एक लम्बे समय तक अग्नि ने उस गर्भ को धारण किया। बहुत दिनों बाद अग्नि के निवेदन पर महानदी गंगा ने उस

गर्भ को धारण किया। जब गंगा भी उसे धारण करते हुए परेशान हो गई, तो एक दिन हिमालय पर्वत के कुक्षि प्रदेश में गंगा ने उस गर्भ को विमोचन किया। रुद्र, अग्नि और गंगा का वह शिशु अरुण के समान कान्तिवान हुआ। उसके अभिषेक के लिए आई हुई सप्तर्षियों की पत्नियों ने उस अग्नि संभवकुमार के दर्शन किए और इसी का नाम कार्तिकेय पड़ा। इसी ने ताड़कासुर का वध किया।

स्वर्ग में सोमपद नाम एक लोक है। यहां मरीचि के पुत्र पितरगण वास करते हैं, देवगण उनकी पूजा करते हैं। ये सभी पितरगण अग्निस्वात् नाम से जाने जाते हैं और अमित तेजस्वी हैं। इन पितरों की एक मानसिक कन्या अच्छोदा नाम वाली है। इसी से यहां आच्छेद नाम का सरोवर है। एक बार इसी सरोवर के पास अद्रिका नाम की अप्सरा के साथ देवों के विमान सुशोभित हो रहे थे। यहां भ्रमण करते हुए मूर्तिरहित पितरों को देखकर वह अप्सरा परम विस्मित हुई और काम पीड़ित हो गई। इसने आकाश में विचरण करते हुए वसुओं के पिता अमावस नामक पितर को मानसिक रूप से वर लिया। इससे यह कामचारिनी योगभ्रष्ट हो गई और स्वर्ग से पतित हो गई। स्वर्ग से गिरते हुए उसने वहां देव विमानों को देखा तथा वसुरेण के समान उन पितरों को देखा। ज्वलंत अग्नि के समान ये पितर दैदीप्यमान हो रहे थे। आकाश से गिरते हुए उस पितरों 'रक्षा कीजिए' ऐसा कहते हुए उनसे रक्षा की कामना की। पितरों ने उसकी करुण पुकार सुनकर उससे कहा–डरो मत! अब तुम दूसरे जन्म में अमावसु को पिता रूप में प्राप्त करोगी। ऐसा जान कर उस अप्सरा ने पितरों को बहुभांति प्रसन्न किया। पृथ्वी तल पर मनुष्य योनि में उत्पन्न महात्मा अमावसु की कन्या होकर वह पुनः अपने लोक को प्राप्त करेगी। इस प्रकार अठाइसवें द्वापर युग में तुम्हारी उत्पत्ति मत्स्य योनि से होगी और इसी राजा अमावसु से अद्रिका में तुम कन्या रूप में उत्पन्न होगी और पराशर ऋषि के सुपुत्र वेदव्यास को उत्पन्न करोगी। वह तुम्हारा पुत्र ब्राह्मणों में श्रेष्ठ होगा और एक वेद को चार भागों में विभक्त करेगा। महाराज शान्तनु के कीर्तिवर्धक, धर्मज्ञ, विचित्रिवीर्य और चित्रांगद पुत्रों को उत्पन्न करोगी। इसके पश्चात् तुम पुनः इस लोक को प्राप्त करोगी। पितरों के ऐसा कहने पर वह दासों की पुत्री सत्यवती के रूप में उत्पन्न हुई।

अठाइसवें द्वापर युग के आने पर पराशर के कुल में शुक नाम के महान तपस्वी और योगाभ्यासी पुत्र की उत्पत्ति होगी। ये शुक व्यास के संयोग से अरणी में धूमरहित अग्नि के समान तेज रूप में उत्पन्न होंगे। धर्ममूर्ति पितरों के तीन गण कहे गए हैं। इनकी मानसी कन्या पीवरी नाम से विख्यात है। यह योगिनी, योगपत्नी और योगमाता के रूप में भी जानी जाती हैं और ये शुकदेव पितरों की मानसी कन्या पीवरी से सुविख्यात, योगाचार, कृष्ण, गौर, प्रभु, शम्भू तथा भूरिश्रतु नाम के पुत्रों को तथा कीर्तिमती नाम की कन्या को उत्पन्न करेंगे। कीर्तिमती अणुह की पत्नी और ब्रह्मदत्त की माता होगी। इसके पश्चात धर्मात्मा शुक सूर्य के समान परम तेज को प्राप्त कर पुनः परमगति को प्राप्त करेंगे और समस्त सांसारिक बन्धनों से मुक्त हो जाएंगे।

सूतजी ने अन्य चार पितरों के बारे में बताते हुए कहा कि ये सभी अग्नि की पुत्री स्वधा से उत्पन्न हुए। इनकी मानसी कन्या गौ है, जो स्वर्गलोक में विख्यात है। सनत्कुमार ने गौ को शुक्र को सौंपा था, वह शुक्र की प्रिया स्त्री हुई। भृगुवंश में उत्पन्न होने वाले परम यशस्वी इक्कत्तीस पितरगण विख्यात हुए हैं। इन्होंने समस्त स्वर्गलोक को आवृत्त किया। अंगिरा पुत्र कहे जाने वाले ये पितरगण साध्यों के साथ वृद्धि को प्राप्त होते हैं। स्वर्गलोक में परम तेज वाले उपहूत नामक पितरगण विराजमान हैं। इनकी मानसी कन्या यशोदा है जो विश्वमहत की पत्नी, विश्वशर्मा की पुत्रवधू और खटवांग की माता थी।

प्राचीन काल में महात्मा शांडिल्य के सत्यव्रत परायण एवं महात्मा यजमान दिलीप का दर्शन करते हैं, जिनमें नाम आज्यपा हैं। ये प्रजापति कर्दम के पितरगण हैं। इनकी उत्पत्ति पुलह से हुई। इनकी मानसी कन्या विरजा ययाति की माता और नहुष की पत्नी थी। प्रजापति वशिष्ठ के सुकाल पितरगण हैं। ये हिरण्यगर्भ के पुत्र हैं। इनकी भावना शूद्र लोग करते हैं। ये स्वर्ग के मानस नाम के लोक में कास करते हैं। नर्मदा इनकी मानसी कन्या है। ये पितरगण श्राद्ध आदि में पूजित होते हैं और प्रचुर ऐश्वर्य प्रदान करते हैं।

सूतजी ने कहा कि जो देवगण पितरों के नाम से विख्यात हैं उनके अतिरिक्त अन्य भी पितरगण हैं और इनकी पूजा देवताओं से भी पहले

करनी चाहिए। प्राचीन काल में दक्ष की एक विश्वा नाम की पुत्री थी। दक्ष ने उसे विधि एवं धर्मपूर्वक धर्म को समर्पित किया था। इसके पुत्र विश्वदेव कहलाए। इन विश्वदेवों ने हिमालय के मनोहर शिखर पर कठोर तप किया। इनके तप से प्रसन्न होकर प्रजापति ब्रह्मा ने इनसे कहा कि आपकी इस कठोर तपस्या से महातेजस्वी महादेव आप पर परमप्रसन्न हुए, हम भी बहुत प्रसन्न हैं। आप जो चाहें वर मांग लीजिए। इस पर विश्वदेवों ने कहा कि, हे ब्राह्मण—हम लोगों की आकांक्षा है कि श्राद्ध में हम लोगों को अंश मिले। ब्रह्माजी ने उन्हें तथास्तु कहा—इसके पश्चात पितरगणों ने विश्वदेवों से कहा—ब्रह्मा ने जैसा आप लोगों के लिए कहा है, वह सत्य होगा। इस लोक में जो कुछ भी हम लोगों के लिए किया जाता है, उन सब में तुम हमारे साथ हो। मनुष्य द्वारा किए श्राद्ध कर्म में तुम लोगों का आसन आगे होगा। हर वस्तु पहले तुम्हें प्राप्त होगी। विसर्जन में भी पहले हमारे साथ पितर विसर्जित होंगे, देवता बाद में। इस प्रकार ब्रह्मा पितरगणों के साथ आशीर्वाद देकर चले गए। प्राचीन काल में ऋषियों द्वारा पूछे जाने पर महर्षि अंगिरा ने पितरों के विषय में समस्त संशयात्मक बातों की चर्चा एक सभा में की थी और वहीं पर लोक कल्याण के लिए अक्षय लाभ के प्रार्थी पितरों का उत्तम जन्म सम्पन्न हुआ। बृहस्पति ने पितरों के वंश का यह वर्णन अपने बुद्धिमान पुत्र के पूछने पर किया।

वरुण के वंश का वर्णन

सूतजी ने वरुण के वंश का वर्णन करते हुए बताया कि सामुद्री जो शुना के नाम से भी जानी जाती थी, वरुण की पत्नी थीं। उनके कलि और वैद्य नाम के दो पुत्र हुए और एक पुत्री सुरसुन्दरी नाम की हुई। कलि के पुत्र जय-विजय हुए तथा वैद्य के घृणि और मुनि दो पुत्र हुए। त्वष्टा की पुत्री हिंसा कलि की ज्येष्ठ स्त्री थी, उसने कलि के संयोग से चार नरभक्षी पुत्रों को उत्पन्न किया। उनके नाम—नाम, विहन, सद्रभ तथा विधम थे। ये सभी अंग-भंग वाले थे। सद्रभ की पत्नी पूतना, विधम की रेवती थी। इन दोनों ने सहस्त्रों पुत्रों को जन्म दिया। नाक का विवाह शकुनि और विंहन क़ा विवाह अयोमुखी से हुआ। इन्होंने बड़े-बड़े सिर वाले भयंकर राक्षसों को उत्पन्न किया। रेवती और पूतना के पुत्र नैर्ऋत नाम से जाने जाते थे।

इनके स्वामी कार्तिकेय थे। आठवें वसु प्रभाव की पत्नी योग सिद्धा नाम की बृहस्पति की बहिन थी। उसके पुत्र शिल्पियों के प्रजापति विश्वकर्मा हुए। विश्वकर्मा की पत्नी विरोचना प्रह्लाद नाम से भी जानी जाती है। उसने त्रिशिरा को उत्पन्न किया। विश्वकर्मा के पुत्र भय भी विश्वकर्मा कहलाए। इनकी पुत्री सुरेणु संज्ञा नाम से सूर्य की पत्नी हुई, जिसने तपोबल के द्वारा सूर्य के ज्येष्ठ पुत्र मनु को उत्पन्न किया और इनके पश्चात यम नाम के पुत्र और यमुना नाम की पुत्री को भी जन्म दिया और कुरु देश में जाकर घोड़ी का रूप धारण करके, अश्व रूपी सूर्य के संयोग से आकाश में ही अपनी नाक के दोनों छेदों से नासत्य और दस्र दो पुत्रों को उत्पन्न किया जो मार्तण्ड नाम से विख्यात हैं और सूर्य के पुत्र कहे जाते हैं।

मार्तण्ड का परिचय देते हुए सूतजी ने बताया कि प्राचीन काल में सूर्य तक एक अण्डे के रूप में पैदा हुए थे। बहुत दिनों तक वह अण्डा जब नहीं फूटा तो उसे विश्वकर्मा ने फोड़ दिया। कश्यपजी इस गर्भ हत्या से बहुत दुखी हुए और अण्डस्थ जीव से कहने लगे—हे निष्पाप! इस भरे हुए अण्डे से तुम पुनः उत्पन्न हो जाओ। इसी आधार पर सूर्य को भरे हुए अण्डे से उपजा होने के कारण मार्तण्ड कहा गया। सूर्य की संज्ञा नामक पत्नी से तीन पुत्र उत्पन्न हुए। संज्ञा से अश्विनी कुमार और उनसे छोटे सावर्णि मनु नामक दो पुत्र हुए। इसके बाद शनैश्चर हुए। ये सभी मार्तण्ड आत्मज कहे गए। महायशस्वी विवस्वान कश्यप के ही पुत्र हुए जिनका विवाह विश्वकर्मा की पुत्री सुरेणु से हुआ। यही संज्ञा कहलाई। संज्ञा अपने पति को तेज सहन न कर पाई तो उसने एक छाया रूप निर्मित किया तथा अपने तीनों बच्चों का दायित्व उस पर सौंपकर अपने पिता के घर चली गई। साथ ही छाया संज्ञा से यह भी कह गई कि यह भेद मेरे पति सूर्य का कभी प्रकट मत होने देना। पिता विश्वकर्मा ने पुत्री संज्ञा को घर आया देखा तो वह उस पर बहुत क्रुद्ध हुए और उसे वापिस पति के पास लौट जाने के लिए आदेश दिया। संज्ञा ने अपने को छिपाने के लिए अश्वी का रूप धारण कर लिया और वन में विचरने लगी। सूर्य ने संज्ञा-छाया से भी दो सन्तानें उत्पन्न की। इनका नाम श्रुतश्रुवा तथा श्रुतकर्मा रखा। यह श्रुतश्रवा ही आगे चलकर सावर्णि मनु बना तथा श्रुतकर्मा ही शनैश्चर हुआ। एक बार माता छाया से क्रुद्ध तथा रुष्ट होकर यमराज ने पिता सूर्य

से सारी बातें बता दी। जब सूर्य ने संज्ञा से वास्तविकता जाननी चाही तो अपनी वास्तविक संज्ञा को दिए वचन के कारण वह सत्य टाल गई। तब सूर्य ने समाधि लगाकर रहस्य जान लिया और छाया-संज्ञा का विनाश करने के लिए शाप देने को उद्यत हो गए। इससे छाया-संज्ञा ने भयग्रस्त होकर सूर्य के समक्ष सारा रहस्य खोल दिया। सूर्य बहुत क्रुद्ध हुए तथा विश्वकर्मा के पास पहुंचे।

विश्वकर्मा ने सूर्य से कहा–आप क्रोध शान्त करें और अपना यह तेज कुछ कम करें। देखिए, पास ही वन में अश्वी बनी संज्ञा विचरण कर रही है। तब सूर्य ने विश्वकर्मा के कथनानुसार रूप धारण करके अपनी प्रिया बनी पत्नी से साक्षात्कार किया। सूर्य ने अश्व का रूप धारण किया तथा पत्नी से प्रणय याचना की। पराए पुरुष की शंका से संज्ञा ने सूर्य के वीर्य को अपनी दोनों नासिका छिद्रों से बाहर गिरा दिया। इसी वीर्य से अश्विनी कुमारों की उत्पत्ति हुई। ये दोनों प्रजापति मार्तण्ड के आठवें पुत्र कहे जाते हैं। तब सूर्य अपने वास्तविक रूप में आ गए। संज्ञा अपने पति के इस मनोरम रूप को देखकर मोहित हो गई। विश्वकर्मा ने सूर्य के उस खरीदे हुए तेज से सुदर्शन-चक्र का निर्माण किया जिसे विष्णु ने धारण किया तथा युद्ध में उससे दानवों का वध किया।

जब सूर्य ने मनु पृथ्वी के सम्राट बने, उनके नौ पुत्र–इक्षवाकु, नहुष, धृष्ट, नरिष्यन्त, प्रांशु, करूष, पृषध्र, श्रर्पाति हुए। प्राचीन काल में मनु ने पुत्रेष्टि यज्ञ किया तथा मित्रावरुण के लिए अग्नि में आहुति दी। उस यज्ञ-भूमि से दिव्य-वस्त्र धारण किए इड़ा उत्पन्न हुई। उसने मनु से कहा–भद्र! मैं आपकी अनुगामिनी हूं, आपका कल्याण हो। मैं मित्रावरुण के अंश से उत्पन्न हुई हूं अतः उन्हीं के पास जा रही हूं। यह इड़ा दोनों की कन्या के रूप में प्रतिष्ठित हुई। यही बुध के साथ ब्याही गई। बुध तथा इला के संसर्ग से पुरुरवा की उत्पत्ति हुई। मनु के बाद यहीं पुरुरवा राजा बने।

मनु पुत्रों का सृष्टि विस्तार वर्णन

मनु पुत्रों का सृष्टि विस्तार वर्णन करते हुए सूतजी ने बताया कि मनु पुत्र पृषध्र महात्मा च्यवन की गौ को मार कर खा गए। इस कारण वह शाप वश शूद्र वर्ण में उत्पन्न हुए। करुष से कारुष नाम के पुत्र युद्ध संग्राम

में दुर्दमनीय थे। नाभाग अरिष्ट का पुत्र मलन्दन परम विद्वान हुआ। मलन्दन का पुत्र प्रांशु तथा प्रांशु का पुत्र प्रजानि और प्रजानि का पुत्र खनित्र, खनित्र के क्षुप के विंश की विविंश के खनिनेत्र के करन्धम हुए। ये करन्धम त्रेता युग के आरंभ तक वर्तमान रहे। करन्धम के अविक्षित नाम के पुत्र हुए। इनके यहां धर्मात्मा तथा चक्रवर्ती सम्राट मनुत्त हुए। मनुत्त के यहां नरिष्यन्त ने जन्म लिया। इसका उत्तराधिकारी दम हुआ। यह दण्ड में बड़ा कठोर था। इसके वंश में राष्ट्र वर्धन से वेगवान से बुध से तृण विन्दु से द्रविडा नाम की कन्या उत्पन्न हुई। द्रविडा का विश्रवा नाम का पुत्र हुआ। विश्रवा का विशाल नाम पराक्रमी राजा हुआ। इस विशाल ने ही विशाला नाम की नगरी बसाई। विशाल के पुत्र हेमचन्द हुए। हेमचन्द के सुचन्द्र, सुचन्द्र के धूमाश्व के परम विद्वान पुत्र राजा सृंजय हुए। सृंजय के परम मेधावी पुत्र सहदेव हुए। सहदेव के कृशाश्व, कृशाश्व के सोमदत्त के जन्मेजय पुत्र हुए। जन्मेजय के यहां प्रभृति नाम से विख्यात हुए। ये सभी राजागण परम पराक्रमी, धार्मिक तथा महात्मा हुए।

राजा शर्याति की दो संतानें हुई–एक पुत्र आनर्त तथा कन्या सुकन्या। सुकन्या का विवाह च्यवन ऋषि से हुआ। आवर्त के रेव नाम का प्रतापी पुत्र उत्पन्न हुआ। रेव का पुत्र रैवत हुआ। रैवत अपनी कन्या के लिए वर की कामना से ब्रह्माजी के यहां गए। ब्रह्मा के यहां बीता इनका एक पल युगों का हुआ। तब राजा वहां से लौटे तो वह उनकी पुरी यदुवंशियों से अधिकृत हो चुकी थी। तब रैवत ने अपनी साध्वी कन्या का पाणिग्रहण बलराम से कर दिया और स्वयं जा कर मेरु के शिखर पर तपस्या करनी प्रारम्भ कर दी।

सूतजी ने बताया कि रैवत महाराज के मेरु के शिखर पर तपस्या के लिए चले जाने के पश्चात् यक्षों तथा राक्षसों ने मिलकर उनकी रैवत नगरी का विधवंश करना प्रारंभ कर दिया। राजा रैवत के अन्य भाई राक्षसों से अत्यन्त पीड़ित होकर इधर-उधर भाग खड़े हुए और सारा क्षत्रिय समूह इधर-उधर तितर-बितर हो गया। रैवत के कुछ वंशज वहां भी गए जहां रैवत महाराज तपश्चर्या कर रहे थे। ये वशंज क्षत्रियगण सभी दिशाओं में धार्मिक विचारों वाले तथा इंद्रियों को वश में रखने वाले विख्यात थे। इसी वंश में उत्पन्न होने वाले धृष्ट के धार्ष्टक, क्षत्र, रण, धृष्ट नामक पुत्र हुए। ये परम बलवान तीन सहस्त्र क्षत्रियों के समूह में प्रमुख थे। दूसरे उसी वंश

में उत्पन्न होने वाले नभग के उत्तराधिकारी परम बलान नाभाग के नाम से प्रसिद्ध हुए। नाभाग के पुत्र अम्बरीष हुए। अम्बरीष के पुत्र विरूप हुए, विरूप के पुत्र पृषदश्व और पृषदश्व के पुत्री रथीतर हुए।

रथीतर के वंश में सभी राजा क्षत्रिय कहलाए तथा अंगिरा के गोत्रज के रूप में जाने गए। प्राचीन काल में मनु के छींकते समय इक्ष्वाकु नाम के पुत्र निकल पड़े थे। ये पर दानशील थे। इनके एक सौ पुत्र हुए। इनमें सबसे बड़े विकुक्षि थे। नेमी तथा दण्ड भी इनमें विख्यात हुए। विकुक्षि के यहां शकुनि प्रभृति पांच सौ पुत्र जन्में। ये सभी आगे चलकर उत्तराखण्ड के देशों के स्वामी हुए। इनमें अड़तालीस दक्षिण में हुए।

एक बार इक्ष्वाकु ने अपने पुत्र विकुक्षि से कहा–आज अष्ट की तिथि है। आज मेरा श्राद्ध करने का निश्चय है, तुम मृगों को मार कर श्राद्ध योग्य मांस लाओ। राजा की आज्ञा से विकुक्षि मृगों का वध करने के लिए वन को चल पड़ा। वहां वन में सैकड़ों मृगों का वध करने के पश्चात विकुक्षि थक गए और वहीं मृग के स्थल पर ही उन्होंने एक खरगोश मार कर खा लिया। जब विकुक्षि मांस लेकर सैनिकों सहित राजधानी लौटे, राजा इक्ष्वाकु ने मुनि वशिष्ठ से मांस का मंत्रोच्चरपूर्वक सिंचन संस्कार करने के लिए कहा–तुम्हारे नीच स्वभाव वाले पुत्र ने बीच में ही खरगोश का मांस खा लिया है और यह सारा मांस अपवित्र कर दिया है। अतः यह सारा पिण्ड अखाद्य हो गया है। यह दूषि मांस पितरों के योग्य नहीं रहा। वशिष्ठ मुनि से यह सुनकर राजा इक्ष्वाकु बहुत क्रुद्ध हुए तथा विकुक्षि से बोले–तुमने श्राद्ध-कर्म के लिए लाए जाने वाले मांस को अपवित्र एवं अखाद्य बना दिया है। इसके लिए तुमने उचित-अनुचित किसी का भी विचार नहीं किया अतः मैं तुम्हें त्याग रहा हूं। अब तुम चाहे जहां भी चाहो जा सकते हो तथा अपने नीच कर्म का फल भोगो। इस प्रकार विकुक्षि राज्य की सीमा से बाहर चले गए।

इक्ष्वाकु के परलोक गमन के पश्चात् धर्मात्मा विकुक्षि ने महामुनि विशिष्ठ के बहुत कहने पर अयोध्या का राज्य-भार स्वीकार कर लिया तथा सारी पृथ्वी पर शासन किया। लेकिन राजा अपने पूर्व पाप के कारण उत्तरोत्तर गिरता चला गया, उसकी महिमा क्षीण हो गई। यह आख्यान यही शिक्षा देता है कि बिना विधान के यक्षण नहीं करना चाहिए। बुद्धिमान

लोग मांस भक्षण के समय यही कहा करते हैं कि मैं इस लोक में जिसके मांस का भक्षण कर रहा हूं, वह परलोक में मेरे मांस का भक्षण करेगा–यही मांस भक्षण का नियम है। शशक के भक्षण करने वाले राजा विकुक्षि के यहां कुकत्स्थ ने जन्म लिया। इसके बारे में कथा है कि प्राचीन काल में इन्द्र के बैल का स्वरूप धारण करने के कारण यह राजा उनके कुकद पर सवार हुआ था। यह प्रसंग अडीवक युद्ध में आया था। इसीलिए इनका नाम कुकत्स्थ पड़ा। कुकत्स्थ के पुत्र अनेना हुए। अनेना के वंश में पृथु–पृषदश्व–अंध्रक हुए। अंध्रक के यहां युवनाश्व हुए। युवनाश्व के पुत्र का नाम श्रावस्त हुआ। इसी के नाम पर श्रावस्ती नाम की पुरी बनी। राजा श्रावस्व के यहां परम पराक्रमी पुत्र वृहदश्व हुए। वृहदश्व के पुत्र का नाम कुवलाश्व हुआ। यही कुवलाश्व धुन्धु के मारने के कारण धुन्धुभार के नाम से जाने गए।

धुन्धुभार की उपाधि का व्रत सुनाते हुए सूतजी ने बताया कि राजा वृहदश्व के पुत्रों की संख्या इक्कीस सहस्त्र थी। ये सभी विद्याओं में पारंगत, परम बलवान, दुर्दभनीय, प्रचुर दक्षिणा देने वाले तथा धार्मिक विचारों वाले थे। राजा वृहदश्व ने राज्य का उत्तराधिकारी सभी पुत्रों में श्रेष्ठ कुवलाश्व को बनाया। वह इस योग्य पुत्र को राज्य-भार सौंप कर स्वयं वन में तपस्या करने चले गए। ब्रह्मर्षि उत्तंक ने परम धार्मिक राजा वृहदश्व को वन में जाते हुए निवृत्त किया।

मुनि उत्तंक ने राजा ने कहा–महाराज! हमारे वन प्रदेश में धुन्धु नाम का राक्षस अत्यन्त पीड़ा पहुंचाता है, हमारे यज्ञ में विघ्न डालता है। देवगण भी उसका कुछ नहीं बिगाड़ सके हैं। मनु का पुत्र होने पर भी वह परम क्रूर वृत्ति वाला है। वह लोकों का विनाश करने के लिए सौ वर्षों से दारुण तप कर रहा है। वह एक वर्ष में एक बार जब श्वांस छोड़ता है तो सारी पृथ्वी जंगलों सहित् हिल जाती है। धूल का भयंकर बवंडर उठता है, सूर्य का मार्ग ही घिर जाती है। उसके इस उत्पात से हम आश्रम में भी निवास नहीं कर पाते हैं। आप लोक रक्षक हैं अत: हमें उस राक्षस के आतंक से मुक्त कीजिए। राजा ने मुनि को आश्वस्त करते हुए कहा–हे महामुनि! हम तो अब अस्त्र-शस्त्र का त्याग कर चुके हैं तथा तपस्या के लिए वन में जा रहे हैं। यह दुष्कर कृत्य हमारा पराक्रमी पुत्र कुवलाश्व

करेगा। ऐसा कहते हुए वृहदश्व ने कुवलाश्व को धुन्धु के वध का दायित्व सौंप दिया तथा स्वयं तपस्या के लिए वन को चल दिए।

पिता के आदेश के अनुसार कुवलाश्व ने अपने इक्कीस सहस्त्र भाइयों को साथ लेकर मुनि उत्तंक के साथ धुन्धु के निवारणार्थ गमन किया। विष्णु स्वयं लोक हित की भावना से अपने तेज के साथ कुवलाश्व में अविष्ट हो गए। राजा ने देखते ही देखते धुन्धु को उसके परिवार के साथ मौत के घाट उतार दिया। महर्षि उत्तंक ने राजा के इस शौर्य कर्म से प्रसन्न होकर उन्हें कभी न खत्म होने वाली अक्षय सम्पत्ति प्रदान की।

कुवलाश्व के वंश में दृढाश्व–हर्यश्व–निकुम्भ–सहंताश्व–प्रसेनजित–भुवनाश्व–मान्धाता हुए। प्राचीन ज्ञानी लोग मान्धाता को विष्णु का स्वरूप ही बताते हैं। मान्धाता की पत्नी चैत रथी थी। इसके तीन पुत्र हुए। अम्बरीष, इनके दूसरा युवनाश्व हुआ। इसके पुत्र हरित के वंश में सत्यव्रत हुए। यही सत्यव्रत बाद में त्रिशंकु हुए। इन्होंने अकाल के समय मुनि विश्वामित्र के परिवार ही अथक सेवा की और उनके पुत्र का जीवन बचाया। मुनि ने उस राजा को सशरीर स्वर्ग भेजने का उपक्रम किया। इन्हीं के यहां हरिश्चन्द्र नाम के पुत्र ने जन्म लिया। हरिश्चन्द्र के रोहिताश्व–हरित–चचुं–विजय–सुदेव। विजय का पुत्र रूरुक, रूरुक के हृतक, हृतक के बाहु आदि हुए। बाहु के पुत्र सगर हुए।

राजा सगर की कथा

राजा सगर किस प्रकार विष के साथ गर्भ से उत्पन्न हुए, इस कथा का विस्तार से वर्णन करते हुए सूतजी ने बताया कि ऐसा कहा जाता है कि पूर्व काल में राजा बाहु के व्यसनी होने के कारण राज्य हैहय क्षत्रियों ने छीन लिया। ये धर्मात्मा राजा बाहु घर-द्वार छोड़कर पत्नी सहित वन को चले गए और वहां तपस्या करना प्रारम्भ कर दिया। कुछ समय पश्चात दुर्बल होने के कारण जल की खोज में गए राजा का देहान्त हो गया। उस समय उनकी पत्नी गर्भवती थी। उनकी सपत्नी ने उसे विष दे दिया और वह चिता जलाकर पति के साथ सती होने के लिए तत्पर हो गई। मुनि भार्गव ने उसकी गर्भावस्था को जानकर उसे सती कर्म से विरत किया। मुनि आश्रम में ही उसने विष सहित उस बालक को जन्म दिया। गरल सहित

उत्पन्न होने के कारण मुनि ने उसका नाम सगर रखा। मुनि ने उस बालक सगर का जात-कर्म आदि संस्कार सम्पन्न किया। बड़े होकर सगर ने हैहयों का वध किया और अपना खोया राज्य वापिस ले लिया और उनके साथी शक, यवन, कम्बोज, पारद तथा पलहवों को वेदाध्ययन से वंचित कर इनके सिर और दाढ़ी-मूंछ मुंडित करा दिए। इस प्रकार धर्म विजयी उस राजा सगर ने पृथ्वी जीतकर अश्वमेध यज्ञ की दीक्षा ग्रहण कर यज्ञ-अश्व को भूमंडल पर घुमाया। इन्द्र ने महाराजा सगर के यज्ञ में विघ्न डालने के लिए यज्ञ के उस अश्व को दक्षिण दिशा में समुद्र के तटवर्ती प्रान्त में स्थित कपिल मुनि के आश्रम में छिपा दिया। राजा सगर के पुत्र जब अश्व को खोजते हुए वहां पहुंचे और मुनि आश्रम में अश्व को बंधे देखा तो उन्होंने मुनि को ही यज्ञ के अश्व को चुराने वाला जान लिया और उन्हें काफी बुरा-भला कहा। कपिल मुनि ने अपनी तपस्या के भंग होने के कारण रूप उन्हें जानकर जैसे ही उन पर दृष्टि डाली, वे सभी आठ हजार सगर पुत्र भस्म हो गए। उनमें बर्हिलतु, सुकेतु, धर्मरथ, और पंचवन केवल चार पुत्र शेष रह गए। ये ही राजा सगर के वंश को बढ़ाने वाले कहे गए। नारायण विष्णु ने राजा को वरदान दिए और जिनसे राजा सगर को अपने वंश का अक्षयत्व, सौ अश्वमेध यज्ञों के सम्पन्न करने का सुअवसर, परम ऐश्वर्य सम्पन्न समुद्र का पुत्रत्व और स्वर्ग लोक में अनन्त काल तक वास करने का अवसर प्राप्त हुआ। समुद्र उनके समीप अश्व लेकर उपस्थित हुआ और नमस्कार किया। राजा के उसी महान कर्म से उसे सगरत्व की उपाधि प्राप्त हुई। इस प्रकार समुद्र से उस अश्वमेध यज्ञ के अश्व को प्राप्त कर राजा सगर ने सौ अश्वमेध यज्ञों को निर्विघ्न सम्पन्न किया और उनके वे सभी भस्मीभूत पुत्र नारायण के तेज में तद्रूप होकर प्रवष्टि हो गए।

राजा सगर के केशनि और धर्मिष्ठ सुमति दो पत्नियां थीं। सुमति ने साठ हजार पुत्र और केशनि के एक पुत्र को जन्म दिया। राजा सगर के सबसे बड़े पुत्र असमंज महा बलवान थे। इनके पुत्र अंशुमान हुए, अंशुमान के दलीप और दलीप के भगीरथ हुए। भगीरथ ने अपनी पूजा और क्रिया के बल के समस्त सरिताओं में श्रेष्ठ गंगा को पुत्री रूप में प्राप्त किया। इसीलिए गंगा का एक नाम भागीरथी भी कहा जाता है। राजा भगीरथ के पुत्र, श्रुत के नाभाग, नाभाग के अम्बरोष तथा अम्बरीष का पुत्र सिन्धु

द्वीप हुआ। सिन्धु द्वीप के यहां अयुतायु ने जन्म ग्रहण किया। अयुतायु के यहां ऋतुपर्ण हुआ। इसी ऋतुपर्ण के वंश में आगे चलकर रघु हुए, इनके पुत्र अज तथा अज के दशरथ हुए। दशरथ के चार पुत्र हुए—राम, लक्ष्मण, भरत, शत्रुघ्न। शत्रुघ्न के मधुवन में प्रवेश कर मधु नाम के राक्षस का वध किया, इसीलिए इसका नाम मथुरा पड़ा। श्री राम के पुत्र लव-कुश, लक्ष्मण के अंगद तथा चन्द्रकेतु, भरत के पुत्र तक्ष तथा पुष्कर और शत्रुघ्न के सुबाहु तथा सूरसेन नाम के पुत्र हुए।

कुश के वंश में अतिथि हुए। अतिथि के निषध, निषध के नल, नल के नभ, नभ के पुण्डरीक, पुण्डरीक के क्षेमछन्क→अहीनगु→पारिपात्र→दलबल→औंक→वज्रनाम→शंखन→ध्युषितश्व→विश्वसह→हिरण्य→वशिष्ठ→पुष्प→ध्रुव संधि—सुदर्शन—अग्निवर्ण—विश्रुतवान—वृहद्बल हुए। यही अतिति के पुत्र विवस्वान की वंशावली है। जो इसका भली-भांति पाठ करता है, वह सन्तति कला होता है और अन्त में परमगति को प्राप्त करता है।

विकुक्षी के अनुज राजा निमि हुए। राजा निमि ने गौतम के आश्रम के चारों ओर जयन्त नाम के एक पुर की स्थापना की। यह देवपुर के समान रम्य तथा शोभाशाली था। इन्हीं के वंश में नेमि नाम के परम धर्मात्मा राजा हुए। परम तेजस्वी इक्ष्वाकु से जो पुत्र उत्पन्न हुआ, वह महर्षि वशिष्ठ के शाप से देह रहित हो गया। विदेह के अरणी के तीन पर्वों के मंथन से मिथि के नाम के पुत्र की उत्पत्ति हुई। इसी प्रकार जनन होने के कारण उनका दूसरा नाम जनक भी रखा गया। ये मिथि परम बलवान राजा थे। इन्हीं के नाम पर मिथिला पुरी बसी। इन्हीं राजा जनक से उदावसु की उत्पत्ति हुई। उदावसु से नंदि वर्धन, नंदि वर्धन, नंदि वर्धन से सुकेतु, सुकेतु से देवरात, देवरात से वृहदुत्य हुए। वृहुत्थ से महावीर्यवान, महावीर्यवान से धृतिमान, धृतिमान से सुघृति से धृष्टकेतु, धृष्टकेतु के हर्यस्व, हर्यस्व के मरू, मरू के प्रतित्त्वक, प्रतित्त्वक के कीर्तिरथ, कीर्तिरथ, कीर्तिरथ के देवमीठ हुए। देवमीठ के विबुध, विबुध के धृति हुए। महाबलवान धृति के राजा कीर्तिराज हुए, कीर्तिराज के यहां महारोमा, महारोमा के स्वर्णरोमा पुत्र हुए। स्वर्णरोमा के पुत्र ह्रस्वरोमा, ह्रस्वरोमा पुत्र सीरध्वज हुए। इन्हीं राजा सीरधवज के पृथ्वी जोतते समय यशस्विती सीता का प्रादुर्भाव हुआ। ये सीता

राम की साधवी, पतिव्रता, सत्यव्रत परायणा पत्नी थीं।

सीरध्वज द्वारा पृथ्वी से सीता की प्राप्ति की कथा सुनाते हुए सूतजी ने बताया कि अश्वमेध यज्ञ के अवसर पर महाराज सीरध्वज ने विधिपूर्वक जिस अग्नि क्षेत्र का कर्पण किया, उसी से सीता का जन्म हुआ। इन्हीं राजा सीरध्वज से भानुभान का जन्म हुआ। ये ही मैथिल नाम से जाने गए। इनका भाई कुशध्वज काशी के राजा हुए। राजा भानुमान के पुत्र प्रद्युम्न हुआ। प्रद्युम्न का मुनि, मुनि का उर्जावह पुत्र हुआ। उर्जावह से सुतध्वज की उत्पत्ति हुई। सुतध्वज से शकुनि का जन्म हुआ। शकुनि का पुत्र सुवर्चा, सुवर्चा का श्रुत, श्रुत का सुश्रुत पुत्र हुआ, सश्रुत का जय, जय का विजय, विजय का ऋत, ऋत का सुनय, सुनय का वीतहव्य, वीतहव्य का धृति नाम का पुत्र हुआ। धृति से बहुलाश्व, बहुलाश्व के कृति का जन्म हुआ। कृति तक ही महान प्रतापी जनक राजाओं की वंशावली का सन्दर्भ मिलता है।

चन्द्र वंश का वर्णन

चन्द्र वंश का वर्णन करते हुए सूतजी ने बताया कि अत्रि ऋषि चन्द्र वंश के पूर्वज ऋषि थे। ये सभी लोकों की रक्षार्थ तपस्या में रत थे। महर्षि अत्रि इस कठोर तपस्या में तीन हजार वर्ष तक लगे रहे। इस काल में महर्षि ने पलक मारने तक की इच्छा भी नहीं की। वह निर्निमेष तपस्या में ही लीन रहे। इस परम कठोर तप से मुनि का शरीर चन्द्रमा से भी अधिक निर्मल हो गया। भगवान् अत्रि के उस सोमत्व के ऊधर्व देश पर आक्रमण किया अर्थात् उनके शिरोभाग की कांति अत्यधिक बढ़ गई। उनके दोनों नेत्रों से सोम चू पड़ा। ब्रह्मा के आदेशानुसार उस गर्भ से दसों दिशा रूपी देवियों ने ग्रहण किया, किन्तु वह दसों मिलकर भी उस गर्भ को धारण करने में असमर्थ रहीं। तब वह गर्भ समस्त दिशाओं को प्रकाशित करता हुआ, पृथ्वी पर गिर पड़ा। तब लोक-कल्याण के लिए ब्रह्मा ने उस गर्भ को अपने रथ पर धारण कर लिया। हे विप्रगण! यह चन्द्रमा दिव्यगुण सम्पन्न हैं। वे एक सहस्र घोड़ों के रथ पर विराजमान हैं।

अत्रि के पुत्र परम तेजोमय चन्द्रमा के इस प्रकार पृथ्वी पर गिरने पर देवों एवं ब्रह्मा के परम विख्यात सातों भक्त पुत्रों ने उनकी स्तुति की। अंगिरा के पुत्रों ने ऋग्वेद, यजुर्वेद, सामवेद तथा अथर्ववेद एवं अंगिरस के

मंत्रों से उनकी विधिवत् स्तुति की। इन सभी से स्तुति किए जाने पर परम तेजस्वी चन्द्रमा ने उस समय ब्रह्माजी के रथ पर विराजमान होकर सागर पर्यन्त विस्तृत पृथ्वी की इक्कीस बार परिक्रमा की। चन्द्रमा का जो तेज पृथ्वी पर गिर पड़ा था। वह औषधियों के रूप में बदल गया। आज भी ये औषधियां चन्द्रमा के तेज से जाज्वल्यमान रहती हैं। चन्द्रमा इन्हीं औषधियों द्वारा सभी लोकों प्रजाओं का पालन करता है। इस चराचर जगत् के पुष्टि देने वाले परम ऐश्वर्यशाली चन्द्रमा ही एक मात्र हैं। महर्षि अत्रि के परम तपोबल से देवों तथा ऋषियों की स्तुति से अपने शुभ-कर्मों के द्वारा चन्द्रमा दस पद्म वर्षों तक घोर तपस्या में लगे रहे। सुवर्ण के समान शुभ्र वर्णों वाली जो देवियां इस चराचर जगत् को धारण करती हैं, उन्हीं के गर्भ से परम तेजस्वी तथा सर्व समर्थ चन्द्रमा की उत्पत्ति हुई। इसके पश्चात् ब्रह्मा ने चन्द्रमा को समस्त बीजों, औषधियों, ब्राह्मणों, जल जगत् का राज्यभार समर्पित किया। इस दायित्व पूर्ण राज्य पर आरूढ़ होने से चन्द्रमा का प्रताप अधिक बढ़ गया। प्रयेता के पुत्र दक्ष ने दाक्षायणी के गर्भ से उत्पन्न परम तपोव्रत का पालन करने वाले सत्ताईस कन्याएं चन्द्रमा को प्रदान कीं। इन कन्याओं को लोग नक्षत्र के नाम से जानते हैं। ब्राह्मणों के स्वामी चन्द्रमा ने इतने बड़े राज्य को पाकर एक बड़े राजसूय यज्ञ में भगवान् हिरण्यगर्भ उद्गता ब्रह्मा ब्रह्म के पद पर, नारायण विष्णु सदस्य के रूप में, सनत्कुमार आदि ऋषि भी विराजमान थे। इस यज्ञ में चन्द्रमा ने प्रमुख ब्रह्मर्षियों को दक्षिणा के रूप में तीन लोकों को समर्पित कर दिया। सिनी, कुहु, वपु, पुष्टि, प्रभा, वसु, कीर्ति, धृति तथा महालक्ष्मी ये नौ देवियां चन्द्रमा की सेवा कर रही थीं। इस प्रकार चन्द्रमा जब सब कार्यों से निश्चिन्त हो गए तो वे राजाधिराज बनकर दसों दिशाओं को इस प्रकार से तपाने लगे। चन्द्रमा की मति भ्रान्त हो गई। उनकी विजय पर अविनय ने अधिकार कर लिया। बृहस्पति की पत्नी तारा का उन्होंने अपहरण कर लिया। देवो तथा ऋषियों के कहने पर भी चन्द्रमा ने तारा को वापस नहीं लौटाया। उस समय अंगिरा के पुत्र शुक्र उनके सहायक बने हुए थे। महातेजस्वी उशना बृहस्पति के सहायक हुए तथा अपना अजगव नाम का प्रसिद्ध धनुष लेकर वे बृहस्पति की रक्षा के लिए उपस्थित हुए। वक्ष प्रत्यक्ष तारकामय युद्ध प्रारम्भ हो गया। इस युद्ध में तुषित नाम के तीन देव

शेष रहे। ये तीनों ब्रह्मा की शरण में गए। ब्रह्मा ने स्वयं शुक्र को तथा इस विनाश में लीन शंकर को निवारित किया तथा तारा को बृहस्पति को वापस किया। तारा गर्भवती थी। बृहस्पति ने उससे कहा–मेरी भूमि में रहकर तुम दूसरे का गर्भ किस प्रकार धारण कर सकती हो? कुछ समय पश्चात् वह दस्युहन्तम कुमार उत्पन्न हुआ। देवों तथा बृहस्पति के पूछने पर तारा ने सच-सच बता दिया कि वह चन्द्रमा पुत्र है। ब्रह्मा ने उसका नाम बुध रखा।

राजपुत्री इला के संसर्ग से बुध ने एक पुत्र उत्पन्न किया। इस परम तेजस्वी पुत्र का नाम पुरुरवा रखा गया। यह इला के गर्भ से उत्पन्न होने के कारण ऐल भी कहा गया। इसने उर्वशी के साथ रमण करते हुए छः परम तेजस्वी पुत्र उत्पन्न किए। चन्द्रमा राज्यक्ष्मा से पीड़ित हो गए। चन्द्रमा का मण्डल क्षीण हो गया। तब वह पितामह ब्रह्मा तथा अत्री ऋषि की शरण में गए। अत्री ने चन्द्रमा के पाप का शमन किया। तब राज्यक्ष्मा से मुक्ति पाकर चन्द्रमा फिर से कांतिवान हो उठे।

परम कांतिवान चन्द्रमा के पुत्र बुध के वंश में जन्मे पुरुरवा बड़े ही प्रतापी तथा पराक्रमी राजा हुए। वे बड़े दानी, यज्ञकर्त्ता तथा विपुल दक्षिणा देने वाले दयालु राजा भी थे। उस ब्रह्मवेत्ता राजा को शत्रु युद्ध में किसी प्रकार नहीं जीत पाता था। राजा पुरुरवा ने शत्रुओं का तो विध्वंश ही कर डाला था। वह अग्निहोत्र का उपासक राजा था। उसने यज्ञ में सारी पृथ्वी दान में दे दी थी। वह सदा सत्य बोलने वाला, कर्मशील तथा परम बुद्धिमान था। देखने में सुन्दर तथा उच्छृंखलता रहित मैथुन वाला था। लोक में वह एक अनुपम पुत्र था। सुन्दरता में अद्वितीय। इसी कारण देवं अप्सरा ने अपना मान छोड़कर उसका पति रूप में वरण किया। उर्वशी के साथ राजा पुररुवा ने 64 वर्ष तक स्नेह तथा प्रणय पूर्वक निवास किया। कभी चैत्ररथ वन में, कभी मन्दाकिनी के रमणीय तट पर, कभी अलकापुरी में, कभी विशालापुरी में, कभी गंद्यमादन पर्वत पर, कभी नागराज मेरु की चोटियों, पर कभी उत्तर कुरु प्रदेश में, कभी कलाप ग्राम में परम आनन्द सहित उर्वशी के साथ विहार किया।

उर्वशी अप्सरा ने मनुष्य पुत्र पुरुरवा को पति रूप में किसलिए चुना? इस प्रश्न का उत्तर देते हुए सूतजी ने बताया कि यह उर्वशी ने ब्रह्म के

शाप के कारण किया। उसने प्रतिज्ञा करके इला पुत्र पुरुरवा के साथ रहने की व्यवस्था की। शाप से मुक्ति के लिए उसने नियम निश्चित किया था। उर्वशी ने कहा था—हे राजन्! मैथुन के अवसर को छोड़कर बिना कामासक्ति से किसी भी समय मैं आपको नंगा नहीं देखूंगी। हमारी शैय्या के समीप दो मेंढ़े सर्वदा बंधे रहेंगे और केवल एक समय घृत मात्र का आहार मैं करूंगी और जब तक हमारे इन नियमों का आप दृढ़तापूर्वक पालन करेंगे तब तक मैं आपके पास रहूंगी। यही हमारी प्रतिज्ञा है। राजा पुरुरवा ने इस प्रतिज्ञा की सीमा का जब तक अक्षरशः पालन किया, उर्वशी पुरुरवा के साथ-साथ रही। इस प्रकार ब्रह्मा शाप से मोहित उर्वशी चौंसठ वर्षों तक भक्ति पूर्वक मनुष्य योनि में उत्पन्न होने वाले राजा पुरुरवा के साथ रही। दूसरी और गन्धर्व लोग उर्वशी के बिना अधिक व्यग्र हो गए। उर्वशी उन गन्धर्वों के पास उसी दशा में वापस लौट सकती थी कि जबकि पुरुरवा उसकी शर्तों को तोड़ दे। इसके लिए गन्धर्वों ने योजना के अनुसार मेंढ़ों के शिशुओं में से एक को चुरा लिया। राजा पुरुरवा उस बालक को लाने के लिए नग्न ही दौड़ पड़ा। इस प्रकार उर्वशी के वचन अनुसार वह एक मेंढ़े के बालक को ढूंढ़ते हुए उर्वशी के सामने नग्न दशा में उपस्थित हो गया। दोनों के बीच तय प्रतिज्ञा इस प्रकार टूट गई और उर्वशी ऐसा देखते ही अन्तर्ध्यान हो गई। पुरुरवा उर्वशी को ढूंढ़ने पृथ्वी भर का चक्कर लगा आए, पर उर्वशी का वापिस जा चुकी थी। इस प्रकार घूमते हुए राजा कुरुक्षेत्र में पहुंचा। वहां वह सुन्दरी पुष्करिणी के गहरे जल में पांच अन्य सुन्दरी अप्सराओं के साथ जल-क्रीड़ा कर रही थी। उर्वशी ने राजा पुरुरवा को देख लिया। उसने सखियों से कहा—यह तो वही राजा पुरुरवा है, जिसके साथ मैं निवास करती थी। राजा ने उर्वशी को देखकर विलाप किया। उसे परम प्रसन्नता भी हुई। वह उर्वशी से बोला—आओ प्रिय! मन से मेरे इस कठोर हृदय में निवास करो। उर्वशी ने पुरुरवा से कहा—प्रभु! मैं आपके संयोग से गर्भवती हो गई हूं। एक वर्ष में आपका पुत्र मेरे गर्भ से उत्पन्न होगा। राजा ने वह रात वहां फिर उर्वशी के साथ व्यतीत की। दूसरे दिन वह राजा अत्यन्त प्रसन्न एवं तुष्ट होकर अपने पुर को लौट आया।

एक वर्ष बाद वह राजा पुनः उर्वशी के पास आया। उसने फिर वह

रात्रि उर्वशी के साथ व्यतीत की तथा अगली प्रात: उसने उर्वशी से याचना की कि वह सदा उसके साथ वास करे। उर्वशी ने कहा–इसके लिए तुम्हें गन्धर्वराज से विनय करनी चाहिए। पुरुरवा ने गन्धर्वराज से निवेदन किया और गन्धर्वराज ने पुरुरवा को गन्धर्व लोक में निवास करने की स्वीकृति प्रदान कर दी। गन्धर्वों के कथनानुसार ही पुरुरवा ने अरणि का मंथन करके अग्नि को तीन भागों में विभक्त कर यज्ञ का अनुष्ठान किया और अनेक प्रकार से यज्ञों का विधान समाप्त कर गन्धर्वों का लोक प्राप्त किया। वहां उसने गन्धर्वों के समान ही सुविधाएं प्राप्त कीं।

उर्वशी से पुरुरवा को छ: पुत्र हुए–आयु, श्रीमान्, अमावसु, विश्वायु, शतायु तथा गतायु। अमावसु के पुत्र राजा भीम हुए। भीम के कांचनप्रम हुए। इनके वंश में→सुहोत्र→जहनु→सुहोत्र→अजक→बलकाश्व→कुश→कुशस्तम्भ→गाधि हुए। गाधि ने कन्या सत्यवती का विवाह रुचिक से किया, जिनसे जमदग्नि उत्पन्न हुए। स्वयं गाधि के यहां कुशिक नन्दन विश्वामित्र ने जन्म लिया। विश्वामित्र ने ब्रह्मर्षियों की समानता प्राप्त कर ब्राह्मणों समेत स्वर्ग को प्रस्थान किया।

इक्ष्वाकु के वंश में सुवेणु नाम के राजा हुए। इनकी कन्या रेणुका का विवाह परम तपस्वी जमदग्नि से हुआ। इनसे कठोर स्वभाव वाले परशुराम उत्पन्न हुए। ये परशुराम सभी विद्याओं में पारंगत, विशेष रूप से धनुर्वेद के ज्ञाता तथा क्षत्रियों के विनाश करने वाले हुए। ऋचीक मुनि के दूसरे पुत्र सुनहशेप हुए। ये परम ब्रह्मज्ञानी थे। विश्वामित्र के पुत्र सुनहशेप राजा हरिश्चन्द्र के यज्ञ-कर्म में बलिदान देने के लिए नियुक्त हुए थे, बाद में इनका नाम देवरात पड़ा। पुरुरवा के वंश में उत्पन्न पुन्यशाली ब्रह्मर्षि कौशिक के गौत्र में कहे गए। इन्होंने क्षत्रिय जाति में उत्पन्न होकर अपनी तपस्या द्वारा ऋषि पदवी प्राप्त की।

सूतजी ने बताया कि महापराक्रमी स्वरभानु के पुत्र नाम की पत्नी से उत्पन्न हुए। इनमें राजा नहुष प्रथम थे। इनके वंश में सुतहोत्र–गृत्समथ–सुनक–तथा शौनक हुए। इस वंश में उत्पन्न होने वाली सन्ततियां अपने कर्मों द्वारा चारों वर्णों में विभक्त हुई। इनमें सुहोत्र के पुत्र काश के पुत्र, दीर्घतपा के पुत्र धर्म हुए और धर्म से परम विद्वान राजा धन्वन्तरि उत्पन्न हुए। प्राचीन काल में समुद्र मंथन के अवसर पर धन्वन्तरि का आविर्भाव

हुआ था। सबसे पहले और सब प्रकार की कान्तियों से युक्त उनके शरीर को देखकर देवगणों ने उन्हें अज कहकर पुकारा। अज ने विष्णु से कहा–प्रभु! मैं आपका पुत्र हूं। आप हमारे लिए लोक में स्थान और यज्ञ में अंश की व्यवस्था करें। विष्णु ने उन्हें बताया कि यज्ञ के विधान बनाने वाले देवताओं ने यज्ञादि में अंशों के विभाग की पहले ही व्यवस्था कर दी है। अतः अब मैं तुम्हें अंश प्राप्त करने के लिए देवताओं की समानता नहीं दे सकता। तुम केवल नाम से ही मन्त्र रूप हो। दूसरे जन्म में तुम लोक में ख्याति प्राप्त करोगे। परम प्रभावशाली उस शरीर से तुम्हें देवगण की भी प्राप्ति होगी और द्विजातिगण चरु, घृत और गन्ध से तुम्हारी पूजा करेंगे। उसके बाद तुम आयुर्वेद का उद्धार करोगे। ये सभी बातें अवश्य घटित होंगी। द्वापर युग में काशीराज सुनहोत्र के वंश में उत्पन्न होने वाले दीर्घतपा ने पुत्र प्राप्ति की कामना से तपस्या की और उस तपस्या में राजा ने पुत्र के लिए उन्हीं अजदेव की आराधना की। इसीलिए द्वापर युग में धन्वन्तरि दीर्घतपा के पुत्र रूप में उत्पन्न हुए। बाद में यह महाराज काशीराज बने तथा सभी रोगों का विनाश करने वाले हुए।

भारद्वाज ऋषि ने औषधियों की समस्त प्रक्रियाओं के साथ जिस आयुर्वेद का प्रणयन किया था, राजा धन्वन्तरि ने उसी को पुनः आठ भागों में विभक्त कर अपने शिष्यों को उसकी शिक्षा दी। धन्वन्तरि के पुत्र केतुमान के वंश में प्रतापी राजा भीमरथ दिवोदास के नाम से विख्यात हुए। कहा जाता है कि राजा दिबोदास के काल में ही वाराणसी पुरी सूनी हो गई थी और उसमें क्षेमक नामक राक्षस घुस आया था। महान पराक्रमशाली निकुम्भ ने वाराणसी पुरी को एक बार शाप दिया था कि वाराणसी पुरी एक हजार वर्ष तक सूनी रहेगी। उसके इस प्रकार शाप देने पर राजा पर दिवोदास ने वाराणसी पुरी को छोड़कर अपनी मनोहर राजधानी गोमती नदी के तट पर बनाई।

राजा दिवोदास जिस समय वाराणसी नगरी में निवास करता था, उसी अवधि में शिव ने पार्वती के साथ विवाह किया और देवी को प्रसन्न करने की इच्छा से वे अपने श्वसुर हिमालय के घर पर ही रहने लगे। उनके इस प्रकार वहां रहने से हिमालय की पत्नी मेना इससे प्रसन्न नहीं थी। उसने एक बार पार्वती से कहा–तुम्हारे पति महेश्वर हमारे यहां नित्य ही

अनाचार करते हैं। मेरी दृष्टि में तो वह पूरे अकिंचन और नाच-गान में लगे लम्पट दिखाई देते हैं। पार्वती अपनी मां मेना के ये वचन अपने प्रिय पति के सन्दर्भ में सहन न कर सकी। वह प्रसन्नमन होकर महादेव के समीप आकर कहने लगी–अब मैं यहां एक पल भी नहीं रहूंगी। कृपया इस भूतल पर कहीं भी चलिए, किन्तु यहां से चलें। यह सुनकर महादेव उनके साथ वाराणसी आ गए।

शंकर ने वाराणसी नगरी को दिवोदास के अधीन जानकर क्षेमक से कहा, वह वाराणसी को महादेव के निवास के लिए मुक्त कराए। राजा दिवोदास महापराक्रमी है, उससे मृदु व्यवहार करके ही ऐसा किया जा सकता है। शिव की आज्ञा से निशुम्भ वाराणसी नगरी को गया और मंकन नाम के नापित को अपने लिए तैयार किया। उससे कहा–मैं तुम्हारा कल्याण करूंगा, तुम वाराणसी में मेरे लिए कोई स्थान रिक्त करो। इस नगरी के अन्तिम छोर पर मेरी प्रतिमा खड़ी कर दो। वहां स्थित निकुम्भ की मूर्ति को रोज ही पूजा होने लगी।

दिवोदास की रानी ने भी मूर्ति की पूजा-आराधना की और उससे पुत्र की कामना की। लेकिन निशुम्भ ने उसे पुत्रवती होने का वरदान नहीं दिया। आशय यही था कि इससे दिवोदास अप्रसन्न एवं क्रोधित हो जाएगा, जिससे निकुम्भ का उद्देश्य सफल हो जाएगा और ऐसा ही हुआ। रानी की पूजा सफल न होते देख राजा को क्रोध आ गया। राजा ने निकुम्भ की मूर्ति को वहां से नष्ट करवा दिया। यह देखकर निकुम्भराज दरबार में आए तथा राजा से कहने लगे–हे राजन्! तुमने बिना किसी अपराध के हमारा स्थान नष्ट करवा दिया। अतः हम शाप देते हैं यह तुम्हारी नगरी बिना किसी कारण ही सूनी हो जाएगी। निकुम्भ के इसी शाप से वह नगरी सूनी हो गई।

महादेव ने उस खाली नगरी का पुनर्निर्माण किया। स्वयं महादेव पार्वती के साथ वहां निवास करने लगे। उस वाराणसी नगरी में सभी देवों के पूज्य देव महादेव पार्वती के साथ तीनों युगों में वास करते हैं। केवल कलियुग में महात्मा शंकर का वह पुर अन्तर्हित हो जाता है और वह नगरी पुनः प्रतिष्ठित होती है। प्राचीन काल में नरपति दिवोदास ने राजा भद्रश्रेष्य के परम धनुर्धारी सौ पुत्रों को मार करके उस पुर में प्रवेश किया। भद्रश्रेण्य

के राज्य को भी छीन लिया। भद्रश्रेण्य का यह दुर्दम नाम का पुत्र भी था। राजा ने उसे बालक समझकर छोड़ दिया। राजा दिवोदास के यहां प्रतर्दन नाम का पुत्र उत्पन्न हुआ। दुर्दम ने प्रतर्दन से अपना राज्य पुनः छीन लिया। प्रतर्दन के गर्ग तथा वत्स नाम के दो पुत्र हुए। वत्स के पुत्र का नाम अलर्क था। अलर्क के पुत्र का नाम सन्नति था। अलर्क काफी लम्बे समय तक युवा रहा। लोपामुद्रा के कारण उसे इतनी बड़ी आयु प्राप्त हुई। एक सहस्त्र वर्ष के शाप के समाप्त होने पर राजा कलर्क ने क्षेमक का वध कर डाला तथा फिर से वाराणसी नगरी को बसाया। सन्नति का पुत्र सुकेतु, सुकेतु का पुत्र धर्मकेतु, धर्मकेतु से सत्यकेतु, सत्यकेतु से प्रजेश्वर विभ्र पुत्र हुआ। इनके वंश में आगे चलकर वत्स तथा वत्स के वात्स्य पुत्र हुए।

महाराज रजि के सौ पुत्र हुए। ये सभी राजेय नाम से जाने गये। ये बड़े ही पराक्रमी तथा अजेय थे। एक बार दैत्यों तथा देवों ने रजि से निवेदन किया कि वे उनकी विजय में सहायक बनें। रजि ने कहा–युद्ध में विजय प्राप्त कर हम ही इन्द्र होंगे तभी हम धनुष धारण करेंगे। दानवों ने अपने इन्द्र प्रह्लाद के होने पर भी रजि की शर्त स्वीकार कर ली। देवों ने भी रजि को इन्द्र पद का प्रस्ताव किया। इस पर रजि ने देखते-ही-देखते सभी दानवों का विनाश कर डाला और देवों की राजलक्ष्मी की रक्षा की। इन्द्र ने हाथ जोड़कर रजि से कहा–हे महाप्रभु! मैं इन्द्र आपका पुत्र हूं। इन बातों से ठगे जाकर राजा ने इन्द्र को अपना पुत्र स्वीकार कर लिया। महाराज रजि के स्वर्गगामी होने के पश्चात् उनके पुत्रों ने इन्द्र से उनका सम्पूर्ण उत्तराधिकार छीन लिया। इन्द्र ने स्थान पर अपना अधिकार जमा लिया। इन्द्र इस प्रकार श्रीहीन होने के बाद गुरु बृहस्पति की शरण में आये। देवराज इन्द्र को तुष्ट करके बृहस्पति ने ऐसा अनुष्ठान किया कि रजि के पुत्रों की मति मारी गई। वे विधर्म में विरत हो गये तथा काम-क्रोध में लिप्त हो गये। तब इन्द्र ने उनका संहार करके उनसे पूर्व पद को सरलता से प्राप्त कर लिया।

मरुत ने राजा को अपनी कन्या किस प्रकार प्रदान की यह कथा सुनाते हुए सूतजी ने बताया कि राजा ने अन्न की कामना से आठ वर्ष तक प्रत्येक मास में प्रजापति मरुत एवं सोम की स्तुति के लिए यज्ञ किया। उस मरुत्सोम यज्ञ से प्रसन्न होकर मरुतों ने सभी मनोरथों को पूर्ण करने वाले अक्षय अन्न

प्रदान किये। एक बार पकाने के पश्चात वह अन्न फिर दिन और रात में कभी नष्ट नहीं होता था। मरुत की बुद्धिमान कन्या से मित्रज्योति उत्पन्न हुआ, जिसने पराक्रमी और धर्मज्ञ पुत्रों को उत्पन्न किया। इन मित्रज्योति के पुत्रों ने गृहस्थ आश्रम को त्याग कर वैराग्य धारण किया और संन्यासियों का धर्म निभाते हुए ब्रह्मत्व को प्राप्त किया। इसके पश्चात अनपाय उत्पन्न हुए, अनपाय से धर्मप्रदत्तवान और धर्मप्रदत्तवान से क्षत्रधर्म की उत्पत्ति हुई। क्षत्रधर्म के प्रतिपक्ष, प्रतिपक्ष के संजय, संजय के जय, जय के विजय, विजय के जय, जय के हर्यद्वत, हर्यद्वत के सहदेव, सहदेव के अदीन, अदीन के जयत्सेन, जयत्सेन के संकृति और संकृति के पुत्र महान यशस्वी और धर्मात्मा राजा कृतधर्मा हुए। ये सभी राजा क्षत्रिय गुण कर्म वाले थे।

राजा नहुष के इन्द्र के समान तेजस्वी छः पुत्र उत्पन्न हुए। ये पितरां की कन्या विरजा से उत्पन्न हुए थे। यति, ययाति, संयाति, आयति, पंत और द्रय। इनमें यति सबसे बड़े थे और ययाति उनसे छोटे थे। यति का विवाह राजा काकुत्सथ की कन्या गौ से हुआ था। सयाति ने मोक्ष का मार्ग अपनाकर मुनियों के समान ब्रह्म पद को प्राप्त किया। ययाति राजा ने मोक्ष राजा बने। उसने शुक्राचार्य की कन्या देवयानी से विवाह किया। असुरराज वृषपर्वा की कन्या शर्मिष्ठा को भी उन्होंने पत्नी रूप में अपनाया था। देवयानी के पुत्र यदु और तुर्वसु हुए। शर्मिष्ठा के द्रुहा, अनु और पुरु नाम के तीन पुत्र हुए। भगवान् शंकर ने प्रसन्न होकर राजा ययाति को सुन्दर, सुवर्ण से बना हुआ, एक दिव्य रथ प्रदान किया और कभी नष्ट न होने वाले दो तरकश भी दिए। उस दिव्य रथ में अत्यन्त वेगशाली घोड़े जुते हुए थे। उसी रथ पर सवार होकर तथा देवयानी को साथ लेकर राजा ययाति ने पृथ्वी को जीता था। जब कुरुवंश के राजा परीक्षित के पुत्र जनमेजय राजा बने तब भी वह रथ उनके पास था। बुद्धिमान गार्ग्य के शाप के कारण वह रथ नष्ट हो गया। राजा जनमेजय ने अज्ञानवंश गार्ग्य के पुत्र को मार डाला था, जिसके कारण गार्ग्य ने उन्हें यह शाप दिया था कि वह लोहे के समान गंध वाला हो जाए। जब जनमेजय शाप से पीड़ित होकर इधर-उधर भागे फिरे भी उन्हें कहीं शांति नहीं मिली, जब वह शाप देने वाले ऋषि के पास पहुंचे। दूसरों का उद्धार करने वाले शुनकगोत्र में उत्पन्न इन्द्रोत नाम के विख्यात मुनि ने राजा जनमेजय को इस

घोर पाप से बचाने के लिए अश्वमेध यज्ञ का अनुष्ठान कराया। इस यज्ञ से उन्हीं के निवास में लोहगन्धवत्व दूर हुआ।

जब राजा ययाति अत्यन्त वृद्ध हो गये तब अपनी इस अवस्था से पीड़ित होकर उन्होंने अपने पुत्र यदु से कहा कि तुम मेरी इस वृद्धता और पाप को ग्रहण कर लो। इस पर यदु ने कहा कि, हे तात! मैंने अनन्त काल तक भिक्षादान करने की प्रतिज्ञा ली है, जिसके लिए मुझे अधिक परिश्रम करना पड़ेगा, अतः तुम्हारी वृद्धता को ग्रहण करने में मैं आशक्त हूं। आपके अन्य पुत्र भी हैं, जो मुझसे अधिक प्रिय हैं, आप उनसे याचना कीजिए। यदु के ऐसा कहने पर राजा ययाति ने क्रुद्ध होकर उसे शाप दिया कि तुम्हारी प्रजा और तुम कोई भी हमारे राज्य के उत्तराधिकारी नहीं होंगे। इसके पश्चात् राजा ययाति ने अपने दूसरे पुत्र तुर्वसु के सामने अपना प्रस्ताव रखा। यदु की भांति तुर्वसु से भी नकारात्मक उत्तर सुनकर राजा ने उसे शाप दिया कि तुम्हारी सारी सन्ततियां नाश को प्राप्त होंगी, प्रतिलोम रीति से वे संकरवर्ण की हो जाएगी, अधर्मी, दुराचारी तथा मांसाहारी प्रजा के तुम राजा होगे। इसे राजा ने शर्मिष्ठा के पुत्र दुह्यु से भी यही बात कही, परन्तु उसने भी वही उत्तर दिया। इस राजा ने उसे शाप दिया कि तुम्हारा मनचाहा कभी नहीं हो सकेगा और किसी छोटे प्रदेश में, जहां सुन्दरता की नितांत कमी होगी, तुम्हारा वास होगा। इस प्रकार का शाप दुह्यु को देकर राजा ने अनु से कहा कि तुम मेरी वृद्धता को और पापकर्मों को ले लो, एक हजार वर्ष तक तुम्हारी यौवनावस्था से मैं विषयों का भोग करना चाहता हूं। इस पर अनु ने कहा कि हे तात! आप वृद्ध हैं और मैं बालक हूं। आपकी वृद्धावस्था को लेकर मैं वृद्ध हो जाऊंगा और सदा अपवित्र बना रहूंगा। इसलिए मैं इसे नहीं ले सकता। इस पर राजा ने कहा कि वृद्धावस्था के जो दोष तुमने बताये हैं, वह सभी कुछ तुम्हें प्राप्त होगा, तुम्हारी प्रजाएं यौवनावस्था को प्राप्त करते ही नष्ट हो जाएंगी। तुम भी अग्नि में गिरकर भस्म हो जाओगे। अन्त में राजा ने अपने सबसे छोटे पुत्र पुरु से भी उसी प्रकार याचना की। पुरु ने पिता की बातें सुनकर कहा कि, हे तात! आपकी जैसी आज्ञा है, मैं वैसा ही करूंगा। आपके पापकर्मों के साथ मैं आपकी इस वृद्धता को सहन करने के लिए तैयार हूं। आप मेरी इस यौवनावस्था को ग्रहण कर विषय भोगों का सेवन कर सकते हैं।

पुरु से यह बातें सुनकर राजा ययाति ने कहा कि प्रिय पुरु! मैं तुम पर बहुत प्रसन्न हूं। तुम्हारा कल्याण हो, तुम्हारे राज्य में प्रजाओं की सारी कामनाएं पूर्ण होंगी तथा वे समर्थ रहेंगी।

इस प्रकार नहुष पुत्र राजा ययाति ने पुरु में वृद्धावस्था शुक्राचार्य की कृपा से सन्निविष्ट कर तथा उसकी यौवनावस्था को स्वयं ग्रहण कर अनेक विषय भोगों का उपभोग किया। परन्तु ऐसा कोई कार्य नहीं किया, जिससे धर्म की मर्यादा नष्ट हो। उसने यज्ञों द्वारा देवताओं को सन्तुष्ट किया, श्राद्धों द्वारा पितरों को सन्तुष्ट किया, अनुग्रह द्वारा गरीबों का उद्धार किया। मनचाहे पदार्थों की पूर्ति से विद्वान ब्राह्मणों को, अन्न-पान आदि से अतिथियों को तथा कृपा एवं दया से शूद्रों को प्रसन्न किया। इस प्रकार धर्मपूर्वक अपनी प्रजाओं का पालन किया। वैभ्राज और नन्दनवन में विश्वाची के साथ उसने काम-क्रीड़ा की। जब उसे सब कामादि विषयों से विरक्ति हुई, तब तक उसकी यौवनावस्था की अवधि पूरी हो चुकी थी। वह पुरु के पास आया और वृद्धावस्था ग्रहण की। पुरु पर प्रसन्न होने के कारण राजा ने राज्य पद पर पुरु का अभिषेक करने की इच्छा प्रकट की। तब चारों वर्णों के लोगों ने यह जानने की चेष्टा की कि सबसे बड़े पुत्र यदु को छोड़कर छोटे पुत्र पुरु का अभिषेक क्यों किया जा रहा है? राजा को धर्म का पालन करना चाहिए।

लोगों के द्वारा इस प्रकार की बातें सुनकर राजा ययाति ने कहा कि माता-पिता की आज्ञा का पालन करने वाला ही सच्चा पुत्र कहा जाता है। मेरे ज्येष्ठ पुत्र यदु ने मेरी आज्ञा का पालन नहीं किया है, उसने मेरी अवज्ञा की है। पुरु ने मेरी आज्ञा तो मानी है साथ ही मुझे विशेष सम्मान भी दिया है। अतः सबसे छोटा होते हुए भी हमारे राज्य का उत्तराधिकारी पुरु ही है। क्योंकि उसने हमारी वृद्धावस्था को वहन किया है। शुक्रचार्य जी ने भी ऐसा ही वरदान दे रखा है कि जो पुत्र आज्ञाकारी होगा, वही राजा होगा। इस प्रकार राजा ययाति ने पुरु को राजा बनाया और अपने पद पर राज्याभिषेक किया। दक्षिण-पूर्व में तुर्वसु को, दक्षिण-पश्चिम दिशा में यदु को, उत्तर-पश्चिम दिशा में द्रुह्य और अनु को नियुक्त किया। सागर पर्यन्त समस्त पृथ्वी को सातों द्वीपों सहित जीतकर पांचों पुत्रों में विभक्त कर दिया। अपने धनुष-बाण, राज्याधिकार, सम्पत्ति आदि सभी पुत्रों में

विभक्त कर दिया। अपने धनुष-बाण, राज्याधिकार, सम्पत्ति आदि सभी पुत्रों को सौंपकर तथा उन्हें भली प्रकार उचित शिक्षा देकर राजा ययाति स्त्री सहित वन को चले गए और भृगुतुङ्ग नाम के स्थान पर तपस्या कर–वहीं पर सौ व्रतों का विधिवत् पालन करते हुए स्वर्ग को प्रस्थान कर गए।

राजा ययाति के ज्येष्ठ पुत्र यदु के वंश का वर्णन करते हुए सूतजी ने बताया कि यदु के पांच सुन्दर और प्रभावशाली पुत्र हुए। सबसे बड़े सहस्त्रजित थे, दूसरे क्रोष्टु, तीसरे नील, चौथे जित और पांचवे लघु थे। सहस्त्रजित के पुत्र शतजित, शतजित के हैहय, हय और वेणूहय थे। हैहय के पुत्र वेणुतंत्र, वेणुतंत्र के धर्मतंत्र, के कीर्ति के संज्ञेय, के महिष्मान, के भद्रश्रेण्य, के दुर्दम और दुर्दम के परम विख्यात कनक हुए। कनक के चार पुत्र हुए कृतवीर्य, कार्तिवीर्य, कृतवर्मा और कृत। कृतवीर्य से अर्जुन उत्पन्न हुए। राजा अर्जुन एक सहस्त्र बाहुओं वाला था तथा सात द्वीपों का स्वामी था। उसने दस सहस्त्र वर्षों तक कठिन तपस्या करके अत्रि के पुत्र दत्त की आराधना की। दत्त ने उसे महत्त्वपूर्ण चार वरदान दिए थे, जिनमें से पहला वरदान सहस्त्र बाहुओं का था और दूसरा वरदान था अधर्म के कारण नष्ट होते हुए, लोक को सद्उपदेश देना, तीसरा वरदान था, धर्मपूर्वक पृथ्वी को जीतकर धर्मपूर्वक पालन करना तथा चौथे वरदान के अनुसार अनेक संग्रामों में विजय प्राप्त करके शत्रुओं का विनाश करना तथा युद्धभूमि में परम वीर के हाथ मृत्यु को प्राप्त करना। इन वरदानों को प्राप्त करके कार्तवीर्यार्जुन ने पृथ्वी को जीतकर सातों समुद्रों तक फैली वसुन्धरा पर क्षत्रिय धर्म से अधिकार प्राप्त कर लिया। उसके युद्ध करते समय माया से एक सहस्त्र बाहु हो जाते थे। राजा कृतवीर्य ने उन सातों द्वीपों में दस सहस्त्र यज्ञों का अनुष्ठान किया था और वे सभी निर्विघ्न सम्पन्न हो गए थे। उसके राज्य में किसी भी द्रव्य नष्ट नहीं होता था, किसी को दुख तथा कलेश नहीं था। पच्चासी सहस्त्र वर्षों तक सात द्वीपों का वह एकमात्र चक्रवर्ती सम्राट रहा। उस महाराज नराधिपति अर्जुन ने नागों की माहिष्मती नगरी में एक सहस्त्र नागों सहित कर्कोटक नागराज की सभा को पराजित करके वहां अपनी पुरी बसाई थी। अपने सहस्त्रबाहु से उसने समुद्र को इस प्रकार विक्षुब्ध कर दिया जैसे अमृत-मंथन के समय देवताओं और दानवों ने मिलकर क्षीर सागर को विक्षुब्ध कर दिया था। समुद्र में उस विशाल

आकृति वाले अर्जुन को देखकर जल जन्तु भयभीत एवं आतंकित हो गए।

लंका को जाकर उसने अपने कठोर धनुष से पांच सौ बाणों को छोड़कर सेना सहित रावण को पराजित कर दिया था और माहिष्मती नगरी में लाकर बन्दी बनाया था। महर्षि पुलरत्व के अनुरोध करने पर उसने रावण को छोड़ा था। ऐसे महाबलशाली कार्तवीर्य की सहस्त्र बाहुओं को जमदग्नि पुत्र परशुराम ने युद्ध क्षेत्र में वन की भांति काट डाला था। एक बार प्यास से व्याकुल आदित्य ने अर्जुन से भिक्षा मांगी थी, नरपति ने सूर्य को सातों द्वीपों सहित समस्त पृथ्वी को दान कर दिया। राजा के बाणों में स्थित होकर आदित्य ने जलाने की इच्छा से पृथ्वी के सभी पुरों-ग्रामों आदि को भस्म कर दिया। हैहय कार्तवीर्य की सहायता से सूर्य वे वनों और द्वीपों सहित पृथ्वी को भस्म करते हुए, वरुण के आत्मज का एक शून्य आश्रम भी चारों ओर से भस्म कर दिया। वरुण ने अपने इस पुत्र को प्राचीन काल में प्राप्त किया था। उनका वह पुत्र मुनिवर वशिष्ठ के नाम से तथा आपव के नाम से प्रसिद्ध था। आपव ने जब अपने आश्रम को भस्म देखा तो क्रोधित होते हुए उन्होंने अर्जुन को शाप दिया कि—तुमने मेरे वन को नहीं छोड़ा तो तुम्हारे इस दुष्कर कर्म को भी कोई दूसरा नष्ट करेगा, वह होगा कुन्ती पुत्र अर्जुन। वह राजा नहीं होगा तथा तुम्हारी सहस्त्र बाहुओं को परशुराम काट डालेंगे। आपव के शाप के कारण ही परशुराम ने कार्तवीर्य का संहार किया। राजा कार्तवीर्यार्जुन के सौ पुत्र थे, जिनमें से पांच महारथी थे। शूर, शूरसेन, वृष्टवाद्य, वृष और जयध्वज। ये सभी शस्त्र विद्या में पारंगत, धर्मात्मा और यशस्वी थे। इन्होंने अवन्ति देश में राज्य किया था। जयध्वज का पुत्र तालजंघ था, इसके सौ पुत्र हुए, जो तालजंघगण के नाम से जाने गए। पराक्रमशाली हैहय वंश में उत्पन्न होने वालों के पांच गण विख्यात हैं जो इस प्रकार हैं—वीर होत्रगण, भोजगण, आवर्णिगण, तुण्डिकेरगण तथा तालजंघ। वीरहोत्र का पुत्र राजा अनन्त था, उसका पुत्र दुर्जय हुआ, दुर्जय का अमित्रदर्शन हुआ। वह परम प्रतापी महाराज कार्तवीर्य अर्जुन अपने व्यक्तित्त्व के प्रभाव से प्रजाओं का पालन करता था।

इसके पश्चात् सूतजी ने पुरुष रत्न क्रोस्टु के वेश का विवरण सुनाते हुए कहा कि महाराज क्रोस्टु के एकमात्र पुत्र वृजिनीवान हुए। इनके पुत्र

स्वाही–स्वाहा करने वालों में श्रेष्ठ थे। स्वाही के पुत्र रशादु दानियों में श्रेष्ठ थे। इनके श्रेष्ठ पुत्र प्रसूत राजा के द्वारा अत्यधिक प्रिय थे। उसने ऐसे यज्ञ का अनुष्ठान किया, जिनमें अनेक प्रकार से दक्षिणाएं दी गई। इनके यहां चित्ररथ नाम का पुत्र उत्पन्न हुआ। चित्ररथ के यहां शशविन्दु ने जन्म लिया। यह महान बलशाली तथा अनेक पुत्रों वाला हुआ। इनमें छः पुत्र बड़े यशस्वी एवं पराक्रमी थे–पृथुश्रवा, पृथुयशा, पृथुधर्मा, पृथुंजय, पृथुकीर्ति तथा पृथुदाता। इनमें पृथुश्रवा ज्येष्ठ थे। यही राज्यधिकारी हुए। पृथुश्रवा के पत्र अनन्तर हुए, इनके वंश क्रम में आगे चलकर भीमरथ हुए। भीमरथ के रथवर→नवरथ→दशरथ→एकादशरथ→शकुनि→करम्भ→देवरत→देवक्षत्र→क्षत्रनन्दनदेवन→मधु→मेघार्थ→सम्भव→पुरुवंशा→पुरुद्वान→सत्व→सात्वत हुए।

राजा सात्वत की पत्नी कौशल्या ने भजिन, भजमान, राजा, देवावृध, अधक, महाभोज तथा यदुनन्द वृष्णि आदि पुत्रों को जन्म दिया। इनमें भजमान के श्रृंजयी नाम की पत्नी से वाह्य तथा उपरिवाह्य नाम के दो पुत्र उत्पन्न हुए। इनमें वाह्ययक के निमि, पणव, अयुतायुत, सहस्त्रजित, शतजित आदि पुत्र उत्पन्न हुए। राजा देवावृध ने परम तपस्या करके सर्वगुण सम्पन्न पुत्र की प्राप्ति की। इस पुत्र का नाम बभ्रु हुआ। यह अपने पिता से भी गुणों में बढ़-चढ़कर था। इसके वंश में भोजन की उत्पत्ति हुई। गांधारी और भाद्री वृषनि की पत्नियां थी। इनमें गांधारी ने मित्रनन्दन और भादुरी ने अनमित्र नाम के पुत्रों को जन्म दिया। अनमित्र का निहन और निहन के दो पुत्र प्रशेन और सत्राजित हुए। सत्राजित सूर्य के परम मित्र थे। एक बार जल में स्नान करने के पश्चात भगवान् सूर्यनारायण सत्राजित को मिले। सूर्यनारायण ने अपनी मित्रता के कारण सत्राजित को स्यमंतक मणि दे दी। यह मणि अग्नि के समान तेजमयी थी। इसके कारण सूर्य के समान आभा वाले दिखाई देने लगे। सत्राजित ने यह मणि प्रेमपूर्वक अपने भाई को प्रदान कर दी। एक बार प्रसेनजित जंगल में शिकार के लिए गए, जहां वे एक सिंह द्वारा मार दिए गए। मणि के लिए ऋक्षराज जाम्बवान ने उस सिंह को मार डाला। सत्राजित ने अपने भाई की हत्या का दोष मणि के लालच में कृष्ण पर थोप दिया। कृष्ण अपने ऊपर यह मिथ्या आरोप न सह सके और वे प्रसेनजित को और उस खोई मणि को ढूंढ़ने वन में चले

गए। वहां उन्हें यह मालूम हुआ कि प्रसेनजित का वध शिकार के कारण सिंह ने किया और ऋक्षराज ने मणि के लिए उस सिंह को मार दिया। कृष्ण ने घोड़े समेत प्रसेन को मरा पाया, उसी के शव से कुछ दूरी पर सिंह को मरा पाया। वहां रीछ के पैरों के निशान से स्पष्ट हो रहा था कि रीछ ने उस सिंह को मारा है। रीछ के पैर एक गुफा तक जा रहे थे। कृष्ण ने गुफा के मुख पर एक स्त्री के स्वर को सुना, वह कह रही थी कि प्रसेनजित को सिंह ने मारा, सिंह को जाम्बवान ने मारा, हे मेरे बेटे तू मत रो, यह मणि तो तुम्हारी है। ऐसा सुनकर कृष्ण उस गुफा में घुस गए और मणि के लिए जाम्बवान से भिड़ गए। कृष्ण और जाम्बवान का युद्ध इक्कीस दिन तक चला। जब कृष्ण को गुफा में काफी समय हो गया तो उनके साथ गए दल ने यह समझा कि कृष्ण मारे गए हैं। अतः वे सभी द्वारिका लौट आए और यह समाचार कह सुनाया। दूसरी ओर युद्ध में जाम्बवान हार गए और उन्होंने अपनी पुत्री जाम्बवती का विवाह कृष्णजी से कर दिया तथा दहेज में वह मणि कृष्ण को सौंप दी। अब कृष्ण ने लौटकर वह झगड़े की जड़ मणि वापिस लाकर सत्राजित को प्रदान कर दी और इस प्रकार मिथ्या अपवाद से कृष्ण को मुक्ति मिली।

सत्राजित की दस पत्नियां थीं। ये सभी बहनें थीं। इनमें सत्राजित के यहां सौ पुत्र उत्पन्न हुए। इनमें सबसे ज्येष्ठ पुत्र मृंगकार था। मृंगकार की पत्नी द्वारवती हुई। इसके यहां सुन्दर सन्तानें उत्पन्न हुईं। तीन कन्याओं ने भी जन्म लिया। इनमें सत्यभामा अत्यन्त सुन्दर थी। इसे कृष्ण को सौंप दिया गया। सत्राजित से शतधन्वा ने मणि छीनकर अक्रूर को सौंप दी थी। कृष्ण ने बलराम से परामर्श करके सत्यभामा के कहने पर शतधन्वा पर आक्रमण करके उसे मौत के घाट उतार दिया। लेकिन मणि फिर नहीं मिली। बलराम इस पर कृष्ण से नाराज होकर मिथिला चले गए और अक्रूर भी द्वारिका छोड़ गए। अनावृष्टि होने पर अन्धकों ने जाकर अक्रूर को मनाकर द्वारिका बुला लिया। इसके बाद इन्द्र की कृपा से वृष्टि भी हो गई। अक्रूर ने कृष्ण को प्रसन्न करने के लिए अपनी शीलवती बहन भी कृष्ण को सौंप दी। कृष्ण यह जान गए कि मणि अक्रूर के पास है। उन्होंने वह मणि अक्रूर से मांग ली। अक्रूर ने बिना किसी क्लेश के वह मणि वसुदेव को सौंप दी।

अमित्र से शिनी, शिनी के सत्यक→सात्यकि→भूति→युगन्धर हुए। भाद्री के पुत्र युधाजित के पृश्नि नाम का पुत्र हुआ। पृश्नि के स्वफल्क तथा चित्रक पुत्र हुए। कहते हैं एक बार काशीराज के राज्य में वृष्टि नहीं हुई। काशीराज ने अपने यहां महाराज स्वफलक को बुलाया। उनके आने के प्रभाव से उनके राज्य में वर्षा हो गई। स्वफल्क का मांदिनी से विवाह हुआ। मांदिनी काशीराज की सुन्दरी कन्या थी। आगे इनके अनेक सन्तानें हुई, जिन्होंने सुखपूर्वक जीवन व्यतीत किया।

अक्रूर के परिवार में देव और अनुपदेव उत्पन्न हुए। काशीराज की कन्या ने सत्यक के संयोग से चार पुत्रों को जन्म दिया। इनमें कुकुद के पुत्र वृष्टि हुए। इनके कपोत रोमा और कपोत रोमा के रेवत। रेवत के वंश में आगे चलकर आहुक हुए और उनकी बहन आहुकि। आहुकि का विवाह आहुकान्त से हुआ, जिसके संयोग से देवक और उग्रसेन दो पुत्र हुए। देवक के पुत्रों में देव, सुदेव, और देव रजिता। इनकी सात बहनें भी थीं, जिनका वसुदेव के साथ विवाह हुआ। देवकी इन सबमें सुन्दर थी। उग्रसेन के पुत्रों में कंस सबसे बड़े थे। वसुदेव की पटरानियों में बड़ी पत्नी रोहिणी वसुदेव की परम प्रिय थी, इनसे बलराज उत्पन्न हुए। देवकी के गर्भ से सुषेण, कीर्तिमान, तद्, भद्रसेन, यजुदाय और भद्रमिद नाम के छः पुत्र हुए, जिन्हें कंस ने मार डाला। ऐसी दशा में विष्णु कृष्ण के रूप में सातवीं बार उत्पन्न हुए और इसके बाद सुभद्रा उत्पन्न हुई। सुभद्रा का विवाह अर्जुन से हुआ, जिससे अभिमन्यु उत्पन्न हुआ।

कंस की कथा

सूतजी ने बताया कि जब कंस युवराज था, तब वसुदेव और देवकी का रथ हांका करता था। एक बार जब वह रथ हांक रहा था, तब आकाश से देववाणी हुई कि हे कंस! जिसे प्रेमवश अथवा वसुदेव को प्रसन्न करने के लिए रथ पर चढ़कर घुमाते हो उसी के सातवें गर्भ से तुम्हारी मृत्यु होगी। इस देववाणी को सुनकर कंस को खेद हुआ और उसने देवकी को मारने की इच्छा प्रकट की। तब वसुदेव ने कहा—हे यादवनन्दन! क्षत्रिय कभी स्त्री का संहार नहीं करते। तुम्हें सातवें पुत्र से ही कष्ट है, मैं तुमसे वायदा करता हूं कि सातवें गर्भ से उत्पन्न होने वाली सन्तान तुम्हें दे दूंगा, उस समय

उसका चाहे जो करना। इसे सच समझो, तुम चाहोगे तो मैं सारी संतानें तुम्हें सौंप दूंगा। वसुदेव के इस प्रकार कहने से कंस ने देवकी को मारने का विचार त्याग दिया और वसुदेव अपनी पत्नी को अपने समक्ष जीवित देखकर प्रसन्न हुए।

ऋषियों के यह पूछने पर कि ये वसुदेव और नन्द गोप कौन थे और यह देवकी कौन थी? सूतजी ने बताया कि नन्द आदि पुरुष कश्यप के अंश-भूत तथा यशोदा आदि स्त्रियां देवमाता अदिति की अंशभूत थी। भगवान् कृष्ण ने देवकी के मनोरथों को पूर्ण किया था। भगवान् विष्णु स्वयं अपनी योगमाया से वृषनि कुल में उत्पन्न हुए। इन्होंने भीष्मक की कन्या रुक्मिणी का हरण किया। इसके अतिरिक्त नग्नजित की कन्या सत्या, सत्राजित की कन्या सत्यभामा व जाम्बवान की पुत्री जाम्बवती, रोहिणी, शैव्या, कालिन्दी, मित्रविन्दा, लक्ष्मणा आदि सोलह हजार देवियां उनकी पत्नी थीं। स्वर्ग में परम सुन्दरी अप्सराओं के जो चौदह गण कहे गए हैं, इन्द्र ने उन्हें मृत्युलोक में भेज दिया। वसुदेव की पत्नी होने के लिए वे राजाओं के घर उत्पन्न हुई। महाबलशाली यदुवंशियों के कुल में तीन करोड़ सन्तानें हुईं, जिनमें आठ लाख पराक्रमी और बलशाली थे। इन सबका जन्म यदुवंशी देवताओं के अंशभूत होकर उन राक्षस रूपी मनुष्यों के विनाश के लिए हुआ जो देवासुर संग्राम में असुर रूप में मृत्यु को प्राप्त हुए थे। इन यदुवंशियों के ग्यारह कुल कहे गए। इनके एकमात्र सर्वेसर्वा भगवान् विष्णु थे, जिनकी आज्ञा से इन यदुवंशियों ने मानव-समाज को उत्पीड़न करने वाले समस्त पापात्माओं का संहार किया।

सूतजी ने देवासुर संग्राम का विवरण सुनाते हुए कहा—प्राचीन काल में हिरण्यकशिपु दैत्य त्रिलोकी का शासन था। जिनके उपरान्त बलि राजा बने। उस समय तक देवों तथा असुरों में परम मित्रता थी। यह जगत् दस युगों तक बिना किसी उपद्रव के शांतिपूर्वक चलता रहा। इसके बाद देवों तथा असुरों में भीषण विवाद उत्पन्न हो गया। वाराह कल्प में बारह युद्ध हुए। इनमें शण्ड तथा अमर्क सभी युद्धों सम्मिलित कहे जाते हैं। इनमें प्रथम युद्ध नरसिंह, दूसरा वाजन का, तीसरा वाराह का, चौथा अमृत-मंथन का, पांचवां ताकरामय नाम का संग्राम था। छठा आंडिवक, सातवां त्रिपुर दहन का था, इनमें आठवां अंधकार का तथा नवां ध्वज युद्ध कहा जाता

है। दसवां युद्धवार्त्ता का, ग्यारहवां ध्वज हल तथा बारहवां घोर कोलाहल युद्ध हुआ।

प्रथम युद्ध में दैत्यराज हिरण्यकशिपु नृसिंह देव के द्वारा मृत्यु को प्राप्त हुआ। द्वितीय युद्ध में तीनों लोकों में आक्रमण करने पर दैत्यराज बलि को भगवान् वामन में बांधा। देवों के साथ संग्राम में इस युद्ध में हिरण्याक्ष का निधन हुआ। वह महापराक्रमी तथा अजेय था। तीसरे युद्ध में वाराह ने पृथ्वी को अपनी दाढ़ से निकालकर उद्धार किया था। अमृत-मन्थन के अवसर पर देवराज इन्द्र के द्वारा दैत्यराज प्रह्लाद पराजित हुए थे। इससे प्रह्लाद का पुत्र विरोचन इन्द्र के संहार के लिए नित्य ही प्रयत्नशील रहने लगा। अन्त में इन्द्र ने तारकामय संग्राम में विरोचन का वध किया। यह छठा देवासुर संग्राम था। असुरों के पास एक परम सुरक्षित दुर्ग था। दानव उसकी रक्षा में तत्पर रहते थे और वे इसके लिए देवों की प्रतिष्ठा को सहन नहीं करते थे। महादेव शिव ने उस त्रिपुर का विध्वंस कर सारे दैत्यों-दानव का संहार कर दिया। अष्टम देवासुर संग्राम में अंधकार स्वरूप सभी दैत्यगणों के साथ देवों का घोर संग्राम हुआ था। उसमें देवों के साथ पितर गण भी उनकी सहायता कर रहे थे। भगवान् विष्णु के सहयोग से महादेव ने उन सभी राक्षसों को समूल नष्ट कर दिया। एक युद्ध महान बलशाली विप्रयिति के साथ हुआ था। इसमें विप्रयिति ने माया का सहारा लेकर देवों को ठगने का उपक्रम किया था। महेन्द्र ने उसके ध्वज का निशाना साधकर उसे काट दिया तथा उसके साथ उसकी सारी दानवी सेना का भी संहार कर दिया। देवताओं सहित रजि राजा ने महान कोलाहल और समर के बीच सारे दैत्यों-राक्षसों को पराजित किया था। इस युद्ध में देवों ने यज्ञ के अमृत द्वारा असुरों के पुरोहित शण्ड को पराजित कर दिया था। देवताओं तथा दैत्यों में ये बारह युद्ध ही प्राचीन काल में हुए थे। इनमें देवी तथा असुरों दोनों का ही महाविनाश हुआ था तथा प्रजावर्ग का भी काफी अमंगल हुआ था। दैत्यराज हिरण्यकशिपु एक अरब बहत्तर लाख अस्सी हजार वर्षों तक त्रैलोक्य के अधिपति पद पर आसीन रहा था। इसके बाद राजा बलि हुए। इतने ही वर्षों तक प्रह्लाद शासक रहे। हिरण्याक्ष, ब़लि तथा प्रह्लाद–ये तीन ही महाबलशाली इन्द्र के समान ख्याति वाले दैत्यराज हुए। इसके बाद दस

युगों तक शांति रही। प्रह्लाद के बाद देवलोक का शासन इन्द्र के हाथों में आ गया। यक्ष भी इन्द्र के पक्ष में चले गये। यह देखकर असुर चिंतित हुए और वे अपने गुरु शुक्रचार्य के पास जाकर अनुरोध करने लगे। असुर शुक्राचार्य द्वारा सुरक्षित देखकर देवगणों ने उन पर आक्रमण कर दिया। असुर पुनः शुक्राचार्य की शरण में पहुंचे। शुक्राचार्य ने उनकी कम होती संख्या को जानकर उन्हें उचित समय की प्रतीक्षा करने के लिए कहा और शुक्राचार्य स्वयं किसी मंत्र की प्राप्ति के लिए देवाधिदेव महादेव की शरण में चले गए। उन्होंने महादेव से कहा–देव! मैं उस मंत्र की प्राप्ति के लिए आया हूं, जिससे देवगण पराजित हो सकें और असुर गण निर्भय होकर रह सकें। शंकर ने शुक्राचार्य से इसके लिए एक सहस्र वर्ष तक तपस्या के लिए कहा। जब देवों को शुक्र की इस नीति का पता चला तो वे बृहस्पति को आगे करके दैत्यों-दानवों पर टूट पड़े। दैत्य इस प्रकार अप्रत्याशित आक्रमण देखकर घबराकर भाग खड़े हुए। ऐसे में गुरु की अनुपस्थिति में सभी असुरगण गुरुमाता की शरण में पहुंचे। माता ने उन्हें आश्वस्त करते हुए कहा–घबराने की कोई बात नहीं है। आप यहां मेरे समीप रहें, यहां आपको कोई कुछ नहीं कह सकेगा। लेकिन देवों ने बल अतिबल का प्रयोग करके वहां भी दानवों का संहार किया। यह जानकर शुक्राचार्य की माता अत्यन्त क्रोधित हो गईं। वह देवों से कहने लगीं–मैंने तुम्हें इन्द्र से विहीन कर दिया है। देवी ने इन्द्र को स्तम्भित कर दिया। इन्द्र को इस प्रकार अवश देखकर देवगण भाग खड़े हुए। इन्द्र की यह दशा देखकर विष्णु ने इन्द्र को अपने शरीर में प्रविष्ट करा लिया। इन्द्र अब सुरक्षित हो गये तो देवी ने विष्णु से कहा–मैं तुम्हें यहीं इन्द्र के साथ जला रही हूं। विष्णु ने ऐसा देखा तो स्त्री वध के लिए उद्यत हो गये। विष्णु ने चक्र से देवी का सिर काट लिया। इस प्रकार स्त्री का वध देखकर महर्षि भृगु अत्यन्त क्रोधित हो उठे और उन्होंने विष्णु को शाप दिया कि तुमने एक अबला की हत्या की है। तुम सात बार मनुष्य लोक में जन्म लोगे। भृगु के इस शाप के वशीभूत होकर ही विष्णु को पृथ्वी पर जन्म लेना पड़ा। भृगु ने जल छिड़ककर यह कहते हुए कि विष्णु के द्वारा मारी गई तुझको मैं पुनः जीवित करता हूं, यदि मैं सत्य पर हूं तो तुम अवश्य जी उठोगी। ऐसा कहते ही वह देवी पुनः जी उठी। ऐसा देखकर इन्द्र अत्यन्त

भयभीत हो उठे। उन्होंने अपनी पुत्री जयन्ती को शुक्राचार्य को प्रसन्न करने के लिए भेजा। जयन्ती ने पिता के कथनानुसार महाराज शुक्राचार्य की अत्यन्त सेवा की तथा उन्हें प्रसन्न कर लिया। महादेव शुक्राचार्य के तप से अत्यन्त प्रसन्न हुए तथा उनसे बोले–भृगुनन्दन! तुम्हारी कठोर तपस्या से मैं प्रसन्न हूं। तुम अपने तेज तथा पराक्रम से देवों पर विजय प्राप्त करोगे। यह वरदान पाकर शुक्राचार्य रोमांचित हो उठे। उन्होंने अनेक प्रकार से शंकर महादेव की स्तुति की।

देवेश के अंतर्हित हो जाने पर अपने सामने जयन्ती को देखकर शुक्राचार्य ने कहा–सुन्दरी! तुम कौन हो? मेरे दुख के समय दुख उठाने वाली तुम किसकी पुत्री हो? तुम क्या चाहती हो? मैं तुम्हारी क्या कामना पूरी करूं? जयन्ती ने कहा–देव! आप त्रिकालदर्शी हैं, आप स्वयं मेरा मनोरथ जानते हैं। यह सुनकर शुक्राचार्य ने दिव्य-दृष्टि से उसे पहचान कर कहा–हे इन्द्र पुत्री! तुम यहां मेरी रक्षार्थ आई हो, मेरे साथ दस वर्षों तक तुम निवास करना चाहती हो। चलो, हम निवास-स्थान की ओर चलते हैं। इस प्रकार शुक्राचार्य ने दस वर्ष तक जयन्ती के साथ निवास किया। इस काल में जयन्ती से उनके यहां देवयानी नाम की कन्या ने जन्म लिया। इस बीच देव गुरु बृहस्पति ने छद्म शुक्राचार्य का रूप ग्रहण करके शुक्रचार्य के लिए दर्शनों को आए, असुरों को कठोर तप के बाद प्राप्त विद्या सिखाने का बहाना करके उन्हें माया से मोहित किए रखा।

जब शुक्राचार्य का मोह भंग हुआ और उन्हें ज्ञात हुआ कि बृहस्पति ने अनेक रूप में असुरों को ठग लिया है तो उन्होंने असुरों से कहा–दानवों! शुक्राचार्य तो मैं हूं, यह तो अंगिरा पुत्र बृहस्पति हैं। मुझे खेद है कि मेरे रहते तुम ठगे गए। गुरु से इस प्रकार प्रवोधित होकर सभी असुर किंकर्त्तव्य-विमूढ़ से हो गए। वे दोनों ही गुरुओं की ओर देखने लगे। बृहस्पति ने भी दैत्यों से उसी प्रकार अधिकार पूर्वक कहा–दैत्यों! तुम्हारे गुरु शुक्राचार्य हम ही हैं। यह जो सामने है यह स्वयं अंगिरा पुत्र बृहस्पति है। बृहस्पति की बातें सुनकर दृढ़ निश्चयी होकर असुरों ने समझा, ये ही हमारे वास्तविक गुरु हैं, ये ही दस वर्षों से हमें विद्याध्ययन करा रहे हैं। वे सभी असुर वास्तविक शुक्राचार्य पर क्रोधित होकर उन्हें अनर्गल बातें कहने लगे। दैत्य गुरु शुक्राचार्य को मोहित असुरों पर क्रोध हो आया।

उन्होंने कहा–अरे असुरों! तुम्हारी बुद्धि मारी गई है। जाओ, तुम्हारी पराजय होगी। यह कहकर शुक्राचार्य चले गए। अपने उद्देश्य में सफल बृहस्पति प्रसन्न हुए तथा यह जानकर कि असुर गण अपने उद्देश्य में विफल हो गए, वे अपने वास्तविक रूप में आ गए और अंतर्हित हो गए।

गुरु बृहस्पति के जाने के बाद असुरों को अपने ठगे जाने का भास हुआ और वे सभी अब पश्चाताप करने लगे। तब वे पीछे-पीछे दौड़े-दौड़े अपने वास्तविक गुरु शुक्रचार्य की शरण में पहुंचे। लेकिन शाप का प्रभाव तो खत्म नहीं हो सकता था, अतः दैत्यों को पराजय तो झेलनी ही थी। तब फिर घोर देवासुर संग्राम हुआ। असुरों ने देवों पर आखिर विजय प्राप्त कर ही ली।

देवों ने जब परस्पर विचार-विमर्श किया तो विष्णु ने ही उनके त्राण दिलाया। हिरण्यकशिपु के वध के लिए नृसिंह रूप में अवतार लिया। सातवें त्रेता में दैत्यराज बलि के निस्तारण के लिए वामन का अवतार लिया। बृहस्पति को आगे करके भगवान् बलि की यज्ञशाला में ब्राह्मण वेश में पहुंचे और तीन पग धरती मांग कर असुरों को पाताल में पहुंचा दिया। भगवान् विष्णु की ये तीन सम्भूतियां देवयोनि की थीं। मनुष्य योनि में उनकी सात सम्भूतियां जो भृगु के शाप के कारण हुईं, उनका विस्तार से वर्णन करते हुए सूतजी ने बताया कि दसवें त्रेता युग में दत्तात्रेय के रूप में पन्द्रहवें त्रेता युग में चक्रवर्ती मान्धाता के शासन काल में तथ्य समेत उनका अवतार हुआ। उन्नीसवें त्रेता में परशुराम के रूप में, चौबीसवें त्रेता युग में राम के रूप में, अट्ठाइसवें, द्वापर में जातूकर्ण के साथ महर्षि वेदव्यास के रूप में, तथा उसी युग में देवकी के गर्भ से कृष्ण के रूप में तथा कलियुग के संध्यांश में कलिक रूप में प्रभु ने अवतार ग्रहण किया। उन महिमामय भगवान् विष्णु की ये दस सम्भूतियां कही गई हैं।

सूतजी ने कथा सूत्र को आगे बढ़ाते हुए बताया कि ययाति पुत्र तुर्वसु का पुत्र वहिन था। वहिन पुत्र गोमानु, गोमानु पुत्र त्रिसानु परम पराक्रमी तथा अजेय था। त्रिसानु का पुत्र करन्धम हुआ और उसका पुत्र मारुत हुआ। राजा ययाति ने वृद्धत्व को अंगीकार न करने के कारण जो शाप तुर्वसु को दिया था, उसी के कारण तुर्वसु का वंश नष्ट हो गया था और वह अंत में पुरु वंश में मिल गया था। उस दृष्कृत का पुत्र शसंथ हुआ।

शसंथ से जनापीड़ से चार पुत्र हुए–पाण्ड्य, केरल, चोल तथा कुल्य। इनके जनपद इन्हीं के नाम से प्रसिद्ध हुए। ब्रुह्य के दो पुत्र हुए–वभ्रु तथा सेतु। इनमें सेतु के वंश में अवरुद्ध तथा वभ्रु के वंश में रिपु का जन्म हुआ। इसे यौवनाश्व ने मार डाला। अवरुद्ध का उत्तराधिकारी गान्धार हुआ। विशाल गान्धार प्रदेश इसी के नाम से विख्यात हुआ। गान्धार का पुत्र धर्म, धर्म का घृत हुआ। घृत के दुर्दम, दुर्दम का प्रयेता हुआ। प्रयेता के सौ पुत्र हुए। अनु के तीन पुत्र हुए। इनमें समानर ज्येष्ठ था। समान के वंश में कालानल→सृंजय→पुरंजय→जनमेजय→महासल→महामना→ उशीनर तथा तितिक्षु। उशीनर की पांच पत्नियां थीं, जिनसे इनके यहां पांच पुत्र जन्मे। इनमें मृग, नव, कृमि, सुव्रत तथा शिवि थे। महाराज शिवि का पुर शिवपुर के नाम से विख्यता है। इसी प्रकार मृग का योधेयपुर, नव का नवराष्ट्र, कृमि की कृमिपुरी, सुव्रत की अम्बष्टपुरी हुई।

तितिक्षु के वंश में उशद्रथ→हेम→बलि हुए। यही बलि दैत्यराज कहलाए और भगवान् विष्णु ने इन्हीं से तीन डग धरती मांगकर उन्हें पाताल भेज दिया था। महाराज बलि के पांच क्षेत्रज पुत्र हुए। इनके लिए कहा जाता है कि ये ऋषि दीर्घतमा के क्षेत्र से उत्पन्न हुए थे। बलि के पांचों पुत्रों में अंगद का पुत्र दधिवाहन हुआ। इसके यहां दिविरथ ने जन्म लिया। इसके वंश में आगे लोमपाद दशरथ का जन्म हुआ। इनकी पुत्री शान्ता हुई तथा चतुरंग पुत्र उत्पन्न हुआ। चतुरंग का पृथुलाश्व, पृथुलाश्व का चम्पनाम का पुत्र हुआ। इसकी मनोहर नगरी मालिनी चम्पावती के नाम से विख्यात हुई। राजा चम्प के यहां हर्यंग ने जन्म लिया। इसी के वंश में आगे चलकर राजा कर्ण हुए। दरअसल हर्यंग के कुल में अधिरथ जन्मे थे, इन्होंने ही कर्ण का लालन-पालन किया था। इसी के कारण कर्ण को सूत पुत्र कहा गया था।

राजा पुरु के वंश का वर्णन

राजा पुरु के वंश का वर्णन करते हुए सूतजी ने बताया कि पुरु का पुत्र महाबाहु जन्मेजय हुआ। इसके वंश में ही आगे चलकर दुष्यन्त पुत्र भरत हुए। इन भरत के नौ पुत्र हुए, किन्तु किसी को भी अपनी प्रतिष्ठा के अनुकूल न पाकर भरत ने महान उपमन्यु को राजा घोसित किया।

इनके उत्तराधिकारी राजा भुवमन्यु हुए। इनके पुत्र वृहत्क्षत्र के वंश में सुहोत्र के हस्ती हुए। इन्हीं के नाम पर हस्तिनापुर नाम रखा गया। इनके पुत्रों में अजमीठ के यहां कण्ठ नाम के पुत्र ने जन्म लिया। कण्ठ का पुत्र मेघातिथि हुआ। अजमीठ की पत्नी धूमिनी के कोई सन्तान न थी, इसने तपस्या की जिससे इसके यहां ऋक्ष का जन्म हुआ। कुरु इसी ऋक्ष के वंश में हुए, इन्होंने ही कुरुक्षेत्र बसाया था। कुरु के परमप्रिय पुत्र सुधन्वा, जहु, परीक्षित, पुत्रक तथा अरिमर्दन हुए। इनमें सुधन्वा के पुत्र सुहोत्र, सुहोत्र के धर्मार्थवेत्ता च्यवन हुए। च्यवन के कृत हुए। कृत के यहां इन्द्र के आशीर्वाद से विद्योपरिचर नाम का पुत्र हुआ। इसके यहां गिरिका से सात पुत्र हुए। इनमें महारथी वृहद्रथ ज्येष्ठ थे। वृहद्रथ के कुशाग्र→ऋषभ→पुष्पवान→सत्यहित→सुधन्वा→अर्ग→नमस→महाबाहु→जरासन्ध हुए। जरासन्ध के सहदेव और इनके वंश में सोमाधि और सोमाधि के श्रुतश्रवा मेधावी पुत्र हुए। यह मगधवंशीय राजाओं का वंशानुक्रम कहलाया।

सूतजी ने बताया कि परीक्षित का उत्तराधिकारी जन्मेजय हुआ, जन्मेजय का सुरथ→भीमसेन हुआ। कुरु के दूसरे पुत्र जहनु के पुत्र का नाम भी सुरथ हुआ। सुरथ के यहां विदूरथ→सार्वभौम→जयत्सेन→आराधि→महासत्व→अयुतापु→अक्रोधन→देवातिथि→ऋक्ष→भीमसेन→दलीप→प्रतिप हुए। प्रतिप के तीन पुत्र हुए--देवापि, शान्तनु तथा वाहलीक। शान्तनु का गंगा से विवाह हुआ। इनके यहां देवव्रत ने जन्म लिया। यही देवव्रत भीष्म के नाम से जाने गए। शान्तनु के यहां दूसरी पत्नी सत्यवती से चित्रांगद तथा विचित्रवीर्य हुए। चित्रांगद तथा विचित्रवीर्य के अकस्मात निधन से विचित्रवीर्य की पत्नियों अम्बिका तथा अम्बालिका के गर्भ से कृष्ण द्वैपायन व्यास ने धृतराष्ट्र तथा पाण्डु को जन्म दिया। एक दासी के क्षेत्र से विदुर की उत्पत्ति भी हुई।

धृतराष्ट्र के यहां गान्धारी के गर्भ से सौ पुत्र उत्पन्न हुए। इनमें दुर्योधन ज्येष्ठ थे। यह अपने समय का समस्त क्षत्रिय जाति का स्वामी हुआ। पाण्डु की कुन्ती तथा भाद्री दो पत्नियां थीं। पाण्डु स्वयं पाण्डु रोग से ग्रस्त थे। वे स्वयं मैथुन नहीं कर सकते थे। अतः पृथा के द्वारा देवों का आह्वान करने पर धर्म से युधिष्ठिर, वायु से भीम, इन्द्र से अर्जुन की उत्पत्ति हुई। भाद्री के द्वारा अश्विनी कुमारों का आह्वान करने पर नकुल तथा सहदेव

जन्मे। ये पांचों पांडव कहलाए। इन्होंने भी द्रौपदी के साथ पांच पुत्र उत्पन्न किए। युधिष्ठिर के संयोग से द्रौपदी ने प्रतिविध्य को जन्म दिया। भीमसेन ने हिडिम्बा के गर्भ से घटोत्कच उत्पन्न किया। कारया से सर्ववुक को उत्पन्न किया। नकुल की पत्नी के गर्भ से नरमित्र को जन्म दिया। पार्थ के यहां सुभद्रा से अभिमन्यु जन्मे। अभिमन्यु ने विराट की पुत्री उत्तरा के गर्भ से परीक्षित को जन्म दिया। परीक्षित का उत्तराधिकारी राजा जन्मेजय हुआ। जन्मेजय का पुत्र शतानीक हुआ। यह परम सत्यवादी तथा धर्माचारी था। शतानीक का पुत्र अश्वमेधदत्त हुआ। इसके यहां अविसामकृष्ण ने जन्म लिया। यही धर्मात्मा राजा सम्प्रति राज्य कर रहा है।

सूतजी ने ऋषियों के पूछने पर भविष्य की स्थिति को खुलासा करते हुए बताया कि राजा अविसामकृष्ण का पुत्र निर्वक्त होगा। यहां गंगा द्वारा हस्तिनापुर विलीन कर देने के कारण अपनी राजधानी कौशाम्बी में बनाएगा। इसका उष्ण नाम का पुत्र होगा। उष्ण→चित्ररथ→सुषेण→सुतीर्थ→रूच→त्रियक्ष→सुखीबल→परिलुप्त→सुनय→नरपतिमेधावी→दण्डपाणि→निरामित्र→क्षेमक होगा। इसके बाद इस वंश की समाप्ति हो जाएगी।

सूतजी ने इक्ष्वायकुवंशीय राजाओं का वंशानुक्रम कहते हुए बताया कि दिवाकर सम्प्रति अयोध्या का राजा है। इसके वंश में सहदेव→भानुरथ→प्रतीताश्व→सुप्रतीत→सहदेव→सुनक्षत्र→किन्मर→अन्तरिक्ष→सुपर्णा→अमित्र→ जित→भरद्वाज→धर्माकृतंजय→व्रात→रणंजय→संजय→शाक्य→शुद्धोधन→सिद्धार्थ→राहुल→प्रसेनजित→क्षुद्र→क्षुलिक→सुरथ→सुमित्र होगा। यही अंतिम राजा होगा।

मगधदेशीय राजा वृहद्रथ के वंश में सम्प्रति सेनजित राज्य कर रहा है। सेनजित के वंश में श्रतुंजय→महाबल→शुचि→क्षेमक→भुवत→धर्मक्षेत्र→नृपति→सुव्रत→दृढ़सेन→सुमति→सुचल→सुनेत्र→सत्यजित→वीरजित→अरिंजय शासन करेगा। इसी क्रम में वीतिहोत्र के वंश में मुनिक नाम का एक राज्यकर्मचारी प्रधोत का वध करके अपने पराक्रम से राज्य हड़प लेगा और अपने पुत्र का राज्याभिषेक करेगा। इसके वंश में पालक→विशाखयूप→अजक→वर्तिवर्धन राज्य करेगा। इसके पश्चात् इनके यश को समूल नष्ट करके शिशुनाक राजा बनेगा। यह गिरिव्रज

प्रदेश का राजा होगा, बाद में वाराणसी का राज्य भी ले लेगा। शिशुनाक के वंश में शकवर्ण→क्षेमवर्मा→अजातशत्रु→क्षतौजा→विंवसार←दर्शन ←उदायीतामक←नन्दिवर्धन←महानन्दी होगा, ये सभी राजा शिशुनाशक वंशी कहलाएंगे।

समस्त क्षत्रिय वंशी राजाओं के बाद महानन्दी से शूद्र योनि में उत्पन्न कन्या से एक पुत्र महापद्म होगा। यह अपने समय का एकछत्र सम्राट होगा। यह सभी क्षत्रिय राजाओं का गर्व हरन करने वाला होगा। इसके एक सहस्त्र पुत्र होंगे। इनमें बारह राजा होंगे। कौटिल्य इन सभी को निर्मुंल कर देंगे और चन्द्रगुप्त को सिंहासन पर बैठाएंगे। चन्द्रगुप्त के बाद भद्रसार ←अशोक←कुणाल←बंधु पालित←देववर्मा←शतधर←वृहदश्व होगा। ये सभी नंदवंश के राजा पृथ्वी का भोग करेंगे। इसके बाद शासन की बागडोर शुगों के हाथ में चली जाएगी। अन्तिम राजा वृहदश्व का सेनापति पुष्यमित्र उसको मारकर स्वयं राजगद्दी का स्वामी बन जाएगा। पुष्यमित्र के आठ पुत्र होंगे। इनमें भागवत: 32 वर्ष तक शासन करेगा। इसका पुत्र क्षेमभूमि भी काफी समय तक राज्य करेगा। इसके पश्चात् शासन फिर सुदेव के हाथ में आ जाएगा। अन्ध्रवंशीय राज्य-काल के पश्चात् अमीर वंशियों का शासन चलेगा। इसी क्रम में शक, तुषार, भरुण्ड तथा अनेक मलेच्छ जातियां राज्य करेंगी और इनके बाद कोलिकिल शूद्र जाति के राजाओं का राज्य होगा।

इस प्रकार क्षीण होते-होते–प्रजा जब विनाश के कगार पर पहुंच जाएगी, तब दुराचारी राजा कालक्रम से काल कवलित हो जाएंगे। उस समय कल्कि द्वारा ताड़ित होकर वे अधार्मिक म्लेच्छ सब ओर विनष्ट हो जाएंगे। पाखंडों का विच्छेद हो जाएगा। इस प्रकार जब कलियुग संध्या मात्र रह जाएगा–उस समय नृप शब्द ही समाप्त हो जाएगा। प्रजा अनाथ हो जाएगी। अनावृष्टि का वातावरण होगा। जीविका को लोप हो जाएगा। सब अपना-अपना घर छोड़कर भाग खड़े होंगे। आपसी स्नेह भावना नष्ट हो जाएगी। वर्णाश्रम धर्म ही नहीं रहेंगे। घोर वर्ण संकरता बढ़ने लगेगी। पर्वतों की गुफा तथा नदियों के एकान्त तट पर वे निवास करेंगे। घर-द्वार छोड़कर सारी प्रजा इधर-उधर आश्रम ढूंढ़ते हुए बिखर जाएगी। सारी मानव-जाती विघटित हो जाएगी। आर्य-जाति भी वन में मूल-फलादि

खाकेर जीवनयापन करेंगे। वे सभी मुनियों की भांति वत्कल धारण करने पर बाध्य हो जाएंगे। अन्न के बीजों का अन्वेषण करते हुए, काष्ठ से जीविका अर्जित करेंगे। पालतू तथा काम आने वाले लट्टू जानवरों को पालेंगे। जल के लिए नदियों पर आश्रित होंगे। राजाओं में परस्पर वैमनस्य बढ़ेगा। किन्हीं को सन्तानें ही नहीं होगी, किन्हीं के यहां बहुतायत में सन्तानें होंगी। पवित्रता, आचार तथा मर्यादा समाप्त हो जाएगी। इस समय सारी मानव-जाति अधार्मिक वृत्तियों में पूरी तरह निमग्न हो जाएगी। लोग नीचता की पराकाष्ठा पर उतर कर निकृष्ट कार्य करने में भी हिचकिचाएंगे। इस समय अधिक आयु सीमा भी 20-22 वर्ष ही हो जाएगी। सब अकाल मृत्यु को प्राप्त होंगे। वे लोग क्षीण काय होकर भोजन के लिए समूची का भ्रमण करेंगे।

कलियुग के अन्त में यही भीषण तथा दारुण माहौल बन उठेगा। एक हजार वर्ष तक इस प्रकार रहने पर सारी प्रजायें भी कलियुग की समाप्ति पर समाप्त हो जायेंगी।

इस प्रकार संध्या समय व्यतीत हो जाने पर कलियुग की समाप्ति पर कृत युग का आरम्भ होगा। जिस समय चन्द्रमा, सूर्य, पुष्य और बृहस्पति ये सब एक राशि पर होंगे, उस युग को कृत युग कहा जाएगा। पुराणों में वैदिक ज्ञान सम्पन्न ऋषियों ने महापद्म के शासन-काल से लेकर अन्ध्रों के अन्त तक का काल आठ सौ उन्नीस वर्ष बताया है। सप्तर्षिगण एक-एक नक्षत्र में एक-एक सौ वर्ष क्रमानुसार अवस्थित रहते हैं। इस प्रकार समस्त नक्षत्र-मण्डल में वे सत्ताईस सौ वर्ष स्थिर रहते हैं। पर्याय क्रम से एक-एक नक्षत्र में एक-एक सौ वर्ष की स्थिति का काल उनका एक-एक युग कहलाता है। यह युग दिव्य संख्या से गिना जाता है। दिव्य साठ वर्षों तथा सात दिनों का सप्तर्षियों का एक सौ वर्ष होता है। हमारे मत से राजा परीक्षित के काल में सप्तर्षिगण एक सौ वर्ष के लिए मेघा नक्षत्र में स्थित होंगे। अन्ध्रवंशीय राजा की समाप्ति के बाद वे चौबीसवें नक्षत्र में स्थित रहेंगे। प्रजा विपत्ति में फंसी, मिथ्याचारी और धर्मार्थ काम विहीन होगी। स्मार्थ कर्मों का क्षय होगा और इस प्रकार गणना के आधार पर मानव मान से तीन लाख साठ हजार वर्षों का कलियुग, देवमान से एक हजार वर्ष का संध्यांश बीतने के बाद कृत युग आरम्भ होता है।

कौरव वंशीय देवापि नामक राजा महान योगाभ्यासी कलाप ग्राम में निवास करता हुआ, ऐल वंश का प्रथम राजा होगा। इक्ष्वाकु वंश के सोम पुत्र सुवर्चा राजा होगा। जब कलियुग व्यतीत हो जायेगा और पुनः सतयुग आरम्भ होगा तब ये दोनों क्षत्रिय राजा गोत्र के प्रवर्त्तकों के रूप में जन्म धारण करेंगे। सभी मन्वन्तरों में इसी प्रकार सप्तर्षिगण क्षत्रिय राजाओं के साथ स्थित रहते हैं और सन्तति उत्पन्न करने के लिए अवतीर्ण होते हैं। इन सभी बातों को सप्तर्षिगण जानते हैं। इस क्रम के अनुसार ऐल तथा इक्ष्वाकु वंशीय द्विजातियां त्रेता में उत्पन्न होकर कलियुग के नाश पर्यन्त युग का अनुवर्तन करती हैं। ऐल तथा इक्ष्वाकु वंश में विख्यात राजाओं के एक सौ कुल हुए हैं। भोजवंशीय राजाओं के कुलों की संख्या इनकी दुगुनी कही जा सकती है। शतविन्दु नामक एक हजार राजा हो चुके हैं। ये सभी राजागण अश्वमेध यज्ञों से अनुष्ठान करने वाले उदार चेता थे। वैवस्वत मन्वन्तर में इन्हीं मनु के अधिकार काल में जो राजा हुए उनकी बहुत सन्तानें हुईं। वैवस्वत मन्वन्तर का अठाइसवां युग प्रायः समाप्त हो गया है। भविष्य में इसी युग में अन्य विशिष्ट चालीस राजा राज्य करेंगे, तब वैवस्वत का अवसान होगा।

सृष्टि और उद्भव का विस्तार

सूतजी ने महात्मा मनु की सृष्टि और उद्भव का विस्तार बताते हुए कथा चतुर्थ और उपसंहार पाद कह सुनाया। उन्होंने बताया कि भावी मन्वन्तर में कुशिकनन्दन गालव, जमदग्नि पुत्र भार्गव, विशिष्ठ गोत्रीय, द्वैपायन, शार्दद्वत वंशी कृप, अत्रिवंशी दीप्तिमान, कश्यप गोत्रीय ऋषि श्रृंग तथा भारद्वाज गौत्रीय द्रोण पुत्र अश्वत्थामा, परम प्रभावशाली महात्मा होंगे। सूतपा, अभिताभ और सुक ये तीन भावी मन्वन्तर के देवगणों के प्रमुख गण होंगे। इनमें एक-एक में बीस देवता विराजमान होंगे। ये समस्त महात्मा कश्यप के पुत्र होंगे। सावर्णि मन्वन्तर में विरोचन पुत्र वली इन देवों का स्वामी इन्द्र होगा। इसके नौ पुत्र होंगे। भविष्य में और भी अनेक ब्रह्मा पुत्र सावर्ण मनु होंगे। सूतजी ने बताया कि जब वैवस्वत मन्वन्तर का आरम्भ होता है, उसी समय भविष्य कालीन मनुगणों की उत्पत्ति होती है। इनमें पांच दक्ष के नाती, चार मनुगण परम ऋषियों द्वारा उत्पन्न और एक

मनु, विवस्वान के संयोग से छाया संज्ञा के पुत्र हैं। मनुगण अपने-अपने मन्वन्तर अधिकार में एक बार वर्तमान रहते हैं और जब वे अधिकार से निवृत्त होते हैं तो महलोक में स्थित हो जाते हैं।

एक बार दक्ष प्रजापति अपनी कन्या सुव्रता के साथ ब्रह्माजी के पास गए। ब्रह्मा ने उसे देखकर कहा--हे दक्ष! यह कन्या चार पुत्रों को जन्म देगी। उसने ब्रह्मा के अनुसार चार कुमारों को जन्म दिया। जब उनके पिता में विवाद हुआ तो जो जिसके समान है, वह उसी का पुत्र है, इस नियम के आधार पर वे चारों कुमार ब्रह्मा, धर्म, दक्ष और भव के समान वर्ण के होने के कारण सावर्ण कहलाए और उनकी उत्पत्ति मानसिक समागम के कारण हुई। अतः वे मनु कहलाए। वैवस्वत मन्वन्तर के आरम्भ में प्रजापति रुचि के यहां रौच्य नाक का पुत्र उत्पन्न हुआ। भूति नामक जननी में उत्पन्न होने के कारण वह भौत्य कहा गया। चारों सावर्ण मनु महर्षियों से उत्पन्न हुए। ये सभी परम तपोनिष्ठ थे। सावर्णि मनु के नौ पुत्र हुए। रुचि के पुत्रगण पुलह के पौत्र कहे गए। इनमें चित्रसेन, विचित्र, पृथु आदि रौच्य मन्वन्तरीय मनु पुत्र कहे गए। भविष्य विहीन चौदवहें भौत्य नामक मन्वन्तर में देवताओं में पांच गण कहे जाते हैं और मनुओं के अधिकार काल में जितने इन्द्र होते हैं वे सब स्थावर, जंगम का अतिक्रमण करते हैं।

सूतजी ने बताया कि सभी मन्वन्तरों के समाप्त हो जाने पर सृष्टि का संहार होता है। इस प्रकार पितरों, मुनियों, सप्तर्षियों, यज्ञपरायण यजमानों और भक्तों के साथ भृग वंश उत्पन्न देवगण इकहत्तर युगों तक त्रैलोक्य में विराजमान रहकर अन्त में तीनों लोकों का परित्याग करके मर्हलोक को चले जायेंगे। उस समय सभी स्थान शून्य हो जाएगा। मर्हलोक में कल्पवासी अन्य देवताओं के साथ प्रलय का जोर अधिक बढ़ जाता है, तब वे मनुगण अपने अनुगामियों के साथ सशरीर जनलोक चले जाते हैं। अब उस समय ब्रह्मा युग क्षय होने पर महती वृष्टि के द्वारा पुनः सृष्टि की स्थापना करते हैं। जिस प्रलय से भूतों के कारणों का क्षय हो जाता है, उसे प्राकृतिक प्रलय कहते हैं और जिसमें कारणीभूत उपादानों का अस्तित्त्व नष्ट हो जाता है आत्यांतिक प्रलय कहते हैं। शयन करने की इच्छा से भगवान् ब्रह्मा प्रजाओं का संहार करते हैं। इस प्रकार एक हजार युग के

बीत जाने पर प्रजापति आत्मस्थ सारी प्रजा का विस्तार करने में प्रवृत्त होते हैं। उस समय घोर अनःवृत्ति होती है, सूर्य जलराशि का शोषण कर लेते हैं। उनकी सातों किरणों समुद्र से जल का पान करतीं हैं और अनेक सहस्त्र रश्मियों से सूर्य वसुन्धरा को दग्ध करते हैं। सूर्य के प्रताप से उत्पन्न होने वाली अग्नियां वृद्धि को प्राप्त कर एक ज्वाला के रूप में परणित होती है और सभी जीवों में व्याप्त रहने वाले अग्निदेव सातों द्वीपों, पर्वतों, समुद्र तक को भस्म कर देती हैं। धीरे-धीरे सारा जगत्-मंडल एक तपे हुए लोहे के पिण्ड की भांति प्रकाशमान दिखलाई पड़ता है। इसके बाद संवर्तक मेघ आकाश-मंडल में उठ पड़ते हैं और कठोर गर्जना करते हुए वे उस अग्नि को शान्त करने लगते हैं। उस अनन्त जल राशि से सारा जगत्-मंडल पूर्ण हो जाता है। अग्नि के नष्ट हो जाने पर उत्पन्न परजन्य गण अपनी अकूत जलराशि द्वारा सब कुछ प्लावित कर देते हैं। यह सारा जल समुद्र में प्रविष्ट होता है, वहां सूर्य की किरणों से पिया जाता हुआ, बादलों के रूप में उमड़कर फिर पृथ्वी पर गिरता है। पृथ्वी पानी में छिप जाती है। ऐसी अवस्था को ही कल्प कहते हैं, जो एक सहस्त्र युग तक रहती है। विद्वान लोग इस स्थिति को एकार्णव कहते हैं। एक सहस्त्र युग के समाप्त होने पर ब्रह्मा को एक युग बीतता हैं। उस समय उनको केवल सप्तर्षिगण देखते हैं। समस्त कल्पों के अन्त में एकमात्र ब्रह्मा ही शेष रहते हैं, उन्हें ही आदि कहा जाता है।

रात्रि के व्यतीत हो जाने पर जब वे जागृत होते हैं तो सृष्टि करने की इच्छा से पुनः मन को तैयार करते हैं। इस चराचर जगत् में जो कुछ भी है, वह उन्हीं ब्रह्मा का बनाया हुआ। मानव के चार सौ बत्तीस करोड़ उन्नीस लाख अस्सी हजार वर्षों में प्रलय होती है। यहीं ब्रह्मा का नैमित्तिक प्रलय होता है। सूतजी ने बताया कि ऐसे चौदह लोक होते हैं, जिनमें पुण्यात्मा मानव निवास करते हैं। इनमें सात को कृत तथा सात अकृत लोक कहते हैं। धर्माचरण के कारण जो परम शुद्ध और निर्विकार हो जाते हैं, वे लोग वैराज नामक लोक में दस कल्प तक निवास करते हैं। यहां उनके शरीर में भूतों का सम्पर्क नहीं रहता। वैराज से ऊपर ब्रह्मलोक है, यहां ब्रह्मा पुरोहित हैं। यहां के निवासी परम शुद्ध बुध, तपोनिष्ठ होते हैं। प्रणव ही उनकी आत्मा होती है। ब्रह्मानन्द में निमग्न होकर वे अमृतत्त्व का

उपभोग करते हैं। वास्तव में यही नित्य अक्षत अमृत पद है। इसी की प्राप्ति के लिए ऊधर्वरेता देवता और ऋषिगण वेदान्त आदि में निर्णीत मंगलमय कर्मों के अनुष्ठान में निरत रहकर शुद्धि प्राप्त करते हैं और अन्तिम सीमा तक उपासना करते हैं तथा अपने पापमय शरीर को त्यागकर अमृतत्त्व को प्राप्त करते हैं। यह ब्रह्मपद परम दिव्य गुण सम्पन्न और परम आकाश, जाजवल्यमान है। यहां निवास का सुख अनुभव करने वाला शोक रहित हो जाता है।

जो देव भगवान् शंकर की भक्ति करते हैं और सर्वदा मत्सर आदि से विहीन, जितेन्द्रिय विशुद्ध आत्मा से शिव की शरण में जाते हैं। वे रुद्र का सायुज्य पद पाते हैं। रुद्र ही एकमात्र समस्त चराचर जगत् के नाथ हैं। उनकी आदि नहीं है, वे ही सबके अन्तकर्त्ता हैं। सूतजी ने बताया कि वायुदेव की इन बातों को सुनकर दिवाकर के समान तेजस्वी नैमिषारण्य निवासी ऋषिगण अपने-अपने आश्रम में अग्नि का आधान करके महेश्वर की आराधना में लग गए।

जिस प्रकार अव्यक्त, परोक्ष एवं दुर्धिगम्य है, उसी प्रकार सृष्टि के विषय भी परोक्ष एवं दुर्धिगम्य हैं। जब विकार विलीन हो जाते हैं उनका कहीं दर्शन नहीं होता। गुणों में साम्य हो जाता है। उस समय पुरुष प्रकृति में साधर्म्य से अवस्थित होता है। इन सबकी शरण एकमात्र अव्यक्त है। जब क्षेत्र और क्षेत्रज्य व्यक्तावस्था प्राप्त होंगे, क्षेत्रज्य द्वारा अधिष्ठित सत्व विकार को उत्पन्न करेंगे। क्षेत्रज्य पुरुष एवं प्रकृति को प्राप्त होंगे। ब्रह्माण्ड में प्रथम वह ऐश्वर्यशाली पुनः उत्पन्न होगा। वह समस्त ज्ञेय जगत् का एवं समस्त जीवन समूह का अधीश्वर एवं शिव है। नित्य सत असत, उभयात्मक अव्यक्त कारण रूप, प्रकृति पुरुष के संयोग से जिसकी उत्पत्ति होती है, वह ब्रह्मा समस्त पदार्थों का पिता, समस्त लोकों की सृष्टि करने वाला महतपद से भी विशिष्ट कहा जाता है। उसकी आत्मा से भूतों की उत्पत्ति होती है। जो विद्वान ब्राह्मण इस पुरातन इतिहास को सुनता है या दूसरों को सुनाता है, वह ब्रह्म साम्राज्य प्राप्त कर ब्रह्मा के साथ मुक्ति लाभ करता है।

पराशर पुत्र भगवान् व्यास देव ने समस्त वेदों के सारभूत पुराणों की रचना करने पर यह विचार किया कि ब्रह्म समस्त शिव विभूतियों से

अलग नहीं है। सब कुछ ब्रह्म ही है। उसी की आधारभूत वह पराशक्ति है, जो समस्त जगत् की सृष्टि, स्थिति और विनाश को करने वाली है। वह स्वयं जगतरूप है। उस पराशक्ति सम्पन्न परब्रह्म से परे कुछ नहीं है। वही एकमात्र पराकाष्ठा और परागति है। परमपुरुष भगवान् कृष्ण गोलोक में विहार करने वाले, अक्षर से परे चिन्मात्र और निर्गुण हैं।

ऋषियों के कहने पर सूतजी ने उन्हें गया महात्म्य सुनाते हुए बताया कि ब्रह्मा के अनुरोध पर गयासुर ने इस स्थान पर तपस्या की थी। गयासुर के सिर पर एक शिला की स्थापना कर ब्रह्मा ने यज्ञ सम्पन्न किया। यज्ञ के निर्विघ्न समाप्त होने पर ब्रह्मा ने ब्राह्मणों को दक्षिणा में ग्रह आदि प्रदान किए। श्वेत वाराह कल्प में उसी स्थान पर गयासुर ने यज्ञ किया। तभी से यह पुनीत क्षेत्र गया के नाम से प्रसिद्ध हुआ पितरगण भी इस परम पुनीत क्षेत्र की बड़ी कामना करते हैं। कहा जाता है कि गया क्षेत्र की पवित्र भूमि पर जब कोई पुत्र पिण्डदान करता है तो वह पिण्ड शाश्वत ब्रह्मपद प्राप्त करता है। यह भी है कि इस महातीर्थ में जाने पर क्षत का दोष नहीं लगता। यदि सौभाग्य से यहां किसी की मृत्यु हो जाये तो निश्चय ही उसे ब्रह्मज्ञान के समान मुक्ति प्राप्त होती है। अश्वमेध यज्ञ का जो फल होता है, वह समस्त फल गया यात्रा के एक-एक पद पर प्राप्त होता है। त्रैलोक्य विख्यात तो वैतरणी नदी है, वह भी पितरों को तारने के लिए गया क्षेत्र में अवतीर्ण हुई है। उसमें स्नान कर गोदान करने वाला अपने इक्कीस कुलों को तारता है। मकर राशि पर जब चन्द्रमा और सूर्य स्थित हों, उस समय तीनों लोकों में गया श्राद्ध परम दुर्लभ माना गया है। मनुष्य गया में पिण्डदान करने जो फल प्राप्त करता है, उसका वर्णन करोड़ों कल्पों में भी संभव नहीं।

गयासुर का परिचय देते हुए सूतजी ने बताया कि भगवान् विष्णु के नाभि कमल से ब्रह्माजी उत्पन्न हुए और उन्होंने प्रजा की सृष्टि की। इसमें उदार भाव से देवताओं की तथा आसुर भाव से असुरों की सृष्टि की। उन असुरों में गयासुर महाबलशाली हुआ है। वह भगवान् विष्णु का भक्त था। उसने कोलाहल पर्वत पर जाकर दारुण तपस्या करते हुए हजारों वर्ष श्वांस रोके रखा। गयासुर के इस कठोर तप को देखकर चिन्तित हुए देवगण पितामह ब्रह्मा से निवेदन करने लगे—हे देव! गयासुर से हमारी रक्षा

कीजिए। ब्रह्मा उन्हें कैलाशपति महादेव के पास ले गए और महादेव के साथ वे विष्णु की शरण में आए। विष्णु गयासुर की तपस्या से प्रसन्न होकर उसे वरदान देने जा रहे थे। देवताओं को अपने पास आया देख, उन्होंने कहा कि मैं गयासुर के पास जा रहा हूं। विष्णु के साथ शंकर और ब्रह्मा सहित सभी देव गयासुर के तपस्या स्थल पर पहुंच गए। विष्णु ने गयासुर से कहा–हम तुम्हारी तपस्या से प्रसन्न हैं, तुम मनचाहा वरदान मांग लो। गयासुर ने कहा कि हे प्रभु! यदि आप वास्तव में प्रसन्न हैं, तो मेरी कामना है कि मैं सभी देवताओं, द्विजातियों, यज्ञों, तीर्थों, धर्मपरायण ऋषियों, अविनाशी शिव आदि से सर्वदा बढ़कर पवित्र माना जाऊं। प्रभु ने उसको तथास्तु कह दिया। देवताओं ने वरदान के प्रभाव से त्रस्त होकर भगवान् विष्णु से निवेदन किया कि सभी प्राणी उसके दर्शन के लिए स्वर्ग चले जाते हैं और परिणास्वरूप तीनों लोक सूने हो रहे हैं। देवताओं के निवेदन पर विष्णु ने कहा कि आप जाकर यज्ञ करने के लिए गयासुर से प्रार्थना करें कि वह अपना शरीर दे। देवताओं ने ऐसा ही किया। गयासुर ने देवताओं के साथ ब्रह्मा को आया देख उन्हें प्रणाम किया और उनकी मांग के अनुसार अपना शरीर यज्ञ क्रिया सम्पन्न करने के लिए छोड़ दिया। सिर को उत्तर दिशा में और पैर को दक्षिण दिशा में कर लिया। यज्ञ के सम्पन्न होने पर समस्त देवताओं के साथ ब्रह्मा ने गयासुर को वरदान दिया कि जब तक पृथ्वी का अस्तित्त्व है, इस शिला पर त्रिदेवमूर्ति का वास रहेगा और इस क्षेत्र की मर्यादा दूर-दूर तक रहेगी। जो लोग यहां सपिण्ड दान करेंगे, श्राद्ध करेंगे, वे ब्रह्मलोक को प्राप्त होंगे। इस प्रकार गयापुरी में यह पावन पवित्रता स्थिर हुई और गया का महत्त्व स्थापित हुआ।

प्राचीन काल में युधिष्ठिर ने यहीं पर पाण्डु का पिण्डदान किया था। मुनि वशिष्ठ ने भी यहां पर अवश्मेध यज्ञ किया और शंकर से यह वरदान मांगा कि वे गया में वास करें। यह पुनीत महात्म्य जो सुनता है अथवा सुनाता है, वह निश्चित ही सांसारिक बन्धनों से मुक्त होकर दिव्य पद पाता है।

❑❑❑